Pourquoi remettre à plus tard?

Couverture

- Conception graphique:
  KATHERINE SAPON
- Illustration:
  POL TURGEON

Maquette intérieure

- Conception graphique:
  LAURENT TRUDEL
- Photocomposition:
  COMPOTECH INC.

Équipe de révision

Anne Benoit, Jean Bernier, Patricia Juste,
Marie-Hélène Leblanc, Jean-Pierre Leroux, Linda Nantel,
Paule Noyart, Robert Pellerin, Jacqueline Vandycke

DISTRIBUTEURS EXCLUSIFS:

- Pour le Canada:
  AGENCE DE DISTRIBUTION POPULAIRE INC.*
  955, rue Amherst, Montréal H2L 3K4 (tél.: 514-523-1182)
  * Filiale de Sogides Ltée

- Pour la France et l'Afrique:
  INTER-FORUM
  13, rue de la Glacière, 75013 Paris (tél.: (1) 43-37-11-80)

- Pour la Belgique et autres pays:
  S. A. VANDER
  Avenue des Volontaires, 321, 1150 Bruxelles
  (tél.: (32-2) 762.98.04)

Pourquoi remettre à plus tard?

Jane B. Burka
Lenora M. Yuen

Traduit de l'américain
par
Brigitte Fréger

le jour, éditeur

Données de catalogage avant publication (Canada)

Burka, Jane B.

Procrastination : pourquoi remettre à plus tard

Traduction de: Procrastination.

2-89044-373-6

1. Procrastination. I. Yuen, Lenora M. II. Titre.

BF575.P95B8714 1986 158'.1 C86-096355-1

Édition originale: *Procrastination. Why you do it. What to do about it.*
Addison-Wesley Pub. Co.
ISBN: 0-201-10191-2

Bibliothèque nationale du Québec
Dépôt légal — 4e trimestre 1986

ISBN 2-89044-372-8

Table des matières

Nous dédions ce livre à nos clients.

Remerciements

Personne, en particulier deux retardataires, ne peut écrire un livre sans le concours d'autrui. Nous tenons à remercier quelques-unes des nombreuses personnes qui nous ont apporté leur soutien dans l'élaboration de ce livre. Tout d'abord, Stuart Miller de Addison-Wesley, qui le premier a lancé l'idée de ce livre; Doe Coover, Theresa Burns, Si Goodwin et Ann Dilworth de Addison-Wesley, pour leurs suggestions, leur patience et leurs constants encouragements; nos agents, Robin Straus et Susan Adler, pour leurs conseils et les efforts qu'ils ont déployés à notre intention.

Nous aimerions également remercier nos collègues de la profession qui nous ont apporté des commentaires précieux sur le manuscrit: Neil Brast, Hilde Burton, Elinor Caustin, Philip Cushman, Margaret Guertin, Bryan Lawton, Jeri Marlowe, Carol Morrison, Amy Schoenenberger et Shan Steinmark. Nous remercions également de son appui la personne du Centre de consultation de l'Université Berkeley de Californie où nous avons commencé à travailler avec des retardataires, ainsi que Sharon Lucas qui nous a aidées à dactylographier le manuscrit.

Pour leur encouragement personnel de tous les instants, nous sommes particulièrement reconnaissantes à Babette Bohn, Michael Freeman, Sheila Humphreys, Mitzi McClosky, Roger Myers, Lynn Segal, Justin Simon, Bill Weber et, enfin, à nos familles. Grâce à l'intérêt que toutes ces personnes ont porté à notre travail et à leurs conseils judicieux, elles nous ont aidées à avancer même dans les moments de profond découragement que nous avons traversés.

Enfin, nous aimerions transmettre notre gratitude à Federal Express, sans laquelle nous aurions été maintes fois dans l'impossibilité de respecter les échéances de dernière minute.

Introduction

Les personnes qui écrivent des livres sont censées connaître leur sujet à fond. Pour notre part, nous connaissons le phénomène de procrastination de fond en comble. En effet, nous ne vous cacherons pas que nous avons, nous aussi, passé de nombreuses nuits blanches à étudier les veilles d'examen et de nombreuses années à lutter pour faire avancer la rédaction de nos thèses de doctorat; nous avons également payé des intérêts rondelets au ministère du Revenu pour avoir acquitté en retard le paiement de nos impôts et, bien sûr, inventé des histoires souvent extravagantes pour justifier nos retards (l'obligation d'aller voir un grand-parent malade à l'hôpital étant la plus classique). Nous sommes d'ailleurs ravies d'avoir terminé ce livre deux ans seulement après l'échéance établie au départ! Optimistes, nous nous considérons désormais comme des retardataires «modérément réformées».

Outre nos deux expériences personnelles assez vastes, nous possédons chacune à notre enseigne une longue expérience professionnelle avec les retardataires. Nous avons fait toutes deux nos premières armes au sein du personnel du Centre de consultation de l'Université Berkeley de Californie. Dans nos groupes de travail réservés aux étudiants retardataires, nous avons eu l'occasion de relever des types de comportement qui revenaient sans cesse. Bien que la lutte de chaque individu pour améliorer son comportement aït un caractère propre, nous avons noté néanmoins des similarités flagrantes parmi celles-ci. Nous avons, par exemple, constaté que notre horaire de travail, qui consistait à faire venir les étudiants le lundi matin de neuf à onze heures, était totalement inadéquat dans la mesure où personne ne se présentait avant dix heures.

Lorsque nous avons organisé des ateliers pour le grand public, nous avons fait face aux mêmes problèmes. Nous avons ainsi pratiquement annulé notre premier atelier une semaine avant la date prévue à cause du trop petit nombre d'inscriptions.

Finalement, nous avons dû trouver au dernier moment une salle plus grande, les deux tiers des membres du groupe s'étant inscrits à la dernière minute.

Les contacts que nous avons eus avec de nombreux retardataires aux comportements très divers, tant dans nos groupes que dans nos ateliers, nous ont permis d'élargir notre expérience. Dans le cadre de notre travail en cabinet privé, nous avons eu par ailleurs l'occasion de travailler en profondeur avec des individus pendant de longues périodes de temps. Nos clients nous ont ouvert leur coeur et nous ont fait part de leurs problèmes; et nous leur en sommes reconnaissantes. Nous avons dans ce livre donné la parole à bon nombre de personnes avec lesquelles nous avons eu l'occasion de travailler. Nous avons, bien sûr, modifié les noms et les renseignements susceptibles de divulguer l'identité des intéressés, et certains des retardataires décrits dans cet ouvrage représentent un amalgame de personnes que nous connaissons.

Dans la première partie de ce livre, nous expliquons le phénomène de la procrastination et, dans la seconde partie, nous proposons des solutions à ce problème. Les deux parties forment un tout. Si vous ne comprenez pas pourquoi vous remettez tout à plus tard, tous les conseils proposés pour vous débarrasser de cette mauvaise habitude ne vous seront d'aucune utilité dans la mesure où vous n'essaierez certainement pas de les mettre en pratique. Et, même si vous procédez à votre auto-analyse et pensez comprendre pourquoi vous accumulez perpétuellement des retards, vous ne pourrez espérer vous améliorer que si vous prenez des mesures sérieuses à cette fin.

Nous pensons que, de façon générale, la procrastination sert de protection aux êtres humains. La plupart des retardataires reconnaissent que l'accumulation du retard sous toutes ses formes joue *contre* eux. Mais les intéressés ne savent pas par contre comment le phénomène peut également jouer *en leur faveur.* Accumuler des retards peut être une stratégie qui leur évite d'affronter certaines peurs et anxiétés majeures, telles que la peur de l'échec ou la peur de la réussite, la peur de subir l'emprise de quelqu'un, la peur de l'isolement ou la peur de l'intimité.

Afin d'assurer la clarté de notre démonstration, nous avons

décidé d'exposer ces différentes peurs dans des chapitres distincts. Mais ces distinctions artificielles ne rendront pas justice à la complexité des émotions humaines. Vous devrez procéder à votre auto-analyse de façon honnête et approfondie pour découvrir la signification personnelle de votre mauvaise habitude de tout remettre au lendemain. Certains problèmes étudiés ne s'appliqueront pas directement à vous, d'autres vous concerneront davantage. Nous vous présentons ici une vue d'ensemble; c'est à vous d'y apporter les particularités de votre expérience personnelle qui compléteront le tout.

Les méthodes suggérées dans la seconde partie sont très efficaces — si vous les mettez en pratique, bien sûr! En prendre connaissance est une démarche que vous trouverez certainement intéressante, mais cela ne suffit pas. Bon nombre de retardataires n'en tireront pas profit s'ils se contentent de lire cet ouvrage. Si vous réussissez à comprendre pourquoi vous accumulez des retards, cela vous aidera à comprendre pourquoi vous hésitez à mettre en pratique les méthodes proposées dans ce livre. Nous avertissons les retardataires des pièges auxquels beaucoup d'entre eux auront à faire face dans leurs tentatives d'améliorer leur comportement. Lorsqu'on vous propose un remède, vous vous attendez généralement à recouvrer rapidement la santé. Se débarrasser de sa procrastination est un processus graduel qui prend du temps. Outre le processus d'auto-analyse et d'apprentissage des méthodes pratiques, certains individus devront également envisager une thérapie individuelle ou de groupe dans un centre de consultation.

Le but de cet ouvrage n'est pas de rayer purement et simplement la procrastination de votre vie. Nous n'avons nullement l'intention de transformer nos lecteurs et lectrices en êtres superefficaces immanquablement ponctuels, qui vont laver leur assiette dès la dernière bouchée avalée. Il existe dans la vie de multiples moments où vous avez tout intérêt à ajourner vos projets et à ne pas les mettre à exécution. Nous espérons au contraire que ce livre vous aidera à agir plus librement lorsque vous devrez décider d'ajourner ou non un projet, de façon à vous libérer ainsi de vos anxiétés et à mieux maîtriser votre existence.

Première partie

Analyse du phénomène

Chapitre 1

L'art de tout remettre au lendemain: mal inéluctable ou châtiment bien mérité?

C'est le Nouvel An — la période traditionnelle des grandes résolutions. Comme chaque année, vous êtes déterminé à dresser votre liste pour les 364 jours à venir. Mais après une longue et joyeuse nuit de fête où tous les petits excès sont permis, vous n'avez pas vraiment l'esprit aux réflexions sérieuses. Vers la fin janvier, lorsque l'une de vos amies vous annonce fièrement que son nouveau régime miracle lui a déjà fait perdre cinq kilos et qu'un collègue vous déclare avoir passé la soirée à préparer son rapport d'impôts («Mais qu'est-ce qui leur prend à tous?»), vous pensez qu'il est grand temps de prendre la résolution de «ne plus jamais rien remettre au lendemain».

Pour chacun de nous, le terme évoque des images différentes. Si vous faites partie des heureux élus qui n'en sont pas sérieusement atteints, cela évoque peut-être pour vous un bon vivant allongé dans un hamac, en train de déguster paisiblement sa bière au lieu de tondre le gazon. En revanche, si vous souffrez perpétuellement de procrastination, l'image qui vous traverse l'esprit est certainement moins sereine: par exemple, un bureau croulant sous une montagne de paperasse menaçant de choir au moindre mouvement; ou le visage de vieux amis auxquels vous vous promettez d'écrire depuis des années; ou encore des souvenirs d'école où vous passiez des nuits blanches à étudier les veilles d'examen, ou, peut-être, un projet qui en ce moment même menace de prendre racine sur votre bureau.

Ce phénomène sévit dans tous les milieux et touche toutes les catégories d'individus. Prenez par exemple l'étudiant qui, sous la pression constante des bonnes notes à décrocher et des examens qu'il faut réussir à tout prix, a tendance à remettre à plus tard ses travaux et la préparation de ses examens et qui, finalement, se retrouve sur la corde raide quand sonne l'heure fatidique. Les professionnels indépendants, qui ne peuvent compter que sur eux-mêmes pour veiller à la bonne marche de leur entreprise, savent qu'il est facile de remettre à plus tard puisque personne ne passera derrière eux pour vérifier si le travail a été accompli. Dans un bureau où la compétition est omniprésente, certains employés ont tendance à travailler au ralenti contrairement à leurs collègues superactifs. Ceux qui sont agacés par les impératifs bureaucratiques préféreront classer un dossier «en attente» plutôt que de s'adonner à la corvée obligatoire de paperasserie à remplir. À la maison, les possibilités de remettre les tâches à plus tard sont multiples. Lequel d'entre nous n'a pas un jour été découragé de voir laissés en plan des projets planifiés de longue date, qu'il s'agisse de repeindre la cuisine ou de ranger le sous-sol.

Nous avons tous à notre répertoire une anecdote cocasse sur un ami (ou sur nous-même) qui a l'art de tout remettre au lendemain. Prenons l'exemple des membres de cette famille qui attendent tant et si bien le dernier moment pour préparer leurs vacances que le jour du départ, ils jettent tout leur attirail pêle-mêle dans le coffre de la voiture et se retrouvent finalement dans le motel de la ville voisine! Ces histoires drôles ont si bien fait recette qu'elles ont même été commercialisées. Ainsi, les commerçants nous rappellent dès octobre l'impératif des achats de Noël, mais tout le monde sait fort bien que les magasins seront ouverts le 24 décembre pour les retardataires invétérés. Les commerçants sont d'ailleurs ravis de pouvoir vendre des cadeaux préemballés ou des présents conventionnels qui permettront aux habitués de la dernière minute de ne pas perdre la face le jour de la fête des Mères, ou de la fête des Pères, ou encore à la Saint-Valentin qui, selon les détaillants, bat le record des achats de «dernière minute». En effet, aux États-Unis, près de dix millions de personnes achètent le cadeau de l'être cher dans la journée du 14 février. Et chaque année, les chaînes locales de télévision envoient leurs journalistes dans les rues environnant le bureau de poste central de la ville pour réaliser le reportage traditionnel des embouteillages de voitures... des retardataires venant poster leur déclaration de revenus juste avant minuit, le 30 avril!

Qui est atteint de procrastination?

Quels que soient l'âge, le quotient intellectuel, le statut social, les compétences et la réussite d'une personne, elle est exposée comme tout un chacun à la procrastination, laquelle se garde bien de faire de la discrimination quant à la race, la croyance religieuse, le sexe ou l'origine ethnique.

On se demande souvent comment faire la différence entre la véritable procrastination et le fait de remettre un projet à plus tard, simplement par manque de temps ou parce que l'on est, par nature, insouciant ou peu prévoyant. Commençons donc par analyser cette distinction fondamentale.

Le *Robert* définit le terme «procrastination» comme la «tendance à tout remettre au lendemain». Ainsi, le simple fait de reporter un projet, quel qu'en soit le motif, est un acte de procrastination; au sens strict du terme, il s'agit du *comportement* proprement dit. On peut distinguer la procrastination bénigne de la procrastination maligne en fonction du *degré* auquel ce phénomène nous *affecte*.

Il existe deux façons de diagnostiquer le mal. Tout d'abord, remettre à plus tard peut avoir des conséquences anodines (comme l'amende à payer à la bibliothèque pour un retard) ou très néfastes (perdre son emploi ou briser son mariage). En second lieu, les gens qui remettent les choses à plus tard peuvent en être affectés à divers degrés en leur for intérieur, qu'il s'agisse d'une simple saute d'humeur ou de remords qui peuvent parfois conduire à la perte de confiance en soi et au désespoir.

Certains individus sont si occupés qu'ils ne peuvent éviter les retards, mais cela ne les afflige pas réellement. Ils ont un emploi du temps si chargé que bon nombre de leurs projets et activités sont obligés de rester en suspens. Vivant constamment au pas de course pour respecter les délais, ils donnent l'impression de parfaitement s'accommoder au stress perpétuel qu'ils s'imposent. En fait, une vie superactive constitue pour eux un véritable stimulant et ils ne changeraient ce mode de vie pour rien au monde.

Il existe également une catégorie de gens qui aiment prendre la vie calmement. Ils réfléchissent longuement avant d'agir, mais cela ne les dérange pas. S'ils aiment travailler d'arrache-pied pour assurer leur bien-être et celui de leur famille, ils prennent en revanche les choses posément. S'ils remettent les choses à plus tard, ils le font volontairement et sereinement.

À certains moments, les gens choisiront délibérément de laisser un projet en suspens, car il ne figure pas en tête de leur liste de priorités; ils préfèrent peser le pour et le contre avant de s'engager ou d'agir. Ils veulent prendre le temps de réfléchir, d'analyser toutes les possibilités ou de se concentrer sur ce qui leur paraît essentiel. Cet acte volontaire constitue pour eux une arme efficace leur permettant de prendre les décisions adéquates. Pour ceux-là, la procrastination n'est pas un fléau.

Nous connaissons tous des périodes où tout semble se présenter en même temps, ce qui nous oblige à remettre certaines choses à plus tard: l'arrivée de parents qui ont décidé de venir passer trois semaines à la maison; ou les enfants qui jouent dans une pièce de théâtre et que l'on doit accompagner aux répétitions; la voiture ou le réfrigérateur qui tombe en panne cet après-midi-là précisément; le rapport d'impôts qui doit être remis au comptable le lendemain. Dans ces circonstances, vous êtes contraint de laisser de côté certains projets. Ceux qui connaissent leurs limites ne se sentent pas affligés lorsqu'ils sont dans l'impossibilité de répondre à toutes les demandes en même temps.

Certaines personnes ne souffrent pas de ce phénomène de procrastination, car elles savent le limiter aux actes qui ont peu de conséquences. Prenez par exemple le cas de ces amis qui sont toujours ponctuels au travail et aux rendez-vous d'affaires, mais que le fait d'arriver en retard dans une soirée ou une réunion familiale ne met pas du tout mal à l'aise, en particulier si la famille et les amis y sont habitués. Ils envoient leurs cartes de Noël avec un peu de retard et laissent en plan le rangement du sous-sol, mais règlent dans les délais prévus — ou à peu près — les affaires importantes. La procrastination fait partie de leur mode de vie mais à un degré moindre.

En revanche, ce phénomène joue de vilains tours à une certaine catégorie de gens. Pour l'observateur, ces personnes semblent aller «pour le mieux dans le meilleur des mondes». Comme l'avocat qui dirige admirablement bien son propre cabinet ou la femme qui réussit à mener de front sa carrière et l'éducation de ses cinq enfants. Mais en leur for intérieur, ces personnes souffrent... de frustrations, contrariées de ne pouvoir faire tout ce dont elles se sentent capables, même si elles ne le montrent pas. Bien que tout ait l'air de bien marcher pour eux, ce ne sont pas des individus heureux.

Pour d'autres, le fait de tout remettre à plus tard ne les fait pas seulement souffrir intérieurement, mais a également des répercussions évidentes et particulièrement néfastes sur leur travail, leurs relations ou leur vie familiale. Certains ont même perdu ce qui pour eux comptait le plus au monde. Dans certains cas, ils ne sont jamais parvenus à mettre à exécution les projets qui leur tenaient le plus à coeur. Pour ceux-là, la manie de tout remettre à plus tard n'est pas une plaisanterie ou un simple petit embêtement.

Prenons le cas de Pierre, un comptable de quarante-cinq ans. Sa manie de remettre au lendemain lui a déjà fait perdre deux postes et menace celui qu'il occupe à l'heure actuelle. Dans son dernier emploi, il attendit tellement pour effectuer une vérification comptable complexe qu'au lieu de demander une semaine supplémentaire à son client, il lui raconta que sa femme avait dû être hospitalisée. Le client, impatient d'obtenir ses travaux, appela Pierre à son domicile et eut la surprise d'entendre la soi-disant malade à l'autre bout du fil. Ignorant la supercherie, elle se montra surprise lorsqu'il s'enquit de sa santé. Le client stupéfait rapporta les faits au supérieur de Pierre qui, finalement, renvoya ce dernier.

On pourrait également évoquer le triste sort de Martin dont

l'épouse, Linda, a demandé le divorce après quatorze ans de mariage. Linda considère qu'elle n'a enfin plus à attendre son époux pour faire quelque chose de sa vie. Pendant des années, Martin lui a assuré qu'il allait bientôt pouvoir passer du temps avec elle et les enfants mais n'a jamais mis sa promesse à exécution. Il s'est toujours préoccupé de trouver de nouvelles idées pour aller de l'avant dans sa carrière de vendeur indépendant, mais il n'en a jamais mis une seule en pratique. Il éprouvait déjà assez de difficultés à conserver ses clients. Souvent, les activités familiales planifiées de longue date devaient être remises à plus tard ou abandonnées parce que Martin, le maître à bord, avait un projet à terminer. Linda a finalement perdu patience lorsque Monsieur a décidé de reporter une fois de plus le voyage à Hawaï pour leur anniversaire de mariage parce qu'il avait encore *quelques* coups de téléphone importants à passer. «C'est la goutte d'eau qui a fait déborder le vase, affirme Linda. J'ai compris à ce moment-là que les choses ne changeraient jamais tant que je continuerais à vivre avec Martin.»

Voici un dernier exemple illustrant les méfaits de la procrastination. Celui de Manon, une avocate poursuivie en justice par un de ses clients pour n'avoir pas préparé à temps le dossier de ce dernier qui devait lui-même comparaître. «Je ne sais pas ce qui m'a pris, avoue-t-elle. Je connaissais parfaitement la date de la convocation, mais je ne cessais de remettre à plus tard la préparation des documents nécessaires. Finalement, le matin même, j'ai gribouillé quelques notes sur un papier sans avoir effectué le travail de recherche qui s'imposait.» Manon, qui n'en était pas à ses premiers déboires avec ses clients, est maintenant en voie d'être rayée du barreau et contrainte d'abandonner sa carrière d'avocate.

À l'instar de Pierre, Martin et Manon, ceux qui pratiquent l'art de remettre au lendemain semblent avoir une manière d'être et une façon de vivre bien à eux. Ils sont déterminés à changer mais sont incapables de prendre les mesures qui s'imposent pour y parvenir — ils tirent sur la corde de toutes leurs forces et quand elle est sur le point de céder, ils essayent de s'en sortir de leur mieux; mais cela ne marche pas à tous les coups.

Le cycle de la procrastination

En général, les gens comparent ce phénomène à une sorte de parcours émotionnel en dents de scie. Ils connaissent des hauts et des bas dans leurs tentatives de changement et finissent le plus souvent par abandonner la lutte. Lorsqu'ils (appelons-les les «retardataires») planifient la mise sur pied d'un projet et tentent de le réaliser, ils passent par une série de réflexions, d'émotions et de comportements que nous appelons communément le cycle de la procrastination. Il existe bien sûr des variantes. Le cycle peut s'étendre sur plusieurs semaines, mois ou même années, ou il peut tout simplement se produire en un éclair.

1. *«Cette fois-ci, je vais m'y prendre à l'avance.»*

Au départ, les retardataires sont généralement très confiants. Lorsqu'ils entreprennent un projet, ils se disent que *cette fois-ci*, ils vont procéder de manière efficace et respecter les délais. Bien qu'ils se sentent incapables de se mettre à l'oeuvre *sur-le-champ*, ils croient que le miracle va d'une façon ou d'une autre se produire spontanément, sans aucun effort de planification de leur part. Ce n'est que lorsqu'un laps de temps s'est écoulé, sans que rien ne se passe, qu'ils commencent à perdre confiance et à sérieusement s'inquiéter.

2. *«Il va falloir que je m'y mette bientôt...»*

Lorsqu'un peu de temps s'est écoulé et que rien n'a encore été accompli, l'illusion de réaliser efficacement leur projet «cette fois-ci» commence à s'évanouir pour faire place à l'anxiété et à la tension. Ayant perdu tout espoir d'une mise en route spontanée, le retardataire se sent maintenant contraint de déployer quelques efforts pour que quelque chose se passe. Mais la date limite étant encore loin, la situation n'est pas désespérée.

3. *«Que va-t-il se passer si je ne commence pas maintenant?»*

Malgré le temps qui passe, le retardataire ne s'est pas encore mis à l'oeuvre, et il n'est plus question maintenant pour lui de prendre un bon départ ni même de déployer des efforts pour s'y mettre. À ce stade, toute lueur d'optimisme a disparu pour laisser place à l'appréhension. Le retardataire, se voyant *incapable* de se mettre à l'oeuvre, commence à imaginer les pires conséquences de sa passivité risquant de détruire sa vie à jamais. Une espèce de paralysie l'envahit; toutes sortes de pensées lui traversent l'esprit et lui donnent le vertige.

a. *«J'aurais dû m'y mettre plus tôt.»*

Un sentiment de culpabilité l'envahit, sentiment éprouvé communément par la plupart des retardataires. Ils font le point et se rendent compte qu'ils ne peuvent rattraper le temps perdu. La pression ressentie est telle qu'ils n'ont plus le choix: ils doivent se mettre immédiatement à l'oeuvre. Ils regrettent amèrement de ne pas avoir commencé plus tôt et de se trouver maintenant au bord du précipice. Un retardataire affirme: «On est constamment en train de se plaindre.»

b. *«Je fais tout ce que j'ai à faire sauf...»*

À ce stade, bon nombre de retardataires sont en état d'activité fébrile, ils effectuent mille et une choses *à l'exception* du projet important qu'ils ont consciemment laissé de côté. Ils ressentent tout à coup le besoin urgent de ranger leur bureau, de nettoyer l'appartement ou d'essayer une nouvelle recette de Jeanne Benoît. Toutes ces tâches laissées elles aussi de côté mais moins urgentes doivent soudain être accomplies sur-le-champ: rédiger le courrier en retard, appeler un ami auquel on n'a pas parlé depuis des mois ou déballer les dernières boîtes du déménagement de l'année précédente. Comme jamais auparavant, le retardataire déborde d'activités mais évite soigneusement d'accomplir le Projet en question. Et il se met alors à rationaliser. «Voilà au moins une bonne chose de faite!» Quelquefois une activité distrayante semble si productive qu'il a l'impression de s'être attaqué au projet. Mais il finit par se rendre à l'évidence: il n'a toujours rien fait.

c. *«J'espère que personne ne se rendra compte de quoi que ce soit.»*

Avec le temps qui passe sans que rien ne soit accompli, certains retardataires commencent à éprouver un sentiment de honte. Ils souhaitent ardemment que personne ne découvre leur terrible secret et inventent mille et un subterfuges pour cacher leur inactivité ou leurs retards. Ils font semblant d'être occupés lorsqu'en réalité, ils ne font rien. Certains se cachent littéralement

— ils s'absentent du bureau, évitent les gens, débranchent leur téléphone ou ne rappellent pas ceux qui ont laissé des messages et fuient tout contact qui pourrait trahir leur secret. Continuant à entretenir la supercherie, le retardataire a l'impression de devenir graduellement un véritable arnaqueur. Lorsque, par exemple, il a prétexté l'enterrement de sa grand-mère pour rendre un rapport en retard à un client qui lui présente ses condoléances alors qu'il sait pertinemment que la grand-mère en question se porte comme un charme et est en ce moment même en train de jouer au bridge en Floride, le caractère frauduleux de ses paroles et de ses actes vient s'ajouter à toutes les pressions internes et externes qui s'intensifient jour après jour.

4. *«Il me reste encore du temps.»*

En dépit des sentiments de culpabilité et de honte, le retardataire continue de s'accrocher à l'espoir que le projet va, d'une façon ou d'une autre, finir par se réaliser. Même si le sol commence à se dérober sous lui, il essaie désespérément de rester optimiste et attend le miracle qui va renverser la situation, miracle qui évidemment ne se produit que rarement.

5. *«Il y a quelque chose qui ne tourne pas rond chez moi.»*

Le retardataire a maintenant atteint le stade du désespoir. Ses bonnes intentions de se mettre vite à la tâche n'ont servi à rien. L'anxiété de ne pouvoir mener le projet à terme se transforme maintenant en angoisse: «C'est *moi*... Il y a quelque chose qui ne tourne pas rond chez moi!» Il a l'impression d'être un être anormal à qui il manque quelque chose de fondamental — l'autodiscipline, le courage, l'intelligence ou la chance. Après tout, c'est avec ces qualités que l'on peut accomplir quelque chose!

6. *La décision finale: faire ou ne pas faire.*

À ce stade, le retardataire décide de persévérer jusqu'au bout ou d'abandonner le navire en détresse. Il s'agit alors de suivre l'une des deux voies suivantes:

Voie n° 1: *Abandonner*

a. *«Je n'y arriverai jamais!»*

La tension est devenue intolérable. Le projet paraît impossible à réaliser dans les quelques minutes ou heures qui lui restent. Parce qu'il vient de dépasser son seuil de tolérance, les efforts qu'il devrait déployer pour s'en sortir lui semblent hors de portée. «Je n'en peux plus!» Il craque, il est prêt à abandonner. Et il finit par laisser tomber le projet.

b. *«Pourquoi se donner tant de mal?»*

À ce stade avancé de la mise en jeu, certains retardataires font le point, analysent le gigantesque travail qu'il leur reste à accomplir et considèrent que cette fois-ci, il est tout simplement trop tard pour se mettre à l'oeuvre. Ils ne voient pas comment ils pourraient achever leur projet comme ils l'avaient planifié. Il leur reste vraiment trop peu de temps pour accomplir un travail digne de ce nom. Toute tentative est à ce stade inutile. Alors, pourquoi se fatiguer à travailler d'arrache-pied? Le résultat n'en vaut pas la chandelle. Il faut se rendre à l'évidence, c'est une fois de plus l'hécatombe... et l'abandon.

Voie n° 2: *Agir — en désespoir de cause*

a. *«Il n'y a plus une seconde à perdre.»*

La pression est maintenant telle que le retardataire ne peut plus se permettre de perdre une seule seconde. La date limite est trop proche ou son inertie lui semble tellement insupportable qu'il est moins pénible d'agir. Et tel un prisonnier de guerre en marche vers le peloton d'exécution, il se résigne à la fatalité... et il se met à la tâche.

b. *«La situation n'est pas désespérée. Pourquoi ne me suis-je pas mis à l'oeuvre plus tôt?»*

Il s'est enfin attaqué au projet. À sa grande surprise, ce n'est pas aussi terrible qu'il le craignait. Même si c'est ardu, complexe ou ennuyeux, il éprouve malgré tout le soulagement de voir le travail avancer. Il ressent même un certain plaisir à se voir à l'oeuvre! Quelquefois, les retardataires sont à ce stade quelque peu décontenancés, incapables d'analyser le fossé existant entre leurs angoisses préliminaires et la relative facilité du travail proprement dit. «Cela aurait pu être un plaisir ou une sinécure de faire calmement ce travail. Pourquoi ne me suis-je pas mis à l'oeuvre plus tôt?»

c. *«Il faut agir au plus vite!»*

Le compte à rebours est déclenché. C'est la course contre la montre. Se trouvant maintenant au bord du précipice, le retardataire n'a plus le loisir de planifier, de fignoler ou d'améliorer le travail à exécuter. L'important n'est plus de produire un travail de qualité, mais avant tout de l'exécuter.

7. *«Je ne remettrai plus jamais au lendemain!»*

Lorsque le projet est finalement terminé ou abandonné, le retardataire éprouve un immense soulagement et une fatigue extrême. L'épreuve est enfin terminée. Il peut maintenant se reposer et profiter de la vie. L'idée de revivre ce calvaire lui est si désagréable qu'il se promet de ne plus jamais retomber dans ce cycle infernal. Il s'agira la prochaine fois de se mettre rapidement à l'oeuvre, d'être plus organisé, de travailler à un rythme régulier et de dominer ses crises de panique. C'est fermement décidé... jusqu'à la prochaine fois.

Ainsi, le cycle de la procrastination arrive à son terme et les retardataires se promettent de ne plus jamais tomber dans le piège. Malgré leur sincérité et leur détermination, beaucoup d'entre eux revivront à maintes reprises ce genre d'expérience éprouvante.

Les racines du mal

Il serait bien sûr tentant d'attribuer le phénomène de procrastination à un dérèglement génétique; malheureusement, aucun gène de ce type n'a été répertorié jusqu'à ce jour par les scientifiques! Nous devons plutôt nous tourner vers les facteurs de notre environnement qui ont une influence sur nous — les événements extérieurs, les situations et les comportements régissant notre vie.

Lorsqu'on demande aux retardataires chroniques d'expliquer leur comportement, les réponses qui fusent le plus souvent sont: «Nous vivons dans une société compétitive! On s'attend à ce que chacun soit immanquablement ponctuel. Face à toutes ces pressions, il est impossible de suivre le pas.»

La compétition est omniprésente dans notre culture. En réalité, on doit non seulement se battre mais également réussir.

En dépit du vieil adage qui dit que «l'important n'est pas de gagner mais de jouer», peu de gens se battent pour terminer seconds. C'est le gagnant qui récolte la palme — le prestige, l'argent ou la gloire. C'est sur lui que se porte l'attention et c'est lui qui symbolise la «réussite».

Et qu'est-ce que la «réussite»? Les médias nous laissent entendre que pour réussir il faut être très riche, très puissant, très prestigieux ou très beau et, si possible, tout à la fois. Mais si vous ne possédez aucune de ces choses, tout n'est pas perdu, vous avez encore votre chance de réussir: il suffit que le sol de votre cuisine brille comme un miroir grâce au détersif X, que vous possédiez la voiture Y, que vous nourrissiez votre chien ou votre chat avec la pâtée Gros Minou ou que vous éleviez vos enfants dans les règles de l'art, ou encore que vous sachiez vous débarrasser de toutes vos petites imperfections telles que vos pellicules ou votre cellulite. Les magazines regorgent de superbes recettes miracle qu'il nous faut à tout prix essayer. «Un repas de Noël prestigieux à votre portée», «Comment trouver le partenaire de vos rêves», «Comment décrocher le poste idéal.» En résumé, la réussite est le plus souvent définie en termes de perfection. Le message que nous entendons est: «Tout cela est aussi à notre portée!»; message qu'il faut traduire en réalité par: «Si vous ne réussisez pas, c'est que quelque chose ne tourne pas rond chez vous.»

Devant ces normes de réussite particulièrement exigeantes, qui s'étonnera de voir tant de gens se protéger en remettant tout au lendemain? Mais il doit y avoir quelque chose de plus que les pressions et les obligations perfectionnistes imposées par la société pour faire de nous un retardataire chronique. Si cela n'était pas le cas, nous ferions tous partie de cette catégorie. Beaucoup d'individus réagissent aux pressions culturelles en émettant des signes de détresse autres que l'incapacité de produire — la «travaillotte», la dépression nerveuse, les maladies psychosomatiques, l'alcoolisme, la drogue ou les phobies.

Pour comprendre pourquoi on choisit d'accumuler des retards comme première stratégie pour se protéger, il faut d'abord analyser les dimensions plus personnelles de nos vies. Le reste de la première partie de ce livre analyse les problèmes personnels qui permettront de comprendre les motifs de ce comportement. Pour commencer, nous allons étudier le problème à la racine. Quand cela a-t-il commencé?

Souvenirs d'enfance

Vous souvenez-vous de la première fois que vous avez remis quelque chose au lendemain? Dans quelles circonstances cela s'est-il passé? S'agissait-il d'un devoir à remettre en classe ou d'une tâche que vos parents vous avaient demandé d'accomplir? Quel âge aviez-vous? Étiez-vous au secondaire ou au primaire? Ou à la maternelle? Comment cela s'est-il déroulé et qu'avez-vous ressenti?

Certaines personnes se souviennent avec précision de cette première fois. D'autres n'en conservent qu'un souvenir vague ou se souviennent de situations qui en surface ont assez peu de rapports avec la procrastination telle qu'ils la pratiquent actuellement. Voici quelques exemples de souvenirs racontés par les intéressés:

> Je me rappelle que cela s'est produit en deuxième année: j'avais mon premier devoir à faire. Nous devions rédiger un essai de deux paragraphes sur les montagnes et le remettre le lendemain. Dès que le professeur nous en a fait part, je me souviens avoir senti l'angoisse me monter à la gorge. Qu'est-ce que j'allais bien pouvoir raconter? J'y ai pensé toute la nuit, mais je n'ai rien fait. Finalement, le lendemain au petit déjeuner, ma mère a fait le travail à ma place. Je l'ai recopié et remis au maître d'école, en éprouvant un grand soulagement. J'ai également ressenti un certain malaise du fait d'avoir menti. J'ai obtenu une excellente note pour ce devoir.

> Je ne me rappelle pas d'anecdotes particulières. Juste le souvenir de ma mère qui me demandait de faire telle ou telle chose et moi de penser aussitôt: «Je ne le ferai pas!»

> C'était l'été précédent mon entrée au collège. Mon père est mort d'un cancer cet été-là. Il avait toujours été très bon avec moi. J'allais le voir régulièrement à l'hôpital. Il avait

l'air si frêle et si faible. Cela m'effrayait. Je souhaitais le voir recouvrer la santé, redevenir l'homme fort et dynamique que j'avais toujours connu. Et il m'a dit: «Fais-le pour moi, mon petit. Réussis ta vie. Je sais que tu en es capable.» Ce furent pratiquement les derniers mots qu'il m'adressa. Depuis ce temps-là, pendant toute ma scolarité, je n'ai jamais rendu un travail à temps.

J'ai toujours eu l'habitude de bâcler mes devoirs pour pouvoir aller jouer. Mon père vérifiait si le travail avait été accompli avant que je ne file. Il trouvait toujours quelque chose qui n'allait pas et je devais recommencer. Ou, il me donnait quelque chose d'autre à faire avant de m'autoriser à sortir. Je me suis finalement rendu compte que peu importait la qualité de mon travail ou la rapidité avec laquelle je l'exécutais, il était déterminé à me garder à la maison le plus longtemps possible. Par la suite, j'ai fini par arrêter de me dépêcher. Je me suis mis à rêvasser et à traîner.

C'était en cinquième année. J'ai toujours été bonne élève et tous les professeurs m'aimaient bien. Cette année-là, un groupe de filles de ma classe ont formé un club et n'ont jamais voulu que j'en fasse partie, car j'étais la préférée de l'institutrice. Elles m'avaient surnommée la «lèche-bottes». Je me sentais comme une véritable pestiférée. Je me souviens avoir décidé finalement de ne plus jamais m'attirer les bonnes grâces des professeurs. J'ai donc cessé de bien faire mon travail et me suis mise à remettre les travaux en retard. C'est comme cela que tout a commencé.

Pour beaucoup, la mauvaise habitude d'accumuler du retard a été prise au cours de leur scolarité — la première expérience de la compétitivité pour l'enfant. Les systèmes d'évaluation de bon nombre d'écoles mettent l'accent sur les aptitudes scolaires des élèves pour les classifier. Vous savez probablement que vous étiez un «A», un «C» ou un «F». Les clans qui se forment dans les écoles sont généralement fondés sur cette distinction. Il y a les «grosses têtes», «les sportifs» et les «clowns», et tous se moquent les uns des autres pour s'affirmer dans la hiérarchie. Les rapports qu'il a eus avec ses camarades de classe peuvent avoir une énorme influence sur l'assurance que possède un individu, tant au niveau de ses capacités intellectuelles que de sa sociabilité. Bien après la fin de leur scolarité, bon nombre d'adultes conservent l'image de marque qu'on leur avait attribuée lorsqu'ils étaient enfants.

À titre d'exemple, Nicolas, habitué d'être premier de classe, se lassa des cours en quatrième année et cessa de faire son travail. Consterné par ses résultats médiocres, le directeur de l'école décida de le remettre à l'essai dans la classe inférieure, pendant deux semaines, pour voir s'il s'adapterait mieux avec les «petits». Lorsqu'il se plaignit à son père de cette rétrogradation, ce dernier lui répondit qu'il l'avait bien cherchée. Choqué et humilié, Nicolas redevint subitement studieux et finit par réintégrer sa classe au bout des deux semaines. D'une certaine façon, l'intervention s'est avérée bénéfique. Mais aujourd'hui encore, l'adulte qu'est devenu Nicolas est encore hanté par le pénible souvenir de ces deux semaines. Dans son travail quotidien d'agent de change, il éprouve toujours cette peur d'être humilié à cause d'éventuelles lacunes. Cette expérience est devenue l'une des forces motrices de sa personnalité et de sa procrastination; il est tellement déterminé à réussir à tout prix qu'il n'est jamais satisfait de son travail et, par conséquent, éprouve toujours des difficultés à finir quoi que ce soit.

Malheureusement, on oublie parfois que les diplômes ne reflètent pas exclusivement les capacités intellectuelles, mais également les capacités de concentration, de sociabilité et d'imagination de l'enfant. Ces facteurs sont directement affectés par son état émotionnel. Et souvent, ce dernier reflète sa vie familiale.

Prenons le cas de Suzanne qui vivait une situation familiale désastreuse parce que son père buvait beaucoup et faisait quotidiennement subir des sévices à son entourage. Répugnant à l'idée de rentrer à la maison après l'école, Suzanne s'efforçait de rester le plus longtemps possible à l'extérieur. Une fois rentrée, elle passait son temps à se disputer avec son père. Naturellement, cela se répercuta sur ses résultats scolaires. Elle n'osait avouer à personne les causes de ses résultats médiocres. Certains de ses professeurs présumaient qu'elle était une incapable. D'autres reconnaissaient son potentiel mais la considéraient comme indisciplinée. Au collège, Suzanne continua de projeter cette image de mauvaise élève, rendant ses travaux en retard au lieu de faire ses preuves.

Beaucoup de gens se jugent encore en fonction des difficultés d'apprentissage éprouvées au cours de leur scolarité — qu'il s'agisse de la lecture, des mathématiques, des problèmes d'élocution ou de perception. Malgré les progrès accomplis avec le temps, ils craignent encore que leur entourage ne découvre leurs lacunes. Remettre à plus tard leur permet de cacher leurs points faibles.

Les personnes qui, pour eux, représentaient l'autorité peuvent également avoir laissé une marque indélébile sur leurs capacités d'aller au bout des choses. Vous avez certainement connu des professeurs, des entraîneurs, des directeurs ou des conseillers qui vous ont aidé, mais d'autres qui vous ont humilié ou intimidé. S'efforcer de plaire à un professeur ou à un entraîneur qui ne semble jamais content, quels que soient les efforts déployés, est tellement décourageant que l'on préfère accumuler des retards plutôt que de persévérer.

Les enfants essaient différentes stratégies pour résoudre ces problèmes, tant à l'école qu'à la maison, jusqu'à ce qu'ils en trouvent une qui leur convienne. Ils vont par exemple choisir d'étudier tout le temps, d'adhérer à des clubs ou à des organismes, de s'adonner à l'alcool ou à la drogue, ou d'être le pitre attitré de la classe. Pour diverses raisons, la manie de remettre à plus tard vous a peut-être paru une stratégie alléchante pour résoudre vos problèmes. Premièrement, cela n'a pas toujours de graves conséquences en soi. Deuxièmement, dans un contexte où les professeurs disposent de l'autorité, vous, en tant qu'élève, pouviez exercer un certain contrôle en ne respectant pas les règles, en remettant votre travail en retard ou en ne faisant rien du tout. Troisièmement, cela vous permettait d'échapper à certaines obligations scolaires qui vous mettaient mal à l'aise — les examens de contrôle, les discussions en classe ou les activités sociales. Dans la mesure où vous étiez occupé à autre chose, vous n'aviez pas à vous en faire. Quatrièmement, si votre travail vous semblait particulièrement ennuyeux parce que trop facile, remettre en retard des travaux stupides vous permettait de relever un défi — de vous imposer une course contre la montre pour vérifier en combien de temps minimum le travail pouvait être accompli. En fin de compte, la procrastination vous permettait de vous protéger en classe. Vos professeurs pouvaient vous dire: «Vous pouvez faire mieux», mais jamais: «Vous êtes un incapable», pour la bonne raison qu'ils n'avaient jamais l'occasion de constater ce dont vous étiez *réellement capable*.

Ceux qui ont fait un fréquent usage de cette stratégie pendant leur scolarité sont déçus de constater un jour qu'elle ne marche pas dans le milieu du travail. Les exigences et les responsabilités auxquelles nous avons à faire face dans notre vie d'adulte sont beaucoup plus importantes, et cette stratégie de tout remettre au lendemain ressemble plus à un piège qu'à un jeu. Pourtant, il est difficile de s'en débarrasser.

Les onze commandements du retardataire

L'une des raisons pour lesquelles les retardataires éprouvent tant de difficultés à changer leur mauvaise habitude réside dans le fait que leurs notions des choses sont réellement extravagantes et ne font qu'accentuer leurs retards. Pourtant, ils s'y accrochent fermement malgré les éternelles déceptions qu'elles provoquent. Nous appellerons ces notions les onze commandements du retardataire. En voici une illustration:

Tu devras être parfait en toutes choses.
Tout ce que tu fais ne devra te demander aucun effort.
Par mesure de sécurité, tu ne feras rien plutôt que de prendre des risques et d'échouer.
Tu ne t'imposeras aucune limite.
Tu choisiras de ne rien faire plutôt que de mal faire quelque chose.
Tu éviteras tout défi.
Si tu réussis, tu feras du mal à quelqu'un.
Tu ne suivras pas les règles imposées pour ne pas perdre le contrôle de la situation.

Tu ne te permettras pas de renoncer à quelque chose ou à quelqu'un.

Tu dissimuleras ton vrai toi pour te faire aimer.

Tant que tu n'auras pas trouvé la bonne solution, tu attendras.

Au premier abord, certains de ces préceptes vous paraîtront sans doute valables. Mais il ne s'agit en réalité que d'illusions que vous pouvez entretenir en remettant tout au lendemain. Si vous voulez être parfait, il est effectivement préférable de remettre les choses à plus tard plutôt que de mettre un projet à exécution et de risquer d'être jugé sur un échec. Si vous êtes convaincu qu'il est dangereux de réussir, remettre au lendemain vous permet de vous protéger — ainsi que les autres — et de réduire ainsi vos chances de réussite. Ou, si vous croyez que les autres n'aimeront pas votre véritable personnalité, vous pouvez vous servir de la procrastination pour cacher vos idées et maintenir une certaine distance entre vous et les autres.

Les croyances qui alimentent les onze commandements du retardataire reflètent une façon de penser qui l'empêche d'avancer. La peur de l'autocritique ou de l'échec peut en effet vous empêcher de franchir les obstacles inévitables que vous réserve la vie quotidienne — elle vous fait faire du «sur place». Pour surmonter cette manie de tout remettre au lendemain, il faut d'abord commencer par vous rendre compte que vous n'êtes pas réaliste. Mais cela ne suffit pas, car la procrastination a des racines émotionnelles complexes.

Les individus qui ont l'art de tout remettre au lendemain agissent de la sorte parce qu'ils ont peur. Ils craignent, en agissant, de s'attirer des ennuis. Les trois prochains chapitres traitent de la procrastination utilisée comme stratégie pour se protéger des peurs communément éprouvées: peur de l'échec, peur de la réussite, peur de perdre une bataille, peur de l'isolement et peur de l'intimité. En lisant ces chapitres, nous espérons que vous comprendrez pourquoi personnellement vous luttez pour perdre votre mauvaise habitude d'accumuler des retards.

Chapitre 2

Le retardataire à l'épreuve: la peur de l'échec et la peur de la réussite

Bon nombre des individus qui remettent tout au lendemain craignent d'être jugés ou de faire leur autocritique. Ils ont peur que leur entourage ne découvre leurs lacunes, que tous les efforts qu'ils peuvent déployer ne soient pas suffisants; en bref, ils ont peur de ne pas être à la hauteur. Cela reflète leur peur de l'échec. Par contre, certaines personnes craignent davantage d'être trop bien jugées, car cela les obligerait à faire face aux conséquences désagréables qu'un tel jugement pourrait entraîner. Elles ont peur du succès. Étant donné que ces phénomènes sont fort répandus dans notre société qui privilégie la réussite, nous commencerons par étudier les diverses fonctions de la procrastination utilisée comme stratégie pour combattre ces peurs de l'échec et de la réussite.

Peur de l'échec: la recherche de la perfection

Denis est avocat dans une importante société. Brillant élève au collège, il fut accepté sans difficulté dans une faculté de droit de haut niveau. Tout au long de ses études, il s'efforça de ne pas remettre ses travaux à plus tard, passant parfois des nuits blanches à étudier à la veille des examens ou à préparer ses rapports.

Il obtint néanmoins toujours de bonnes notes. À la fin de ses études, il fut engagé, à sa plus grande joie, dans un cabinet renommé d'avocats, espérant devenir un jour un associé de la firme.

Bien qu'il trouvât passionnants les cas qui lui étaient confiés, il commenca très tôt à remettre à plus tard les différentes tâches inhérentes à son poste, qu'il s'agît des travaux de recherche, des rendez-vous avec ses clients ou de la rédaction des rapports. Il tenait à ce que sa défense fût infaillible, mais il fut rapidement découragé par tous les motifs que pouvait invoquer l'autre partie; il sentait que tôt ou tard, il finirait par perdre une de ses causes. Bien qu'il s'arrangeât pour toujours paraître occupé, Denis savait pertinemment qu'il ne faisait pas grand-chose et il finit par s'en culpabiliser. À l'approche de la date d'une convocation à la cour, la panique le prenait, n'ayant pas consacré suffisamment de temps à la rédaction d'un rapport adéquat, et encore moins brillant. «Mon ambition est de devenir un grand avocat, affirme Denis. Mais je passe finalement mon temps à m'inquiéter des engagements que cela implique et très peu de temps à travailler pour y parvenir.»

Si Denis se préoccupe tant de devenir un grand avocat, pourquoi ne met-il pas tout en oeuvre pour y parvenir, au lieu de remettre constamment ses travaux à plus tard? Parce qu'en vérité, cela lui permet d'éviter d'affronter une question importante: «Peut-il être l'avocat brillant que ses résultats scolaires laissaient espérer?»

En reportant sans cesse à plus tard la rédaction de ses rapports, Denis évite de tester son potentiel. Son travail refléterait ses capacités réelles; Denis ne fait en réalité que démontrer son habileté à travailler sous pression pour produire à la dernière minute.

Si son rendement ne correspond pas à ses ambitions, il peut toujours affirmer que «s'il avait disposé d'une semaine supplémentaire, il aurait pu effectuer un meilleur travail». En d'autres termes, la possibilité d'essuyer un échec l'effraie tellement qu'il est prêt à éviter que l'on ne juge ses véritables capacités et ne le découvre incompétent.

Pourquoi donc les individus se jettent-ils à corps perdu dans des situations qui les vouent à l'échec, qu'il s'agisse d'établir un rapport de recherche, de choisir des cadeaux pour des amis ou des parents, de jouer une partie d'échecs ou d'entreprendre des études? Les personnes qui ont des inhibitions causées par leur peur de l'échec ont tendance à définir «l'échec» au sens large. Lorsqu'elles sont mécontentes des résultats de leur travail, elles considèrent non seulement qu'elles ont raté le travail en question, mais également qu'elles sont des incapables.

Richard Beery, psychologue au centre de consultation Berkeley de l'Université de Californie, s'est intéressé de près à ce phénomène de la peur de l'échec, très courant chez les étudiants du campus. Les résultats de ses études indiquent que les sujets en proie à cette peur ont toutes sortes de conceptions erronées de la réussite qui transforment leur lutte pour réussir à tout prix en véritables angoisses. Parmi les conceptions les plus courantes, on retrouve notamment: «Le travail que j'accomplis reflète directement mes capacités» et «Mes capacités reflètent ma valeur personnelle et, en l'occurrence, plus mes capacités sont importantes, plus ma valeur personnelle en tant qu'individu est élevée.» D'où la conclusion: «Ce que je produis reflète ma valeur en tant qu'individu.» Le Dr Beery a formulé ces conceptions sous forme d'équation:

Valeur personnelle = Aptitude = Rendement

Cette équation traduit essentiellement la conception suivante: «Si je fais du bon travail, cela signifie que j'ai beaucoup d'aptitudes, donc que je m'aime bien et me sens bien dans ma peau.» Cela revient à dire que ce qui compte, ce n'est pas seulement ce que vous avez accompli à un moment donné, dans un contexte particulier, mais votre rendement lequel reflète directement vos capacités et votre valeur personnelle.

Pour beaucoup de gens, l'aptitude est rattachée à la capacité intellectuelle; c'est pourquoi ils désirent être parfaits en toutes choses pour démontrer précisément leurs capacités intellectuelles, qu'il s'agisse de rédiger un rapport complexe, de réussir un test ou encore d'être spirituels dans une conversation. Pour d'autres, l'aptitude se définit en termes plus concrets. C'est d'être capables ou non de mener à bien un projet aussi simple soit-il — construire une étagère, choisir une bonne voiture ou préparer un excellent repas pour ses invités. On peut également définir l'aptitude en terme de dons ou de compétences particulières comme savoir bien jouer du piano ou au tennis, ou avoir des facilités pour apprendre une langue. De façon moins évidente, certaines personnes évaluent constamment leurs capacités d'attirer l'attention des autres, tant au niveau de leur apparence (en faisant attention à leur ligne ou aux vêtements qu'ils portent) qu'au niveau de leur présence (faire rire les autres, être le pôle d'attraction ou savoir raconter une histoire drôle).

Cependant, quelle que soit votre définition de l'aptitude, l'erreur à ne pas commettre est de la considérer comme le seul facteur déterminant votre valeur personnelle. Ce serait alors se cantonner à ne juger la personne que d'après son rendement, sans tenir compte d'aucun autre facteur. En d'autres termes, à rendement exceptionnel, personne exceptionnelle et à rendement médiocre, personne médiocre.

Ainsi pour Denis, rédiger un rapport pour la défense d'un client reflète non seulement ses aptitudes professionnelles, mais également sa valeur en tant qu'individu. Si son rapport n'est pas excellent en dépit de tous les efforts déployés, ce sera pour lui un cuisant échec — il se considérera comme un véritable incapable. «Je pense qu'il me serait insupportable de constater que mon rapport n'est pas assez bon après m'être démené pour le réussir», affirme Denis.

Comme le fait remarquer le Dr Beery, le fait de remettre à plus tard permet de rompre le lien entre aptitude et rendement:

Valeur personnelle = Aptitude ≠ Rendement

Procrastination

Le rendement ne peut plus être relié à l'aptitude dans la mesure où l'individu n'a pas donné le meilleur de lui-même. En d'autres termes, le lien entre valeur personnelle et aptitude peut encore être préservé. Par exemple, si Denis est déçu de son rapport ou critiqué, il peut toujours se rassurer en se disant: «J'aurais pu faire mieux si j'avais commencé plus tôt ou si j' y avais consacré plus de temps.» Ou si, par bonheur, son rapport est satisfaisant en dépit des nombreux retards accumulés, il sera d'autant plus content et il pensera: «Je m'en suis merveilleusement tiré. J'aurais pu produire un petit chef-d'oeuvre si j'avais réellement travaillé!»

Remettre à plus tard permet aux individus de se réconforter en pensant que leurs aptitudes sont supérieures à leur rendement et aussi peut-être de continuer à croire qu'ils sont brillants et disposent d'un potentiel illimité pour réussir. Tant que vous remettez les choses à plus tard, vous évitez de faire face aux limites effectives de vos aptitudes quelles qu'elles soient.

Chez certaines personnes, la peur d'être jugées incompétentes est si forte qu'elles préfèrent subir les conséquences désagréables du retard accumulé plutôt que de se voir humiliées, après avoir essayé en vain de réussir ou ne pas avoir fait aussi bien qu'elles l'auraient souhaité. Il leur est moins insupportable de se blâmer pour leur manque d'organisation ou de collaboration, ou pour leur paresse, que de constater leur incompétence ou leur médiocrité — le constat d'échec qu'elles redoutent le plus. Et c'est en remettant les choses à plus tard qu'elles apaisent cette peur de l'échec.

Les personnes qui craignent d'être jugées incompétentes ou médiocres ont généralement peur d'être effectivement incompétentes. Elles ont peur de porter un jugement réaliste sur elles-mêmes et de constater qu'elles ne sont pas aussi bien qu'elles ne l'espéraient, ou aussi mauvaises qu'elles ne le craignaient. Ce type d'angoisse est généralement accompagné d'une autre crainte: la peur de ne pas être aimé. Comme l'affirmait un retardataire: «Si je ne suis pas bon, qui voudra de moi? Qui m'aimera si je n'ai rien à offrir?» Ce retardataire pense que ses aptitudes, reflétées par son rendement, vont déterminer s'il mérite ou non d'être aimé. S'il est incapable de bien faire, il jugera qu'il n'a que peu de valeur et pensera que les gens vont le rejeter. Ainsi, le fait de ne pas être à la hauteur peut être beaucoup plus conséquent que de simplement échouer en termes d'aptitudes, car cela signifie échouer en tant qu'individu.

L'univers du perfectionniste

Souvent sans s'en rendre compte, les personnes qui accumulent des retards sont des perfectionnistes. Pour prouver qu'elles sont à la hauteur, elles sont prêtes à faire l'impossible, persuadées qu'aucun obstacle ne les arrêtera dans leurs courses pour atteindre leurs nobles buts. Elles s'imposent souvent des exigences totalement irréalistes et se sentent accablées lorsqu'elles se voient incapables de les respecter. Découragées, elles battent en retraite en accumulant des retards.

Bon nombre de retardataires ne comprennent même pas comment on peut les considérer comme des perfectionnistes même lorsqu'on peut constater le gâchis qu'ils ont causé. Prenons le cas de Georges, un jardinier indépendant. «Je fais toujours mon travail à la dernière minute et quelquefois, je ne termine pas les travaux entrepris. Comment peut-on me considérer comme un perfectionniste?»

Le perfectionnisme ne réside pas tant dans les comportements parfaits ou exceptionnels mais plutôt dans les attitudes irréalistes. Comme le fait remarquer le psychologue David Burns, les individus exceptionnels ne sont pas des perfectionnistes intraitables. Un champion sportif, un homme d'affaires particulièrement brillant ou le lauréat d'un prix Nobel savent qu'à un moment donné ils vont commettre des erreurs ou qu'un jour de malchance, leurs résultats ne seront pas aussi spectaculaires. Bien qu'ils se soient fixé des objectifs particulièrement brillants, ils sont aussi capables de tolérer les frustrations et les déceptions de ne pouvoir atteindre leurs buts. Ils savent qu'ils peuvent améliorer leurs performances et travaillent d'arrache-pied pour y parvenir.

En revanche, les retardataires perfectionnistes se surestiment généralement de façon démesurée. Ainsi, la femme qui n'a pas pratiqué de sport depuis des années désire en l'espace de deux semaines retrouver sa parfaite forme physique. L'écrivain débutant veut que ses premières pages d'écriture soient dignes d'être publiées. Ou encore, l'adolescent à ses premières amours voudrait que chacun de ses appels aboutisse à un rendez-vous galant, ou le vendeur s'imagine qu'il va conclure un contrat chaque fois qu'il rencontre un client. Ainsi, les terribles exigences que tous ces gens s'imposent pour mieux atteindre leurs objectifs ne font généralement qu'anéantir les efforts qu'ils ont déployés. Avant tout, la question qu'il faut se poser est la suivante: «Est-ce que je m'impose des normes qui vont me permettre de faire des progrès ou est-ce que ces normes très rigoureuses ne vont pas me décourager, m'apporter des frustrations et ne me mener nulle part?» Ce n'est pas la nature de vos exigences qui font de vous un perfectionniste mais le caractère peu réaliste de ces exigences par rapport à vos capacités.

Les perfectionnistes qui se complaisent à accumuler des retards caressent certaines croyances et bien que ces croyances paraissent tout à fait nobles, et même raisonnables, elles peuvent rendre leur vie insupportable et ne les inciter qu'à accumuler davantage de retards au lieu de favoriser leurs progrès.

La médiocrité engendre le mépris. Pour certains retardataires, la pensée d'être des êtres ordinaires leur est si intolérable qu'ils vont remuer ciel et terre pour devenir exceptionnels. Ils vont non seulement aspirer à avoir une carrière et des relations exceptionnelles, mais également à produire des chefs-d'oeuvre de tout ordre, que ce soit la rédaction d'une lettre ou l'aménagement d'un jardin. Si vous visez constamment le sommet, vous risquez de vous trouver le plus souvent médiocre.

Étant donné que la nature humaine est de toute façon vouée à l'imperfection, les personnes qui pensent que la médiocrité engendre le mépris trouvent un certain réconfort à remettre les choses à plus tard. Comme nous l'avons mentionné un peu plus haut, lorsqu'il peut attribuer ses résultats médiocres au manque de temps, le retardataire continue à croire qu'il dispose encore d'un grand potentiel à exploiter. Cela permet au perfectionniste qui a peu confiance en lui de conserver une certaine assurance, en dépit de ses résultats médiocres. La procrastination fournit une excellente excuse à la médiocrité. Elle lui confère un caractère temporaire et la transforme en produit du moindre effort. Ainsi, le retardataire professionnel continue à croire qu'il ne serait certainement pas médiocre, s'il avait la possibilité de donner le meilleur de lui-même.

L'excellence sans efforts. Les perfectionnistes aiment à croire que, pour les êtres réellement exceptionnels, les choses les plus difficiles sont faciles à réaliser. Trouver des idées créatives est un jeu d'enfant! Étudier est une véritable joie pour l'intellectuel! Il doit être facile de prendre rapidement la bonne décision. En utilisant à titre de comparaison des normes aussi exigeantes, la personne qui doit travailler d'arrache-pied ou même déployer un certain effort pour mener un projet à bien, se sentira certainement inférieure.

Prenons par exemple le cas d'un étudiant qui a des difficultés à faire ses travaux à la maison. S'il ne supporte pas de répondre à l'aveuglette aux questions posées, il devra déployer un certain effort pour accomplir son travail. S'il s'agit, par exemple, d'un problème de physique, il se dira: «Si je ne peux résoudre le problème sur-le-champ, je me sens incompétent. Je comprends les concepts et je ne suis pas stupide, donc, je devrais trouver la réponse tout de suite — je m'en veux tellement que je ne peux plus continuer à travailler. Je préfère sortir ou faire une partie de jeu vidéo.»

Le fait de vouloir tout résoudre immédiatement, quelle que soit la complexité du problème, conduit beaucoup de retardataires à laisser tout en plan. Déçus d'avoir à faire des efforts pour maîtriser leur sujet, ils préfèrent le laisser de côté et attendre. En fin de compte, leur soif de faire mieux que les autres ou d'être exceptionnels les maintient dans l'ignorance. Finalement, si vous ne pouvez pas supporter de ne pas savoir, vous ne pouvez pas apprendre.

S'en sortir tout seul. Les perfectionnistes pensent qu'ils doivent tout faire seuls, considérant que c'est un signe de faiblesse que de se dégager de certaines responsabilités en délégant ou en obtenant de l'aide. Il est inconcevable pour eux de demander conseil ou simplement d'admettre qu'ils sont incapables de tout faire tout seuls ou qu'ils n'ont pas pu trouver la solution à leur problème. Ainsi, plutôt que de demander conseil, bon nombre de perfectionnistes choisiront de s'isoler et de souffrir en silence. Et lorsque le fardeau devient trop lourd, ils trouvent un certain réconfort dans la procrastination. Incapables de tout faire par eux-mêmes, ils choisissent de reporter le travail et d'accumuler les retards.

Il doit y avoir une solution. C'est le leitmotiv invoqué par bon nombre de perfectionnistes. Ils sont persuadés qu'il existe une solution à leur problème et qu'il leur incombe de la trouver. Et tant qu'ils ne l'ont pas trouvée, il n'est généralement pas question pour eux d'agir ou de s'engager dans quoi que ce soit. Et, plutôt que de risquer de commettre une erreur, ils attendent.

Examinons par exemple le cas de Charles et de Béatrice. Lorsqu'ils se marièrent, ils envisagèrent sérieusement de déménager dans une plus grande ville mais ne purent tomber d'accord sur l'endroit idéal. Béatrice sentait que cette décision allait changer définitivement leur vie. Elle voulait être certaine de faire le bon choix avant qu'ils ne déménagent. Ainsi, elle établit une longue liste des avantages et des inconvénients de chaque ville envisagée. Bien qu'ils eussent étudié à fond tous les facteurs à prendre en considération, Béatrice éprouvait toujours des doutes. Aucune ville ne lui semblait idéale à la fois pour vivre, travailler et élever des enfants et ils finirent par ne pas déménager du tout.

Béatrice pensait qu'en trouvant la bonne solution, leur vie serait définitivement classée: plus de regrets, plus de retours en arrière. Mais, dans le cas de Béatrice et de Charles, existe-t-il réellement une solution idéale qui ne comporte pas de risques? Ils devront en effet se déraciner et s'adapter où qu'ils aillent. Quelle que soit la ville choisie, il y aura toujours des «pour» et des «contre» à apprécier ou à supporter. Mais Béatrice avait peur d'être mal jugée si elle ne prenait pas la bonne décision. Elle pensait qu'elle perdrait l'estime des gens, car sa capacité de jugement serait sérieusement mise en doute.

Pour Béatrice et Charles, le fait de remettre cette décision importante à plus tard leur offre une excellente perspective: toutes les possibilités leur sont encore ouvertes. Tant qu'ils n'auront pas décidé de l'endroit où ils vont vivre, toute région du pays représente une possibilité idéale. Ils peuvent s'imaginer faisant de merveilleuses randonnées dans les Cantons de l'Est en automne ou du bateau dans les Maritimes, du ski en Alberta ou, pourquoi pas, des pique-niques sur l'île de Vancouver. Tant qu'ils continuent à rêver, ils n'ont pas à affronter la réalité parfois désagréable.

«Je ne peux pas supporter de perdre» (ou: «L'esprit de compétition? Moi?») En apparence, l'esprit de compétition n'est pas le fort des retardataires. Les retards qu'ils accumulent constamment les en excluent. Prenons le cas de Robert par exemple, un entrepreneur qui a la mauvaise habitude de soumettre des offres quand il est déjà trop tard et qui affirme: «Quand il s'agit de décrocher un contrat, cela ne m'intéresse pas d'entrer en compétition avec des millions de personnes. Je préfère être le seul en lice.»

En vérité, pour éviter de finir perdants, bon nombre de perfectionnistes fuient les situations ou les activités qui les obligeraient d'être mesurés à d'autres. Si Robert, par exemple, soumettait ses offres dans les délais prescrits, il risquerait de découvrir que sa société ne fait pas le poids par rapport à la concurrence. S'il ne décrochait pas les meilleurs contrats, il se sentirait incompétent et stupide, car, pour lui, ne pas être parfait, c'est échouer.

Il existe une autre variante à ce thème de la compétition qui est jouée par les personnes qui «choisissent» de perdre. Les retards qu'elles accumulent consciemment leur garantissent l'échec en bout de piste, ce qui ne les empêche pas d'imaginer qu'elles auraient gagné si elles avaient fait un effort — comme le célibataire qui se vante de toutes les merveilleuses aventures amoureuses qu'il aurait pu vivre s'il avait eu le courage d'appeler les intéressées. Derrière l'idée «Je ne supporte pas de perdre» se cache la notion plus perfectionniste suivante: «Je ne devrais jamais perdre.» Ceux qui pensent ainsi peuvent se protéger et éviter de faire face à la réalité de leur imperfection en accumulant des retards. Ils ne peuvent finir perdants puisqu'ils n'ont jamais réellement participé à la course.

C'est tout ou rien! Le principe «C'est tout ou rien» est très courant chez les perfectionnistes qui accumulent des retards. La personne qui pense qu'elle doit tout faire éprouve généralement des difficultés à mesurer les progrès accomplis pour atteindre un objectif: «Tant que le projet n'est pas achevé, j'ai l'impression de ne rien avoir accompli.» Pas étonnant qu'il soit si tentant d'abandonner en désespoir de cause bien avant d'avoir atteint son but!

La notion de tout ou rien peut affecter la formulation initiale des buts d'une personne, en la poussant nécessairement à tenter de tout faire tout de suite puisqu'il ne serait pas digne d'en faire juste un peu moins. Par exemple, nous avons demandé à Stéphane de nous parler d'un objectif qu'il s'était fixé pour une période de deux semaines. Il avait planifié d'aller s'entraîner à son club tous les jours pendant ces quinze jours. Bien qu'il fût inscrit à son club depuis plus d'un an, il n'y était jamais allé. Avec beaucoup de difficultés, nous avons finalement pu convaincre Stéphane que cet objectif manquait un peu de réalisme. Avec réticence, Stéphane a fini par modifier son objectif et a décidé d'aller au club six fois au cours de cette période. Deux semaines plus tard, Stéphane, réellement découragé, n'était allé au gymnase que trois fois. Bien qu'il eût pratiqué son sport trois fois plus en deux semaines que tout au long de l'année précédente, il avait l'impression de n'avoir rien accompli.

En adoptant l'attitude du tout ou rien, vous risquez d'être découragé rapidement pour l'une des raisons suivantes:

Vous n'accomplissez pas tous les objectifs établis au départ.
Votre façon de procéder ne correspond pas exactement à vos plans.
Vous faites bien les choses, mais pas de façon parfaite.
On ne vous complimente pas autant que vous jugez le mériter.

Dans des situations comme celles-ci, vous avez le sentiment de ne rien avoir accompli parce que ce que vous avez acquis ne correspond pas exactement à vos espérances ou à ce que vous escomptiez. Si vous n'aspirez qu'à la perfection, vous êtes voué à ne vivre que des déceptions. Pour reprendre les propos d'un perfectionniste, «c'est le paradis ou l'enfer».

La perfection est un idéal auquel on renonce très difficilement. Même si vous reconnaissez que dans l'abstrait les normes perfectionnistes sont irréalistes et improductives, il vous sera malgré tout difficile d'accepter le fait que nous n'êtes pas et ne serez jamais parfait.

Une des raisons pour lesquelles il est difficile de renoncer aux buts perfectionnistes réside dans le fait que dès la petite enfance, les adultes attendent déjà de nous l'impossible. Nous étudierons plus en détail au chapitre 5 l'influence des expériences familiales, mais dès maintenant, examinons comment vous est venue l'envie d'être parfait à tout prix.

Pour bon nombre de perfectionnistes, accomplir quelque chose représente beaucoup plus que simplement atteindre un but ou être exceptionnels. Souvent, dans leur famille, être exceptionnels est la seule façon sûre d'être reconnus, acceptés et aimés — l'accomplissement étant la valeur numéro un et être second n'ayant en l'occurrence aucune valeur. D'autres perfectionnistes n'ont jamais eu la satisfaction d'être encouragés. Même s'ils réalisaient de grandes choses, on doutait encore de leur capacité ou on les critiquait. Dans ces circonstances, ils rejetteront peut-être les doutes en faisant l'impossible pour être parfaits, pensant que c'est leur dernière chance pour s'attirer le respect et l'affection.

Le destin de l'imparfait: les conséquences réelles et imaginaires

Les perfectionnistes ont tendance à penser en termes absolus pour tout ce qu'ils font. Ils ont également tendance à dramatiser; il n'est pas rare de les voir monter en épingle le moindre événement ou la plus petite faute anodine et d'en exagérer les conséquences jusqu'à ce que les répercussions deviennent insupportables. Tout incident est pour eux le commencement de la fin, le ciel qui va leur tomber sur la tête.

Leurs angoisses sont d'autant plus fortes lorsqu'ils sont incapables de nommer ou de définir les catastrophes pressenties. «Ma vie serait pitoyable si je n'étais pas parfait», affirment-ils.

Mais en quoi leur vie serait-elle pitoyable? Il est souvent intéressant et révélateur pour les retardataires de raconter les vagues fantasmes d'angoisse qui les hantent. Posez-vous donc la question suivante: «Qu'arriverait-il si je n'étais pas parfait?» Outre le malaise que vous pouvez ressentir à l'idée de n'être pas exactement un être exceptionnel, quelles situations ou quels sentiments particuliers entrevoyez-vous? Les choses iraient-elles si mal? Quelle série d'événements conduirait à la catastrophe?

Voici l'exemple d'un homme que les attentes ont mené successivement de la perfection à la médiocrité, puis au désastre. Philippe, cadre moyen dans une banque, était en apparence un employé brillant. Il avait un emploi stable, une femme dévouée et une maison agréable. Pourtant, il vivait constamment dans l'angoisse de tout perdre. Philippe avait peur d'être renvoyé si son rendement au travail n'était pas exceptionnel en tous points — le choix de ses décisions, la façon de diriger ses subordonnés, d'établir les budgets, de diriger une conférence, etc.

Ce besoin de produire en permanence le meilleur de lui-même lui imposait des pressions si fortes qu'il commença à accumuler des retards, reportant le travail administratif et les coups de téléphone à passer, retardant les décisions concernant le personnel ainsi que la préparation des réunions. Il craignait que l'on ne découvrît ces retards accumulés et qu'on ne le congédiât.

À la moindre manifestation d'imperfection, Philippe imaginait déjà le désastre: «Si mon ordre du jour n'est pas prêt pour la conférence de mardi, la réunion sera inintéressante et tout le monde découvrira que je ne suis pas aussi compétent que je prétends l'être. Je serai renvoyé et perdrai ma crédibilité au sein de la communauté bancaire — qui serait prêt à engager un individu paresseux et médiocre qui ne fait qu'accumuler du retard? Et si je ne peux obtenir un poste aussi rémunérateur, ma femme sera furieuse et elle me quittera pour quelqu'un d'autre. Je me retrouverai seul, sans famille ni avenir. Je n'aurai plus de raison de vivre. Je n'aurai plus qu'à me suicider. Maintenant je me sens si déprimé que je n'ai plus le coeur à l'ouvrage. Il faut que je prenne un verre.»

Vous pouvez maintenant imaginer comment la préparation

d'une simple réunion peut conduire Philippe au bord du désespoir. Le pressentiment injustifié de la catastrophe le paralyse et l'empêche de travailler.

Ce genre de pensée angoissante peut provoquer de terribles ravages, en particulier si vous n'en êtes pas conscient. Si vous êtes capable de prendre du recul et d'analyser posément la situation, vous pouvez encore éviter d'échapper à la «fatalité de votre destin». Philippe, pour sa part, a fini par revenir sur sa conclusion en admettant que diriger une réunion médiocre n'entraînerait pas nécessairement son congédiement. Il a fini par découvrir qu'il existe une énorme différence entre commettre une erreur professionnelle et perdre sa femme ou son emploi et ses ambitions.

Le meilleur remède contre la paralysie provoquée par un excès de zèle de perfectionnisme est de chasser de ses pensées les scénarios les plus noirs qui pourraient découler d'une situation donnée. Bien que l'imagination ait quelquefois des fondements, il est bon de se souvenir qu'un sujet angoissé est toujours enclin à amplifier ses craintes.

La peur de réussir: la porte ouverte aux retards et l'adieu à la réussite!

Lorsqu'un de vos projets marche bien, vous arrive-t-il quelquefois de ralentir le rythme? Êtes-vous pris de panique lorsqu'on vous complimente à profusion? Lorsque votre supérieur vous propose une promotion, vous sentez-vous mal à l'aise et prêt à battre en retraite? Est-ce que les compliments vous décontenancent ou vous rendent méfiant et inquiet? Si vous réussissez dans un domaine de votre vie, êtes-vous en train d'échouer dans un autre, par votre faute? Lorsque les choses marchent bien pour vous, vous attendez-vous secrètement à ce que quelque chose s'écroule? Ce ne sont là que quelques-unes des situations reflétant le danger qui menace ceux qui ont peur de réussir.

En règle générale, même les individus qui ont peur de réussir désirent bien faire. Mais si c'est aussi simple que cela, pourquoi sont-ils incapables de continuer sur leur lancée lorsqu'ils sont en bonne voie ou à deux doigts de toucher leur but? Quels obstacles se dressent sur leur chemin les poussant à battre en retraite? Pourquoi est-il si dur pour eux de prendre plaisir à réaliser un projet?

Pour beaucoup d'entre nous, la réussite représente l'accomplissement d'un objectif et apporte un sentiment idyllique de satisfaction et d'accomplissement. Voulant réussir à tout prix, les retardataires sont contrariés en permanence par les retards qu'ils accumulent. Même s'ils ont effectivement réussi, selon la définition de la société, certains d'entre eux n'ont pas le sentiment d'y être parvenus lorsqu'ils se souviennent de leurs courses contre la montre, des nombreuses nuits blanches et des efforts gigantesques qu'ils ont déployés à cet effet. Ils sont en effet les seuls à savoir ce qu'ils ont dû traverser et, pour cette raison, ils n'ont pas l'impression d'avoir réellement réussi.

Ces individus s'accusent de ne pas réussir et voudraient se débarrasser de cette manie de tout remettre à plus tard qui les empêche d'atteindre le sommet. Mais, dans leur autocritique, ils oublient un point important: en leur for intérieur, ils ont peur de trop bien réussir.

Étudions le cas de Richard, architecte, qui, toute sa vie, a rêvé de monter son propre cabinet d'architectes. Il a toujours des idées très créatrices dans la tête, ce qui lui a d'ailleurs valu de remporter plusieurs prix, mais il tarde toujours à les coucher sur papier. Par voie de conséquence, il a tendance à être désorganisé et à ne pas respecter les délais, donnant ainsi l'impression d'être incapable de jongler avec toutes les responsabilités inhérentes à son poste. Ses collègues n'hésitent pas à lui demander conseil, mais personne ne veut travailler avec lui sur un projet parce qu'il a déjà fait perdre à la compagnie des clients et, de ce fait, des honoraires. Ils sont impressionnés par ses talents, mais quand il s'agit de lancer un projet, il n'est pas l'homme de la situation.

Richard est angoissé par son inhibition. «Je m'en veux terriblement lorsque je ne parviens pas à mettre mes idées sur papier, affirme-t-il. Je sais exactement ce que je dois faire pour transcrire mes idées, mais je ne le fais jamais. Cela me dégoûte. Je ne pourrai jamais fonder mon propre cabinet si je continue comme cela.»

Richard passe trop de temps à s'apitoyer sur ses mauvaises habitudes. Mais, en réalité, ses préoccupations lui servent de distraction. Bien qu'il dépense beaucoup d'énergie à se faire du mauvais sang, il pense rarement à ce qui l'attend une fois son but atteint. Que se passerait-il s'il pouvait effectivement dessiner ses projets et, en fin de compte, fonder son propre cabinet d'architectes?

Et si Richard avait peur que les autres n'aiment pas ses idées ou que ses plans ne soient pas aussi intéressants sur papier qu'ils semblent l'être dans sa tête, nous pourrions alors explorer sa peur de l'échec. Si sa peur d'engager ses idées sur papier cachait une autre peur, celle d'avoir cru trouver une idée géniale et de s'être trompé, nous pourrions alors parler de son perfectionnisme.

Mais en réalité, ces questions ne préoccupent pas beaucoup Richard. «Je sais que les gens aiment la plupart de mes idées, ajoute-t-il. Ils pensent que je crée des concepts fascinants qui sont à la fois esthétiques et pratiques. Et c'est également mon avis. Mais, je vous avoue que j'ai peur de savoir que les gens me portent haut dans leur estime. Pour une raison que je ne saurais définir, cela me rend nerveux; j'ai le sentiment que je ne saurais quoi faire si je me trouvais sous les feux de la rampe.»

En s'interrogeant davantage, il finit par éclaircir ses appréhensions. «Si j'avais ma propre société, je devrais affronter la concurrence. En présumant que mon travail soit bon, je pourrais décrocher d'excellents contrats et gagner beaucoup d'argent. Cela va vous paraître étrange, mais j'ai peur que ma réussite n'irrite les gens qui sont actuellement mes amis; je leur déroberais en effet des clients et ils m'en voudraient très certainement. De plus, lorsque vous avez créé un excellent concept, certaines personnes s'attendent à ce que tous vos travaux soient novateurs. Pour y parvenir, je devrais travailler jour et nuit. Je n'aurais alors plus le loisir de m'amuser et d'être paresseux.»

Ce n'est pas la peur de l'échec qui préoccupe Richard, mais la peur d'être jugé trop brillant par ses amis. Pour pouvoir vivre conformément à ses ambitions grandioses, ce n'est plus au pas de course que Richard devra travailler mais de façon constante. En diminuant ses chances de réussite, sa manie de tout remettre à plus tard le protège de la possibilité d'être mis au premier plan et pris au piège de la réussite, l'obligeant à vivre une vie qu'il ne souhaite pas.

Il est normal d'éprouver certaines appréhensions lorsque l'on s'aventure en terrain inconnu ou que l'on change son mode de vie, même si c'est pour un mieux-être. Lorsque l'on met sa conception de la réussite en application, qu'il s'agisse de reprendre des études, de faire de l'exercice pour perdre du poids, de figurer parmi les cinq cents meilleures sociétés du magazine *Fortune* ou encore de rédiger un brillant rapport, on fait face inévitablement au changement et à l'inconnu.

Un écrivain, que nous connaissons bien, apprit un jour qu'un article qu'elle s'était décidée à soumettre trois ans plus tôt à une revue distribuée dans tout le pays avait non seulement été accepté mais figurait à la une. En apprenant la nouvelle, elle devint écarlate et fut prise de nausées. «C'est le comble, s'exclama-t-elle. Je vais réintégrer la maison familiale et prendre soin de ma mère!»

Au lieu d'éprouver une certaine fierté bien justifiée, sa première réaction fut la panique. Elle n'aspirait qu'à se faire toute petite et à disparaître pour se réfugier dans la sécurité du noyau familial. Bien qu'elle eût recherché le succès, il la terrifiait.

La question importante que nous devons nous poser est de savoir si notre appréhension de réussir constitue pour nous un obstacle. Est-ce que cela nous empêche d'avancer et de prendre les risques qui pourraient enrichir notre vie? Est-ce que cela nous conduit à nous imposer des restrictions telles que nous en perdons notre spontanéité, notre curiosité et notre désir de relever de nouveaux défis?

C'est à prendre ou à laisser: comment on tire son épingle du jeu

En remettant au lendemain, les retardataires semblent désintéressés par la compétition et indifférents aux récompenses de la victoire. Puisqu'ils ne donnent jamais le meilleur d'eux-mêmes, ils paraissent jouer le jeu du «C'est à prendre ou à laisser».

Ceux qui ont peur de l'échec évitent toute compétition parce qu'ils ont peur de perdre. Ceux qui ont peur de la réussite, en revanche, évitent toute compétition parce qu'ils ont peur de gagner. En réalité, ceux qui ont l'art de tout remettre à plus tard ont même peur de révéler qu'ils sont en fait intéressés à essayer de se battre. Au lieu de s'engager dans la lutte, ils accumulent les retards afin de cacher leur ambition parce qu'ils pensent que la compétition en soi est quelque chose de ridicule. Ainsi, lorsqu'ils visent un poste, ils vont envoyer leur curriculum vitae après la date limite; ils vont commencer à s'entraîner pour un marathon deux semaines avant le grand jour et ne pourront ainsi être considérés comme des concurrents sérieux dans la course; ils prennent du retard dans leurs travaux universitaires, par exemple, en se disant «qu'après tout, les diplômes ne sont pas si importants dans la vie» et tirent ainsi leur épingle du jeu pour obtenir une bourse. Remettre à plus tard est une façon de limiter nos ambitions, en particulier celles qui risquent de nous apporter des désagréments; cela permet également de ne pas les révéler à autrui et, quelquefois même, de se les cacher à soi-même.

L'autre méthode couramment utilisée par les retardataires pour échapper à la réussite est de remettre à plus tard leurs engagements. Cela leur permet en effet de faire du surplace et de ne pas se jeter la tête la première sur la réussite. Ils se consacrent au contraire à mille autres choses pour finalement se retrouver «coincés», incapables d'atteindre un but particulier. Certaines personnes ont l'impression d'être réellement engagées dans un domaine, que ce soit dans celui du travail ou dans celui des relations, mais en leur for intérieur, elles savent bien que le coeur n'y est pas. Accumuler les retards leur permet de prendre des distances par rapport à ce qu'elles font et les empêche de s'absorber trop intensivement dans des domaines où elles ne sont pas particulièrement à l'aise.

Les retardataires qui ont peur de l'échec ont des difficultés à s'engager parce qu'ils ont peur de prendre la mauvaise décision. Ceux qui ont peur de la réussite craignent qu'en s'engageant, ils soient entraînés dans le processus de compétition qui les mènera à la réussite avant qu'ils ne soient prêts.

Les risques culturels: masculin contre féminin

Certains théoriciens proposent une explication culturelle de la peur de la réussite, en particulier quand il s'agit des femmes et de leur carrière. Ils citent la différence au niveau de l'éducation dans la façon dont les hommes et les femmes perçoivent la réussite. Selon eux, dès l'enfance, les femmes sont amenées à envisager la perspective de vivre avec des hommes qui réussissent et non pas de réussir elles-mêmes de leur propre chef. Les résultats des toutes premières études dans ce domaine ont démontré que, lorsque les femmes entrevoient leur réussite dans un monde d'hommes, elles s'imaginent nécessairement qu'elles seront rejetées par la société, car elles ne seront pas perçues comme des «vraies» femmes. Et si jamais elles réussissent, elles devront payer les frais de cette interversion des rôles masculins-féminins. Pour cette raison, même lorsqu'elles ont atteint le sommet de leur carrière, certaines femmes se sentent encore incompétentes.

En dépit de l'évolution des mentalités, certaines femmes ne se sont pas encore débarrassées des tabous concernant la réussite. Ainsi, la femme qui éprouve des difficultés à franchir la barrière des traditions éprouvera un certain réconfort à accumuler des retards. En agissant de la sorte, elle ne réussira jamais pleinement et n'aura pas ainsi à défier l'éducation qu'elle a reçue.

Les hommes, pour leur part, ont dû subir un autre type de formation culturelle — ils doivent assumer le rôle de gagne-pain pour leur famille, être responsables des autres et réussir dans une société hautement compétitive. Certains hommes ont peur de la réussite parce qu'ils craignent de ne pouvoir répondre aux attentes de cette société. D'autres, au contraire, fuient ou évitent la réussite ainsi que les autres rôles masculins traditionnels parce qu'ils refusent d'être cantonnés dans un rôle qui n'est pas en accord avec leur philosophie de vie. Ils ont peur d'avoir à renoncer à certains aspects de leur personnalité considérés habituellement comme féminins, comme leur don du jeu, leur goût des loisirs, leur côté tendre et vulnérable, leur besoin de confort; ou bien, au même titre que les femmes, certains hommes doivent franchir la barrière des tabous afin de réaliser leurs ambitions, comme c'est le cas, par exemple, pour un homme qui désire une carrière traditionnellement réservée aux femmes comme être infirmier ou s'occuper de la maison. Plutôt que de baisser les bras devant les exigences culturelles, ces hommes-là vont se libérer de ces pressions en accumulant des retards. Cela leur permet de rester suspendus dans le vide qui sépare leurs véritables aspirations et celles que la société voudrait leur imposer.

Les risques personnels: les obstacles à la réussite

Les normes culturelles, le statut social et les possibilités de carrières ont eu une influence sur chacun de nous, offrant des avantages à certains et imposant des limites à d'autres. Mais ce ne sont pas les seuls facteurs qui déterminent nos vies. Bon nombre de femmes réussissent et sont parfaitement satisfaites de leur sort tout comme certains hommes qui, en dépit des pressions culturelles, sont capables de tirer parti des possibilités qui leur sont offertes en se créant de nouveaux défis à relever. Il existe également bon nombre d'hommes et de femmes qui, selon les normes de la société, ne sont pas des modèles de réussite mais qui sont cependant heureux et satisfaits de la vie qu'ils mènent.

Ainsi, en plus de tenir compte des influences culturelles, nous devrons prendre en considération les préoccupations plus personnelles des individus qui les conduisent à percevoir la réussite comme quelque chose à éviter et l'accumulation de retards comme moyen de l'éviter. Nous allons étudier maintenant quelques-unes de ces craintes personnelles qui peuvent être des facteurs très puissants d'inhibition.

«Je ne veux pas devenir un drogué du travail.» L'une des peurs les plus communément exprimées par les retardataires qui craignent la réussite est de se voir acculer à travailler en permanence et de ne plus jamais avoir le temps de s'amuser, s'ils se mettaient réellement au travail. Ils deviendraient, contre leur gré, des drogués du travail, et leur vie ne serait plus qu'une succession de jours et de nuits de dur labeur: une pénible vie de reclus en perspective.

Pour expliquer comment le fait de remettre à plus tard leur permet d'échapper à ce «lugubre destin», certaines personnes se justifient ainsi: «Si je commence un projet trois semaines avant la date limite, je devrai travailler sérieusement pendant ces trois semaines. En revanche, si j'attends les trois derniers jours, je ne souffrirai que pendant trois jours. De cette façon, il me reste au moins deux semaines et demie pour prendre le temps de vivre.» Ces individus reconnaissent que tout travail sérieux exige que l'on y consacre du temps. Que cela leur plaise ou non, ils ont l'impression qu'ils vont devenir des automates. Comme l'affirmait un retardataire: «Si je me mettais au travail, rien ne pourrait plus m'arrêter. J'ai l'impression que les personnes de mon entourage constitueraient des obstacles à ma productivité et que je n'aurais plus envie d'avoir affaire à elles. Je deviendrais un véritable robot au lieu de rester la personne ouverte que je m'efforce d'être.»

Ce qui peut paraître étrange dans ce point de vue est que la réussite devrait invariablement entraîner une perte de contrôle et annuler les choix que tout individu peut faire dans sa vie. Les retardataires tiennent souvent le raisonnement suivant: «Si je suis incapable de contrôler les retards que j'accumule, je serai également incapable de contrôler mon travail.» En renonçant à leur mauvaise habitude de tout remettre au lendemain, ils craignent de tomber dans un autre piège: devenir des travailleurs invétérés.

Si tel est votre cas, vous devez vous poser les questions suivantes: Pourquoi le travail serait-il un piège? Pourquoi ne pourrais-je pas m'imposer des limites et ne pas prendre également le temps de me détendre et de m'amuser?

«**Je ne mérite pas de réussir.**» Bon nombre de gens ne pensent pas avoir le droit de réussir parce qu'ils estiment qu'ils ne se sont pas assez bien comportés pour le mériter. Regrettant d'avoir fait, dit ou pensé des choses inavouables ou croyant avoir blessé quelqu'un, ils sont persuadés qu'il leur faut à présent expier leur faute et mettre une croix sur la réussite sous toutes ses formes.

Certains retardataires se sentent coupables parce qu'ils ont menti, triché ou manipulé des gens. D'autres se sentent coupables d'actes qui, en fait, portaient bien peu à conséquence ou de situations désagréables dont ils n'étaient pas vraiment responsables.

Dans leur sentiment de culpabilité, cependant, ils ne font pas la différence entre des fautes réelles et imaginaires.

Ainsi, un retardataire des plus acharnés se reprochait d'avoir rendu sa famille malheureuse. «Je me suis comporté comme une brute, affirmait-il. On m'avait surnommé Jupiter. En particulier après le divorce de mes parents, je piquais régulièrement de terribles crises de colère, qui faisaient pleurer ma mère et terrorisaient ma jeune soeur. Quelqu'un d'aussi méchant que moi ne mérite pas de vivre en paix. C'est maintenant à mon tour d'être malheureux.»

Pour évoquer un cas extrême de crime «imaginaire», prenons le cas de Michel, employé dans une compagnie de téléphone. Sa carrière a commencé à végéter après la mort de sa femme, quelques années auparavant, dans un accident de voiture. Gravement blessé, il fut cependant complètement rétabli six mois plus tard. En plus du profond chagrin qu'il éprouvait, Michel se sentait responsable de la mort de sa femme bien que ce fût l'autre automobiliste qui était en tort. Il avait le sentiment qu'il aurait pu éviter la collision et que c'était lui qui aurait dû être tué. Trois ans plus tard, il était encore en train de se torturer, se considérant comme un irresponsable, une espèce de monstre.

Michel souffrait de ce que l'on pourrait qualifier de «culpabilité du survivant». Ayant échappé à la mort, il avait le sentiment de ne pas mériter autre chose que d'être en vie, et certainement pas d'être heureux. Tout remettre à plus tard représentait pour lui une façon de se punir et d'expier sa «faute». Bien qu'il lui fût fort désagréable de stagner dans la vie, il éprouvait cependant une certaine satisfaction à se punir. Chaque fois qu'il accumulait des retards, il érigeait des obstacles entre la réussite et lui; justice était ainsi faite.

Certaines personnes éprouvent ce sentiment de culpabilité dans des situations moins extrêmes, lorsqu'ils arrivent, par exemple, à se sortir d'une mauvaise passe en laissant d'autres individus dans la difficulté. Ils se sentent coupables parce que leur situation s'améliore tandis que d'autres continuent à souffrir. Par exemple, beaucoup de jeunes étudiants qui quittent des situations familiales difficiles pour voler de leurs propres ailes, se sentent coupables d'abandonner leurs jeunes frères et soeurs qui devront continuer à affronter des parents irresponsables, abusifs ou alcooliques. Ces étudiants se mettent alors à accumuler des retards dans leurs travaux, incapables de se donner une chance de réussir. Ils ont le sentiment de ne pas mériter d'être libres pendant que leurs frères et soeurs restent prisonniers.

De la même façon, certains retardataires vont éviter d'aller de l'avant, car ils se sentent coupables d'entrer en compétition avec les autres et surtout d'en sortir vainqueurs. Mieux réussir sur le plan professionnel, financier ou personnel que leur famille, leurs amis ou leurs collègues les culpabilise tellement qu'ils se mettent à accumuler des retards pour se protéger d'une telle éventualité. C'est un peu comme s'ils se punissaient de faire partie des gagnants au lieu des perdants. Dans certains cas, la pensée même de vouloir réussir les culpabilise.

Il est navrant de constater que souvent, le sentiment de culpabilité est disproportionné par rapport aux fautes commises. Et bien souvent, on ne peut même pas considérer qu'il y ait réellement une «faute», sinon la volonté d'aller de l'avant et de vivre sa propre vie.

«Si je réussis, je vais blesser quelqu'un.» Vous est-il déjà arrivé de ne pas parler d'un événement heureux qui vous était arrivé, ou alors de le mentionner très brièvement pour éviter d'offenser quelqu'un? Peut-être vous êtes-vous volontairement abstenu de raconter à votre meilleur ami, qui n'a pas eu de rendez-vous galant depuis six mois, que vous venez de rencontrer l'homme ou la femme de votre vie, ou de mentionner la bonne note que vous avez obtenue pour un travail que vous avez bâclé à la dernière minute à vos amis qui, eux, n'ont obtenu qu'une note médiocre après avoir travaillé d'arrache-pied. Ou peut-être n'avez-vous pas annoncé à votre père votre dernière augmentation de salaire sachant que lui, à votre âge, et même en fin de carrière, ne gagnait pas autant d'argent.

Vous savez sans doute trop bien que le bonheur des uns fait le malheur des autres. Dans certains cas, bien sûr, c'est par simple courtoisie que l'on évite de parler de sa réussite. Mais certains retardataires prennent des mesures carrément draconiennes pour minimiser leur réussite dans le seul but de protéger la susceptibilité d'autrui. En voici deux exemples:

Pour arrondir ses fins de mois, Marielle avait décidé de recommencer à travailler dès que ses enfants rentreraient à la maternelle. Pour son mari, François, entrepreneur de travaux publics, les affaires ne marchaient pas très bien. Marielle trouva un poste d'agent immobilier et à sa grande surprise, se découvrit des talents de vendeuse. Elle gagna finalement plus d'argent qu'elle ne l'escomptait au départ. Mais au lieu de continuer sur sa lancée, elle commenca à accumuler tant de retards dans son travail administratif qu'elle finit par être renvoyée.

«J'aimais beaucoup mon travail, mais j'ai senti une sorte de soulagement quand je l'ai perdu», commente Marielle en repensant à ce qui s'est passé. «Il m'était devenu de plus en plus pénible de parler de la dernière commission que j'allais empocher alors que François, pour sa part, ne pouvait décrocher aucun contrat. Je savais que nous avions besoin de cet argent, mais je ne pouvais supporter cette expression de défaite dans ses yeux quand je réussissais et pas lui. Ce n'était pas sa faute si les affaires ne marchaient pas.» Sans s'en rendre compte, Marielle espérait secrètement que ses problèmes dans son travail aideraient à préserver la fierté de son mari.

À quarante-sept ans, Christian venait de faire faillite pour la septième fois à cause de... sa procrastination. Par exemple, il prenait souvent du retard pour s'occuper de ses commandes et des fiches de paie, pour remplir les formulaires ou payer les notes de frais, tout cela ajouté à ses mauvaises politiques de marketing.

Le père de Christian était un «rêveur» qui n'avait jamais travaillé longtemps pour la même société, mais qui était toujours optimiste et plein d'idées quand il s'agissait de faire un «coup d'argent». Bien que ses projets ne portassent jamais de fruits, il restait l'éternel optimiste sans le sou, toujours persuadé qu'il allait décrocher l'idée qui lui permettrait de devenir millionnaire. Rêvant toujours à ses grands projets, il n'hésitait pas à critiquer son fils pour ses échecs en affaires, lui reprochant son manque de bon sens et son inaptitude à réussir.

Christian a mis un certain temps à se rendre compte que ses

problèmes servaient à perpétuer les grands principes de son père. «Il aimait prendre un air important lorsqu'il critiquait mes échecs, constate-t-il. Cela l'empêchait d'avoir à regarder en face ses ambitions prétentieuses qui ne l'ont mené nulle part. Si c'était moi qui étais devenu millionnaire, ou simplement avais bien gagné ma vie, cela aurait été au prix d'un dur labeur, et mon père aurait dû renoncer à ces choses qui le faisaient vivre — ses fantasmes. Cela aurait été un véritable désastre pour lui. Je n'aurais jamais pu lui faire ça.»

Quelquefois, certains individus sont même prêts à se faire du mal pour entretenir cette image de personne en difficulté qu'ils se sont collée. Christian n'a pas perçu dès le début la véritable personnalité de son père — un incompétent totalement utopiste. Au lieu de cela, il a continué à voir en lui un homme fort qui, malgré tout, réussissait mieux que son fils. En accumulant les retards, Christian n'a fait que renvoyer la balle de son propre échec à son père, ce que ce dernier avait l'habitude de faire pour mieux dominer son fils.

Souvent nous avons peur que notre réussite ne blesse les autres, car nous pensons qu'ils sont plus forts et plus généreux que nous. C'est peut-être ce fossé, que nous creusons nous-mêmes entre nos propres conceptions et la réalité qui nous entoure, qui nous prépare à être critiqués pour notre réussite. Croyez-le ou non, il existe des personnes qui se réjouissent sincèrement du succès de leurs proches, sans pour autant se sentir rabaissées, blessées ou laissées en plan.

Malheureusement, il existe également des individus qui réagissent différemment si vous brandissez votre réussite comme une arme devant eux et ils n'hésiteront pas à vous le faire payer en essayant de rabaisser vos réalisations. Nous avons été frappées par l'histoire de ce jeune couple qui se battait pour s'en sortir financièrement jusqu'au jour où, finalement, la femme, travailleuse sociale, quitta le poste à temps partiel qu'elle occupait dans un bureau municipal pour monter son propre cabinet. Quelques semaines plus tard, très fière d'elle, elle fit visiter à son mari le nouveau bureau qu'elle avait loué. Après avoir rapidement fait le tour du propriétaire, remarquant les meubles, la superbe vue sur la ville et la salle d'attente, il se contenta de dire: «Tu devrais placer plus de revues récentes dans la salle d'attente pour que les gens puissent lire en attendant la consultation.» Se sentant de toute évidence menacé par la réussite de sa femme, il s'était empressé d'émettre une critique au lieu de partager sa joie.

«Je pourrais me faire du mal.» Pour certains, la réussite peut être perçue comme un danger dans le mesure où elle leur permettrait d'obtenir ce qu'ils veulent — parce qu'en fin de compte, ils seraient punis. Ils ont peur que la réussite les place sous les feux de la rampe où ils seraient infiniment plus vulnérables. Quelqu'un à un moment donné finirait par les critiquer ou les défier et ils ne se sentent pas assez forts pour se défendre.

Voici un bon exemple de la façon dont fonctionne cette peur des représailles. À cause des retards qu'il se complaisait à accumuler, André continuait d'occuper un poste qui était bien en dessous de ses capacités. Lorsqu'il fut engagé par cette importante société de produits pharmaceutiques, André, comme lui laissait espérer son supérieur, pensait pouvoir grimper les différents échelons de la hiérarchie. Au lieu de cela, il déployait un minimum d'efforts et se mit à accumuler du retard pour présenter les projets qui lui auraient permis de se faire remarquer. On ne lui a évidemment jamais accordé de promotion. «Si j'avais un poste de superviseur, explique André, je devrais prendre des décisions et les faire appliquer. Certaines personnes pourraient s'y opposer et me critiquer. Il y a beaucoup de personnes agressives dans cette société et cela ne m'intéresse pas de les affronter.»

Si André avait été satisfait de son poste, il n'aurait pas eu de problèmes; il aurait tout simplement trouvé un nid confortable pour se réfugier. Après tout, tout le monde n'aspire pas à occuper une place au sommet. Mais André n'était pas satisfait de son sort. «J'aimerais pouvoir prendre certaines choses en main dans ce service. Je me suis plaint bien assez souvent pour savoir ce qui doit être amélioré. La direction ne veut pas de quelqu'un comme moi prêt à critiquer leur politique. Ils ne me faciliteraient pas la tâche s'ils me percevaient comme un fauteur de troubles.»

Pour André, les individus de notre société sont entre eux comme chiens et chats. Et plus ils sont importants, plus les morsures sont douloureuses. Dans la mesure où il ne s'attend pas à bénéficier de l'appui de ses supérieurs mais plutôt à devoir parer leurs attaques, André ressent le besoin de se protéger et, ainsi, il accumule les retards, n'obtient jamais de promotion et n'a jamais à se battre.

Beaucoup d'entre nous ont appris dès l'enfance que le succès peut également entraîner la punition; si par exemple, notre course pour atteindre nos objectifs nous oblige à entrer en conflit avec un parent préoccupé ou insatisfait; si nos réalisations ont constamment fait l'objet de terribles critiques ou ont été ignorées; si nous avons peur d'être punis pour avoir des pensées inacceptables ou simplement des ambitions indésirables. Le souvenir de telles expériences peut nous amener à penser que la réussite constitue la toile de fond de la punition.

«La réussite n'est pas pour moi.» Certaines personnes ont une si faible estime d'elles-mêmes qu'elles ne peuvent imaginer réussir dans la vie. S'estimant incompétentes, médiocres ou pas du tout attirantes, elles ne s'attendent à réussir dans aucun domaine et, au départ, ne font aucune tentative dans ce sens.

Prenons le cas d'Alice. Timide de nature, elle est toujours restée en coulisse. Bien qu'elle ait toujours rêvé de faire un mariage d'amour, elle n'a jamais fait le moindre effort pour tirer parti des situations qui lui auraient donné l'occasion de rencontrer des hommes intéressants. «Les mariages heureux sont pour les autres, pas pour moi; alors, pourquoi me casser la tête à essayer de rencontrer quelqu'un qui en vaille la peine? soupire-t-elle. D'ailleurs, aucun homme ne s'intéresserait à moi; alors, pourquoi remuer ciel et terre pour chercher quelque chose que je n'obtiendrai jamais?» Une telle attitude traduit un état de désespoir chronique. Un tel fatalisme risque effectivement de la mener à voir sa prophétie se réaliser.

Même s'ils finissent par accomplir quelque chose, les défaitistes comme Alice sont généralement incapables de s'en réjouir. Dans la mesure où ils pensent que la réussite n'est pas pour eux, ils attribuent leur succès ou leur réalisation à la chance. «C'est trop beau pour être vrai et cela ne va pas durer.»

Les personnes comme Alice ont peur de voir la chance leur

sourire et d'avoir des espoirs — et surtout de commencer à avoir foi en elles-mêmes. Pour ces individus, caresser de grands rêves peut s'avérer dangereux, car ils pensent que la chance ne sera pas toujours au rendez-vous et «plus dure sera alors la chute». Il est moins risqué d'écarter toute désillusion et de présumer que la réussite n'est pas dans leur destin. Cette attitude défaitiste est difficile à combattre, car la passivité et la léthargie qui l'entourent sont généralement extrêmement fortes.

«Que va-t-il se passer si je suis trop parfait?» Aussi étrange que cela puisse paraître, les individus qui ont peur de se laisser séduire par la réussite craignent en réalité que les choses ne deviennent trop faciles. Obtenir tout ce qu'ils veulent sans efforts risque de les écarter du troupeau.

Lorsque la peur de l'échec constitue le problème de base, le retardataire «professionnel» a tendance à penser: «Je devrais être parfait, mais j'ai peur de ne pas être assez bon pour y parvenir.» De son côté, l'individu qui a peur de réussir tient généralement le raisonnement suivant: «Je suis parfait, mais je ne devrais pas l'être. Il ne faut pas que je le montre.» C'est en quelque sorte l'endroit et l'envers de la même médaille. Qu'ils aient choisi pile ou face, certains individus restent fidèles à eux-mêmes tandis que d'autres retournent constamment leur veste, alternativement inquiets de ne pas être assez bons ou de l'être trop.

Claudine, une femme dynamique et jolie, qui a un mari qui l'adore et deux ravissants enfants, exprime son dilemme de la façon suivante: «Les gens pensent que la vie m'a comblée — je suis heureuse en ménage, j'ai une famille, beaucoup d'amis, la sécurité matérielle et de nombreuses activités communautaires. Néanmoins, il y a quelque chose que je n'ai pas: un diplôme universitaire; et bien que j'aimerais vivement obtenir un baccalauréat en histoire de l'art, je n'arrive pas à me décider à reprendre des études. Pourtant, je me sentirais réellement comblée.»

À l'instar de Claudine, les personnes qui ont peur d'être trop parfaites ou d'être comblées font en sorte qu'il reste toujours une ombre au tableau. Après tout, elles veulent être des individus comme les autres. De façon étrange, cela les rassure de pouvoir constater qu'elles ne sont pas si différentes du commun des mortels. Mais au départ, pourquoi ressentent-elles le besoin de le prouver? Après tout, personne n'est parfait. La question qu'il faut alors poser est: Pourquoi est-il si important pour elles d'entretenir cette illusion de perfection sur elles-mêmes?

Le complexe de supériorité, qui va de pair avec le sentiment d'être «trop parfait», cache en réalité un complexe d'infériorité. Même s'ils accumulent des retards pour éviter de se distinguer et pour être comme les autres, certains individus ont néanmoins besoin de se sentir différents pour être bien dans leur peau. Tant qu'ils continuent à croire qu'ils sont imparfaits par leur faute, ils peuvent aussi continuer à croire qu'ils sont en réalité parfaits.

Ainsi, vous avez peut-être pris l'habitude d'accumuler les retards pour éviter de réussir parce que vous nourrissez certaines de ces peurs: la peur de devenir un drogué du travail, d'obtenir quelque chose que vous estimez ne pas mériter, de blesser quelqu'un ou de vous faire du mal; vous pouvez commencer à avoir des espoirs lorsqu'il est plus sûr d'abandonner; ou peut-être vous considérez-vous trop parfait. Le thème commun de toutes ces peurs est de croire que vous devez choisir entre réussir et être aimé. Si vous étiez un drogué du travail, comment pourriez-vous avoir des amis? Si vous remportiez un succès non mérité, vous éviterait-t-on en vous reprochant d'être présomptueux? Si vous êtes trop parfait, qui vous acceptera dans son cercle d'amis? Si vous pensez que votre réussite sera jugée de façon négative, vous n'avez certainement pas envie de prendre le risque de faire le vide autour de vous.

Comment êtes-vous arrivé à la conclusion que votre réussite ferait fuir les gens? Vos réalisations peuvent en effet avoir eu un effet perturbateur sur votre famille. Par exemple, lorsque vous avez accompli quelque chose, vous avez peut-être senti une certaine jalousie ou un rejet de la part de vos frères et soeurs; cela a créé tout à coup un déséquilibre; vos parents se sont peut-être sentis menacés. Finalement, vous en avez tiré la conclusion suivante: Il vaut mieux ne pas trop en faire ou ne rien faire du tout pour être sûr d'être accepté.

Pour bien comprendre le lien entre le fait d'accumuler des

retards et la peur de la réussite, essayez de prendre du recul et de jeter un regard objectif sur votre situation. Il serait bon de vous rappeler que ce n'est pas parce que vous avez peur de quelque chose que cette chose existe réellement. Si vous pouvez surmonter votre crainte de voir les autres vous quitter au premier signe de réussite, vous serez peut-être surpris de constater qu'il existe des gens qui n'évalueront pas votre réussite pour choisir ou non de rester votre ami. Néanmoins, certaines personnes de votre entourage seront peut-être froissées de vous voir réussir, peut-être même les personnes qui sont les plus importantes pour vous. Dans ce cas, la question que vous devez vous poser est: «Suis-je capable d'avancer dans la vie en dépit des ressentiments ou du vide que cela va créer autour de moi? Suis-je assez fort pour survivre sans l'appui massif de mon entourage?»

Nous savons que la réussite peut comporter des dangers pour vous. Des dangers qui peuvent être graves. Mais nous pensons également que vous êtes peut-être en meilleure position que vous ne le pensez pour supporter ces risques. Vous êtes d'une manière ou d'une autre capable de vous défendre. Vous pouvez changer et vous adapter aux nouvelles circonstances, et même à la réussite.

Chapitre 3

Le retardataire au combat: la peur de perdre la bataille

Vous venez de créer une nouvelle société et vous avez besoin de clients. Pourtant, lorsque vous recevez un message d'un inconnu vous demandant de le rappeler entre une et deux heures, vous êtes offusqué. Vous avez l'impression de recevoir un ordre. Vous rappelez finalement le correspondant à trois heures bien que vous n'ayez rien eu à faire de particulier à l'heure où il vous avait demandé de l'appeler.

Vous recevez vos factures de chauffage et d'électricité, et comme d'habitude vous constatez qu'elles sont plus élevées que vous ne l'auriez souhaité. Vous déplorez les augmentations du prix du mazout, vous rappelant tout à coup avoir lu un article dans la presse sur les bénéfices faramineux que font les compagnies pétrolières. Bien que vous soyez en mesure de régler ces factures sur-le-champ, vous les laissez de côté et attendez tant et si bien que la compagnie d'électricité vous somme de venir remettre votre chèque en personne, à défaut de quoi vous serez contraint de souper aux chandelles tous les soirs. Une fois le problème réglé, vous éprouvez une certaine satisfaction d'avoir fait attendre la compagnie d'électricité et de l'avoir contrainte à toutes ces démarches.

Pour la vingtième fois, votre femme vous demande d'accompagner les enfants au musée comme vous l'aviez promis. Vous vous êtes toujours arrangé pour remettre le projet à plus tard. Et plus elle vous rappelle à l'ordre, plus vous vous sentez mis au pied du mur. Devant votre passivité, elle finit par vous en vouloir.

Dans des cas comme ceux-ci, ce n'est pas pour éviter d'avoir à donner le meilleur de vous-même que vous accumulez du retard. Si vous tardez à régler votre facture de téléphone, ce n'est vraisemblablement pas la peur de l'échec qui vous arrête. C'est autre chose, quelque chose de bien différent.

Le combat pour dominer la situation

Beaucoup de gens accumulent les retards parce qu'ils veulent avoir le sentiment de dominer la situation. Fiers de leur indépendance et déterminés à ne pas se compromettre, ils remettent délibérément les choses au lendemain pour prouver que personne ne peut les forcer à agir contre leur volonté. C'est pour eux une façon de proclamer: «Non, vous n'allez pas me dicter mes actes!» Par exemple, ce correspondant était vraiment présomptueux pour supposer que vous alliez vous précipiter sur votre téléphone pour le rappeler, et vous avez réagi en rappelant à l'heure qui vous convenait. Les pouvoirs publics sont peut-être des sociétés très puissantes, mais ils n'ont pas encore le pouvoir de vous faire payer vos factures dans les délais prescrits. Vous ferez une faveur à votre épouse quand cela vous chantera et non pas quand elle vous l'ordonnera. Jouer au retardataire constitue une excellente stratégie pour livrer un combat aux autres — un combat pour dominer la situation ou les autres, pour s'attirer le respect ou pour acquérir son indépendance et son autonomie. Mais en toile de fond, il y a toujours une menace qui se dresse: la possibilité et la peur de perdre la bataille.

Se livrer à un combat en accumulant des retards peut être un réflexe automatique tout à fait inconscient pour se défendre. Vous avez peut-être l'impression de ne pas pouvoir vous en sortir, submergé par votre manque d'organisation et inquiet devant les problèmes qui vont éventuellement surgir lorsque vous voudrez mener à bien un projet. Si cela est votre cas, prenez le temps d'analyser quelles sont les répercussions de vos retards sur votre entourage. Est-ce que cela va les gêner? Demandez-vous aux autres de vous aider à cause de votre manque d'organisation? Est-ce que vos collègues sont réellement furieux lorsque vos retards ne font que contrecarrer leurs plans d'action? Est-ce que quelqu'un d'autre doit faire à votre place le travail que vous n'avez pas pris le temps de faire?

Il vous faut également analyser les réactions des autres face à vos retards. Sont-ils irrités par votre lenteur? Ou contrariés par vos excuses? Sont-ils fâchés parce que vous n'avez pas tenu vos résolutions? Ont-ils renoncé à changer votre manière de procéder et ont-ils décidé de vous laisser tranquille? Sans vous en rendre compte, vous accumulez peut-être des retards pour affirmer votre indépendance. Vous êtes peut-être un combattant qui s'ignore, et votre manie de tout remettre au lendemain peut, à votre insu, vous permettre de maîtriser parfaitement la situation.

Examinons maintenant les thèmes qui reviennent en surface lorsque les individus se battent en accumulant des retards. Il s'agit généralement de batailles interpersonnelles, mais elles ont chacune des variantes subtiles, donnant un caractère unique à chacune d'elles.

Les règlements ne sont pas faits pour être appliqués. Il vous est probablement quelquefois pénible d'appliquer les règlements comme un mouton de Panurge; vous éprouvez le besoin de les ignorer. Pour certaines personnes, cela n'arrive que dans des cas très particuliers; en revanche, ceux qui ont constamment à se battre contre ces règlements ressentent le besoin de se rebeller. Que vous ayez à vous battre occasionnellement ou constamment, vous avez probablement l'impression que les directives que l'on vous impose sont trop contraignantes pour votre style de vie.

À titre d'illustration, prenons le cas de cet agent de voyages qui évoque ses souvenirs de l'école secondaire. «En classe de français, lorsque nous devions rédiger un essai sur un sujet au choix, je n'éprouvais aucune difficulté à me mettre à la tâche. Mais lorsque le professeur nous imposait un sujet, j'avais l'impression qu'on établissait des limites à ma créativité et à ma personnalité. Je demandais souvent une semaine supplémentaire pour rédiger mon travail et je finissais toujours par choisir quand même un sujet différent. De cette façon, je me sentais plus libre et je n'avais pas l'impression de me comporter comme un mouton de Panurge.»

Cet homme avait besoin de bénéficier d'une certaine latitude pour agir et de pouvoir apporter son cachet personnel en toute chose; ainsi, quand on lui imposait des limites, il se rebellait. C'est une expérience que nous connaissons tous, et accumuler des retards est une excellente façon de se libérer.

Les règlements se présentent sous forme de restrictions ou d'attentes qui sont imposées par des forces extérieures — les horaires de travail, l'obligation de rendre sa déclaration de revenus au plus tard le 30 avril, les consignes dictées par les bibliothèques. Si en appliquant un règlement vous avez l'impression d'être un mouton de Panurge, vous devez souvent éprouver le besoin d'ignorer ce règlement. Pour reprendre les propos d'un retardataire, «les lois du commun des mortels ne s'appliquent pas à moi».

Les règlements peuvent également être des lignes de conduite qui vous ont été inculquées par des personnes qui ont joué un rôle important dans votre vie. Même si vous avez décidé d'adopter ces lignes de conduite, il vous arrive de les considérer comme des contraintes et non pas comme des choix positifs.

C'est le cas d'Adrienne qui nous racontait: «J'éprouve quelquefois le besoin urgent de m'asseoir et d'envoyer des cartes de remerciement à des amis ou de nettoyer le sol de la cuisine, mais immédiatement je n'ai plus envie de le faire. Je n'ai pas l'intention de gaspiller mon temps à faire ce genre de choses. Lorsque j'étais enfant, dès que je recevais un cadeau, ma mère m'ordonnait d'écrire immédiatement pour remercier la personne et, pendant des années, chaque samedi matin, j'ai dû nettoyer le sol de la cuisine. Ce sont les deux choses que je remets invariablement à plus tard et, lorsque je le fais, je me sens réellement soulagée, je peux enfin respirer.» Bien qu'aujourd'hui Adrienne vive à des milliers de kilomètres de sa mère, elle ressent les mêmes pressions que lorsqu'elle était adolescente et vivait avec elle. Remettre à plus tard lui donne un sentiment de liberté et la rassure: elle n'est plus prisonnière de ces injonctions.

Le pouvoir aux faibles. La lutte par l'accumulation des

retards se produit également dans des situations où la hiérarchie est omniprésente et que vous n'êtes pas en haut de l'échelle. Le simple fait que quelqu'un exerce son autorité sur vous vous incommode: vous avez l'impression d'occuper le bas de l'échelle et d'être sans défense. Cette réaction à l'autorité est très courante dans le milieu du travail et le milieu scolaire où les subordonnés, pour affirmer leur pouvoir, reportent à plus tard les travaux qu'ils ont à faire pour leurs supérieurs.

Il vous arrive peut-être de prendre un malin plaisir à accumuler du retard pour effectuer les travaux ou notes de service que vous devez remettre à votre professeur ou à votre patron même si, par ailleurs, vous honorez dans les délais les demandes de vos amis ou de votre famille. Même si vous prenez du retard parce que vous craignez que votre devoir ou votre rapport ne soit pas aussi bon que vous le souhaiteriez ou soit moins brillant que celui des autres, vous avez sans doute plus peur d'être jugé que de perdre une bataille. En revanche, si vous jugez que «le travail que l'on vous impose est totalement ridicule» ou que «vous n'avez nullement envie de l'exécuter selon les consignes», vous êtes sans doute engagé dans une bataille pour surmonter la situation. Dans ce cas particulier, la procrastination permet d'équilibrer le rapport de force. Vous avez le sentiment de posséder un certain contrôle parce que vous faites les choses comme vous l'entendez — en retard. Votre supérieur semble avoir moins de pouvoir parce qu'il ne peut vous forcer à respecter les délais.

Supposez que votre patron vous demande un lundi de vous occuper d'un projet particulier que vous devrez lui remettre le jeudi suivant. Vous l'acceptez mais vous prenez du retard. Chaque fois que vous y pensez, vous éprouvez un certain malaise. Bien que cela ne vous plaise pas, votre patron a le pouvoir de vous donner des ordres. Étant donné que vous tenez à conserver votre poste, vous finissez par vous attaquer au projet, mais vous attendez le tout dernier moment et remettez le travail le vendredi après-midi au lieu du jeudi. Ce léger retard ne va pas bien sûr entraîner votre congédiement, mais cela est suffisant pour faire comprendre à votre patron que vous n'êtes pas une marionnette qui se met en mouvement dès qu'il actionne les ficelles. Vous livrez la marchandise, mais quand cela vous convient.

Laissez-moi tranquille. Il arrive que des individus sentent quelquefois le poids des contraintes non pas tant à cause des règlements ou de l'autorité d'un supérieur, mais parce qu'ils ont le sentiment que les autres s'immiscent dans leur vie privée. Remettre au lendemain est pour eux une façon de résister à l'envahisseur. Vous avez peut-être quelquefois éprouvé ce sentiment comme cette femme profondément irritée par les incessantes requêtes de sa voisine qui lui réclamait une recette de cuisine gardée secrète depuis des générations dans la famille. «Elle n'avait pas à me la réclamer! Elle sait que c'est un secret.» Au lieu de rejeter ouvertement la demande de sa voisine, elle lui avait dit qu'elle lui donnerait la recette, mais elle «oubliait» toujours de la recopier. «Finalement, après trois mois d'attente, ma voisine a fini par abandonner et ne m'a plus jamais redemandé cette recette. J'ai éprouvé un véritable soulagement de ne plus l'avoir dans les pattes!»

Parfois les gens considèrent comme accaparante une tâche qu'on leur impose, tant à cause du temps que de l'énergie qu'ils doivent y consacrer. Pensez, par exemple, aux formulaires d'impôts que vous recevez invariablement chaque année au mois de janvier. Un retardataire affirme: «Dès que les formulaires arrivent, j'ai l'impression qu'ils occupent tout l'espace dans la maison. Je m'empresse donc de les glisser dans un tiroir et de les oublier. De cette façon, je peux continuer à profiter des choses agréables de la vie — en tout cas, pour un petit moment.»

Une simple requête peut vous sembler être une intrusion si vous pensez ne pas être en mesure de la refuser ou si elle émane d'une personne qui exige déjà beaucoup de vous. Parfois même, les choses que vous avez déjà vous-même demandées vous apparaissent comme des intrusions. Après avoir retardé le projet pendant des mois, un jeune homme décida de faire publier une annonce dans le journal pour vendre sa voiture. Le premier jour, il reçut trente appels sur son répondeur automatique mais décida de ne répondre à aucun d'entre eux. «C'était vraiment trop! Tous ces gens qui me couraient après pour me réclamer quelque chose. J'avais envie de leur dire de disparaître et de me laisser tranquille.

Bien sûr, c'était ridicule puisque c'était moi qui avais fait passer l'annonce dans le journal. Mais devant tous ces appels, je me suis senti vraiment envahi.»

Remettre à plus tard pour résister à l'envahisseur est sécurisant. En envoyant les gens promener ou en les faisant attendre, vous avez l'impression de mieux dominer la situation et, par conséquent, d'être moins vulnérable à l'invasion.

La course contre la montre. Contrairement à ces retardataires qui se protègent des intrusions, il y en a d'autres qui choisissent de s'engager dans une course contre la montre parce que cela aiguise leur goût du risque et du danger. Ces personnes aiment se sentir au bord du précipice. Elles éprouvent un profond ravissement lorsqu'elles sortent victorieuses d'une situation poussée aux limites du désastre. C'est un peu comme si elles marchaient au bord d'une falaise pour voir jusqu'où elles peuvent avancer avant de tomber dans le vide. Elles ne savent jamais si elles vont s'en sortir ou pas. Certains individus tirent ce genre de plaisir dans la course automobile, en achetant des actions à la bourse ou en risquant leur vie dans le cadre de leur fonction, comme les policiers par exemple. Ils sont au comble de l'excitation lorsqu'ils peuvent flirter avec le danger et survivre grâce à leur courage et à leur habileté. Il faut en réalité être terriblement alerte lorsque l'on risque son emploi, sa sécurité ou sa vie à chaque virage.

Certains retardataires éprouvent ce même sentiment d'excitation devant le risque lorsqu'ils attendent la dernière minute pour agir. Ils poussent les choses tellement loin qu'ils mettent leur vie et leur bien-être en danger. Jusqu'à quelle limite pouvez-vous accumuler des retards avant que votre patron n'envisage de vous congédier? Combien de temps pouvez-vous attendre pour exécuter un travail pour un client avant que ce dernier ne vous poursuive en justice ou que vous ne soyez contraint de changer de profession? Combien de temps votre conjoint pourra-t-il supporter vos impairs avant de se fâcher sérieusement contre vous? Finalement, quand ils ne peuvent plus s'en sortir, ces retardataires finissent par agir. Et, si la chance leur sourit, ils s'en sortiront absolument ravis et triomphants.

Raoul, collégien, raffole de ce genre d'émotions. «J'adore attendre jusqu'à la dernière minute pour préparer un examen et constater ainsi combien de temps minimum il me faut pour obtenir un A. Et plus le cours est important, plus j'ai envie de relever ce défi. Je n'ouvre aucun livre pendant le semestre et les deux derniers jours, je travaille comme un fou pour affronter l'examen. Mon plus brillant record jusqu'à présent est d'avoir étudié pendant dix-huit heures d'affilée pour l'un des cours de sciences politiques les plus difficiles offerts au collège.» Lorsque Raoul décide ainsi de battre des records, il sent «monter son taux d'adrénaline». Il se considère exceptionnel parce qu'il est capable, contrairement à la plupart de ses camarades, de surmonter les limites du facteur temps. Pour Raoul, plus rapide est la course aux examens — avec les risques d'échec que cela comporte —, plus le plaisir de réussir est grand.

Le goût de la revanche. La procrastination peut également servir à mieux savourer sa revanche. Si quelqu'un vous a blessé, offensé, contrarié ou trahi, vous pouvez vous venger en accumulant des retards. Votre patron s'est peut-être montré un peu trop critique à propos de votre dernier rapport, votre conjoint ne vous accorde pas autant d'attention que vous le souhaiteriez ou votre supérieur décide de changer les règles du jeu sans vous prévenir ou vous critique au cours d'une réunion; vous déciderez peut-être alors d'accumuler des retards pour contrarier ou mettre dans l'embarras ceux qui vous ont blessé.

Par exemple, votre supérieur a besoin de votre rapport pour pouvoir préparer sa réunion avec le président de la société. Si ce rapport n'est pas prêt à temps, votre supérieur fera mauvaise impression à son propre supérieur, ce dont vous vous réjouissez secrètement. Ou supposons que vous n'ayez pas suffisamment étudié pour un examen parce que, à votre avis, le professeur n'a pas consacré suffisamment de temps à la préparation de son cours. Vous réussissez à le convaincre de vous faire passer un examen de rattrapage. Il est alors obligé de rédiger un nouvel examen tout spécialement pour vous et de s'arranger pour être présent pendant que vous le rédigez.

Vous pouvez également décider de vous venger de certaines personnes en accumulant du retard pour effectuer des choses qu'elles sont tout à fait en droit d'attendre de vous. «Lorsque je suis en colère contre mon mari, affirme Lorraine, j'arrête de faire des choses pour lui et fais tout le reste au ralenti. Je prépare le dîner en retard et de façon désorganisée. Je remets à plus tard les courses que je fais normalement pour lui. Toutes sortes de choses sont laissées en suspens — s'il ne m'offre pas de fleurs lors d'un événement particulier, si cela fait un certain temps qu'il ne m'a pas dit quelque chose de gentil, s'il critique ce que je dis ou ce que j'ai préparé pour le dîner. Cela me blesse à un tel point que je refuse de faire quoi que ce soit pour lui!» Lorraine prend sa revanche en refusant à son mari les choses qu'il tient pour acquis.

Dans chacune de ces situations, le retardataire se bat contre quelqu'un. Il lui semble essentiel de sortir victorieux de la bataille, même s'il doit enfreindre les règlements, défier une autorité, résister à une intrusion, échapper de justesse à sa perte ou se venger. Vous vous sentez victorieux parce que vous avez le sentiment d'avoir été suffisamment fort ou intelligent pour repousser la domination de l'autre. En accumulant des retards, vous avez été capable de vous défendre... et avez l'impression d'avoir gagné.

Le problème de l'autonomie

Accumuler des retards est souvent un moyen de proclamer son indépendance, une façon de dire: «Je suis une personne libre. J'ai le droit d'agir comme je l'entends. Je n'ai pas à me plier à vos règles ni à vos exigences.» En utilisant les retards pour résister à la domination, vous avez le sentiment de préserver votre individualité et d'être assuré de «vivre votre vie».

Au même titre que ceux qui mesurent leur valeur personnelle en fonction de leur expérience de la réussite ou de l'échec, d'autres vont accumuler des retards pour résister à l'emprise d'autrui. Ces derniers ont tendance à compter sur leur autonomie pour déterminer leur valeur personnelle. Le fait d'accumuler les retards prouve de toute évidence qu'ils ne dépendent de personne. Lorsqu'ils capitulent, ou même collaborent, ils manifestent une certaine déférence et une certaine faiblesse, ce qui leur fait perdre partiellement ou complètement leur confiance en eux.

L'équation de la valeur personnelle décrite au chapitre précédent s'applique également ici, avec néanmoins quelques variantes. Ici aussi, le retardataire évalue sa valeur personnelle en termes de rendement, mais ce n'est pas la «qualité» du rendement, causée par les retards accumulés, qui détermine la valeur personnelle. Pour le retardataire, le fait de *ne rien faire* est une *démonstration* de ses aptitudes plus qu'un moyen d'échapper à leur évaluation. La différence réside dans la définition d'«aptitude». Pour la personne qui a peur d'être jugée, l'«aptitude» correspond à la qualité du travail qu'elle aura à produire à un moment donné. Pour celle qui a peur de perdre une bataille, l'«aptitude» correspond à la capacité de contrôler son autonomie. Donc:

Valeur personnelle = «aptitude» (d'être autonome, d'éviter d'être dominé) = rendement (selon *votre* définition, en accumulant des retards)

L'importance de gagner une bataille devient plus claire lorsque l'on reconnaît qu'il ne s'agit plus simplement de maîtriser la situation, mais de prouver sa valeur personnelle et de se faire respecter. Malheureusement, si vous ne jugez votre valeur personnelle qu'en fonction de vos «aptitudes» à ne pas être dominé, tout affrontement doit, pour vous, prendre une importance exagérée. À la moindre défaite, vous avez sans doute l'impression de vous être compromis, ou vous vous mettez à douter de vos aptitudes à vivre de façon autonome. C'est la raison pour laquelle le moindre échec est une source d'angoisse et que les retardataires sont si réticents à changer leur comportement.

Pour certains d'entre nous, la peur de perdre son autonomie est secondaire par rapport à la peur de la réussite ou de l'échec. Dans le feu de l'action, vous décidez d'accumuler des retards afin de prouver votre indépendance ou votre pouvoir, ou pour exprimer votre mécontentement. Dans la mesure où votre intégrité personnelle semble dépendre de votre victoire et de votre accession au pouvoir, vous remuez ciel et terre pour atteindre votre but. Il vous arrivera par moments soit de suivre les règles du jeu ou de tolérer des ingérences, soit de manifester votre colère ou de blesser directement autrui, ou encore de montrer votre pouvoir et votre indépendance autrement qu'en accumulant des retards. Il serait intéressant d'étudier dans quelles circonstances vous êtes porté à utiliser la procrastination pour vous battre.

Certains trouveront que vos préoccupations concernant vos problèmes d'autonomie, de contrôle et de pouvoir vous gâchent la vie. La vie doit être pour vous un véritable champ de bataille si vous défiez tous les règlements, ou contestez toute chose, ou exigez des considérations spéciales de tout ordre, et si vous êtes, de façon générale, un «fauteur de troubles». En votre for intérieur, vous devez être en permanence en train de tout analyser: «Qui est le plus fort, qui a le contrôle, qui mène le jeu?» À la moindre provocation, vous êtes prêt à vous rebeller contre l'autorité et à affirmer votre prise de contrôle.

Pierre, le comptable dont nous avons parlé dans le premier chapitre, illustre ce type de personnage. Sa préoccupation majeure dans la vie est de s'assurer qu'il n'est pas dominé par quelqu'un. «Je suis un être libre, affirme-t-il. Je sais que je dois être au bureau à 8 heures ou que tel jour, je dois avoir préparé un rapport de vérification pour un client. C'est tout — je *suis censé* le faire. J'ai horreur de ces consignes. Quand cela m'arrive de les respecter, je me sens mal; c'est pourquoi je ne les suis généralement pas ou bien alors j'accumule les retards. De cette façon, je peux leur montrer que c'est moi le chef!» Il applique également cette politique en dehors de son travail. Si sa femme lui demande, par exemple, de faire une course en sortant du bureau, il «oublie» invariablement. Si des amis lui proposent d'aller dîner en ville, il va trouver un motif quelconque pour refuser ou leur imposer un restaurant de son choix. Pour Henri, les déclarations de revenus, les factures mensuelles et les rappels d'arriérés sont de véritables plaies. Considérant qu'il est ridicule de perdre son temps à ces banalités, il ne paie ses factures que lorsque cela lui chante — c'est-à-dire généralement tous les six mois. Il va même jusqu'à en vouloir au monde entier lorsqu'il est le seul en cause. Ainsi, il lui arrive souvent de tomber en panne d'essence sur l'autoroute, tout simplement parce que, pour lui, devoir faire un détour jusqu'au prochain poste d'essence, c'est se plier à ces bassesses que nous impose la vie quotidienne. Par conséquent, il préfère ne rien faire.

Pierre est un retardataire quotidiennement au combat. L'art de tout remettre au lendemain, qu'il pratique avec assiduité pour défier l'autorité, lui permet de se sentir libre d'agir à son gré et d'être maître de sa propre vie. Lorsqu'il accumule des retards, il s'érige en individu à qui l'on doit le respect. En revanche, s'il se soumet à l'autorité de son employeur, de sa femme ou de son réservoir d'essence, il se considère comme un faible ou un impotent.

Que vous soyez un retardataire «professionnel» comme Pierre ou un «amateur», les retards que vous accumulez auront des répercussions fort variables sur votre vie — depuis les petites gênes causées à votre entourage jusqu'aux bouleversements irréversibles dans votre vie professionnelle et familiale. Il n'est pas très grave de rendre en retard des livres empruntés à la bibliothèque, d'envoyer une carte de remerciement deux ou trois semaines après la réception d'un cadeau, ou même d'arriver de temps à autre en retard au bureau. Mais certains retardataires, déterminés à ne pas perdre la bataille, sont prêts à payer le prix fort pour gagner leur cause. Accumuler des retards peut vous faire perdre une promotion ou même votre emploi. Cela peut mener certains à faire faillite, à détruire leur santé, à hypothéquer leur maison ou à perdre l'amitié ou l'estime d'une personne importante. Pourtant, ce genre de sacrifices semble être le prix à payer pour continuer à avoir le sentiment d'être maître de sa vie.

Cela vous semblera peut-être un peu tiré par les cheveux. Avant de conclure que ces considérations ne s'appliquent pas à vous, écoutez l'histoire d'une autre retardataire. Michèle luttait obstinément pour acquérir son indépendance, ce qui l'a amenée à gâcher sa vie.

Cette femme intelligente de trente-quatre ans est employée administrative dans un grand magasin. Enfant, elle n'a jamais éprouvé de difficultés pour étudier. Ses parents attachaient beaucoup d'importance aux diplômes, mais les résultats scolaires de Michèle ne semblaient jamais les satisfaire. Et quand elle réussissait, sa mère considérait que c'était à elle que sa fille le devait et en parlait comme s'il s'agissait d'elle-même. Le père de Michèle, juge éminent, imaginait déjà qu'elle allait entrer dans une faculté de droit et venir travailler à la fin de ses études dans son cabinet. Pour lui, cela allait de soi.

Lorsque Michèle entra au collège privé, elle s'engagea dans beaucoup d'activités sociales et consacra peu de temps à ses études. À la fin de la première année, ses résultats médiocres lui valurent d'être renvoyée. Elle entra alors dans un collège public où elle obtint de bonnes notes jusqu'à la fin de la première session. Après cela, elle s'arrêta complètement de travailler; elle allait rendre visite à des amis, lisait des romans ou allait au cinéma. Pour ne pas échouer dans les disciplines qu'elle avait choisies, elle abandonnait chaque cours à la dernière minute, démoralisée et furieuse contre elle-même. «J'aimais pourtant la plupart des cours, surtout les sciences. J'avais même envisagé de m'inscrire en médecine pour devenir pédiatre. Mais, quelque chose en moi m'empêchait d'aller de l'avant.»

Ce n'est que bien des années plus tard que Michèle s'est rendu compte que sa mauvaise habitude d'accumuler des retards en classe avait un rapport avec l'autorité de ses parents. En grandissant, elle s'est aperçue qu'elle n'avait pas de vie à elle, sa mère lui dictant sans cesse sa conduite et son père ayant déjà décidé de son avenir. «Je refusais de leur donner la satisfaction d'accomplir ce qu'ils attendaient de moi. Ils avaient chacun de bons motifs pour m'encourager à réussir, mais aucun ne me satisfaisait. J'aurais pu leur obéir. En fait, le plus triste c'est que j'étais déterminée à réussir mes études pour pouvoir faire quelque chose de ma vie. Je pense qu'à l'époque il me semblait impossible de réussir et de conserver en même temps mon indépendance et un minimum d'estime envers moi-même. Et je *devais* à tout prix garder mon indépendance. C'était le seul choix qui me restait.»

En accumulant les retards, Michèle a abandonné ses chances d'embrasser une carrière professionnelle dans le seul but de prouver qu'elle pouvait contrer ses parents qui voulaient diriger sa vie. Ce n'était pas cependant une attitude d'indépendante, dans la mesure où elle était liée au comportement de ses parents. Si elle n'a pas fait ce que ses parents attendaient d'elle, elle n'a *pas fait* non plus ce qu'*elle* voulait. Des années plus tard, avec du recul, elle regrettait cette bataille pour prouver son autonomie. «Si j'avais eu plus confiance en ma propre indépendance, je n'aurais pas eu à me démener pour la prouver. Si j'avais compris que réussir mes études ne signifiait pas nécessairement que mes parents me dominaient, j'aurais pu alors faire ce dont j'avais envie, que cela leur plaise ou non.»

La bataille secrète

Si le besoin d'autonomie est votre préoccupation majeure dans la vie, vous devez éprouver de sérieuses difficultés à prendre des décisions ou à vous engager dans quoi que ce soit. En vous engageant dans une relation ou en signant un contrat, vous avez sans doute le sentiment de dévoiler vos centres d'intérêt ou vos préférences à la face du monde, et, par voie de conséquence, de ne plus «tenir les rennes». Les retardataires qui ont peur de perdre une bataille se sentent vulnérables, prêts à être attaqués ou dominés en permanence. Leur préoccupation n'est plus alors la peur d'être jugés incompétents ou trop brillants mais d'être humiliés, de voir leur faiblesses être traitées impitoyablement.

Jérôme, qui remet toujours les choses à plus tard quand il s'agit d'entretenir des relations ou de s'engager dans une orientation professionnelle, raconte ainsi son expérience: «La vie est pour moi un véritable jeu de poker; avant de miser, je veux savoir quelles cartes l'adversaire a dans son jeu. Tant que je ne l'ai pas découvert, je cache soigneusement mes cartes et essaie de ne rien révéler. De la même façon, je ne vais pas demander à une femme de sortir avec moi tant que je ne suis pas sûr qu'elle s'intéresse à moi. Je me refuse de demander une promotion à mon supérieur pour éviter que l'on sache dans quels services je suis réellement intéressé à travailler. J'ai l'impression qu'un collègue viendrait me couper l'herbe sous les pieds. Quand il s'agit de prendre une décision, j'attends le plus longtemps possible pour éviter que quelqu'un, connaissant mes intentions, ne tire parti de la situation. Mais, en fin de compte, je fais tellement traîner les choses, que ce sont toujours les autres qui prennent les décisions à ma place.»

En remettant les décisions et les engagements à plus tard, vous avez peut-être l'impression d'être moins vulnérable vis-à-vis des autres, en particulier de ceux qui possèdent le pouvoir. Personne ne peut vous mettre au pied du mur et vous contrer dans les choses qui sont réellement importantes pour vous. Tant que vous ne vous engagez pas, vous avez toujours le loisir de changer d'orientation à tout moment. Vous avez le sentiment de disposer d'une liberté totale, car vous avez fermé toutes les issues, bien que vous soyez vous-même prisonnier.

Cependant, dès que vous prenez une décision ou un engagement, vous vous sentez pris au piège. Le sentiment de sécurité que vous éprouvez en laissant les choses en suspens et en restant indécis disparaît soudain. Le seul rempart dont vous disposez à ce stade est d'éviter de vous engager davantage. Vous pouvez toujours trouver une autre porte de sortie à la moindre attaque. Vous pouvez toujours prendre la fuite.

Les retardataires qui ont peur de perdre une bataille évitent généralement la compétition ouverte. Mais, en vérité, ils sont toujours en train de se battre... secrètement. Personne ne doit savoir qu'ils visent le pouvoir parce que si cela se sait, ils risquent de perdre et de révéler leurs faiblesses et leur vulnérabilité.

Jérôme évoquait un fait qui illustre bien cet état d'esprit. À l'école, son cours préféré était l'éducation physique parce qu'il se sentait plus libre d'agir à sa guise que dans les autres disciplines. Un jour, sa classe fit un marathon de dix kilomètres. Jérôme décida de courir avec le professeur et fut le seul élève de sa classe à le battre de justesse. Jérôme raconte ce qu'il éprouva à ce moment-là: «J'étais très fier de moi. Pendant un instant, j'ai songé à participer en équipe à l'épreuve d'athlétisme, mais, par peur d'être battu par quelqu'un d'autre, j'ai immédiatement renoncé à cette idée. Tout le monde aurait pensé: «Il se prend pour un autre celui-là! Quelle audace! Il n'est pas à la hauteur!» J'aurais alors été mis en quarantaine et je n'aurais pas pu le supporter.» Le risque de montrer que l'épreuve l'intéressait, et de peut-être perdre une course, le rendait si vulnérable qu'il a décidé de s'en abstenir.

Certains retardataires choisissent de se retirer du jeu de peur de s'attirer des ennemis. Ils en viennent à se persuader qu'ils ne sont pas à la hauteur pour une compétition donnée. Ce raisonnement leur donne en fait de l'assurance: s'ils ne s'engagent pas dans la partie, ils peuvent continuer à croire qu'ils sont invincibles.

Pourquoi un individu a-t-il peur de s'engager ouvertement dans une bataille? Sans doute parce que pour lui toute confrontation aboutit inévitablement à un désaccord qui peut vouloir dire qu'il va perdre l'estime de quelqu'un. L'idée de négocier pour parvenir à un accord mutuel ne lui vient pas à l'esprit. En livrant une bataille secrète, il enlève à son adversaire toutes les chances de mobiliser ses efforts pour s'attaquer à lui. Il renforce ainsi ses chances de remporter la bataille.

De plus, livrer une lutte secrète vous permet de donner l'impression de collaborer avec les autres, de donner l'image du «bon gars» ou de la «chic fille». Il se peut que vous agaciez les autres, mais si vous évitez de les affronter directement, ils ne peuvent sans doute pas vous mettre au pied du mur. Prenez le cas de Jean, par exemple. Qu'il s'agisse de commander des fournitures pour le bureau ou de faire une course pour sa petite amie, il est toujours en retard. Étant effectivement toujours très occupé, il trouve généralement d'excellentes excuses pour expliquer ses retards. Il avait tant de choses à faire qu'il *n'a pu* trouver le temps d'honorer ses promesses plus tôt. Il en est vraiment désolé et se met à faire preuve d'une telle générosité pour se faire pardonner, que les intéressés décident de ne pas lui en tenir rigueur et essaient même d'être gentils avec lui, en dépit des inconvénients qu'il leur a fait subir. Il y a de l'orage dans l'air, mais Jean s'arrange toujours pour apaiser les passions et éviter les prises de bec. En fin de compte, il éprouve un double remords — celui de contrarier constamment les autres et de ne pas le reconnaître.

De plus, si vous évitez de vous livrer ouvertement à la confrontation, même lorsque l'adversaire vous reproche vertement de ne pas lui faciliter la tâche ou d'être hostile, vous pouvez carrément nier. Après tout, vous n'avez rien fait pour causer l'hostilité ou l'affrontement. Vous êtes toujours resté amical et poli envers les autres. Vous pouvez toujours invoquer votre manque d'organisation, vos retards ou votre incapacité de faire tout ce que vous souhaiteriez. De cette façon, vous pouvez non seulement cacher ce que vous ressentez, mais également prétendre être incapable de maîtriser la situation en permanence. Si vous réussissiez à ne pas accumuler de retards, ce serait différent, mais c'est plus fort que vous. Ce n'est pas votre faute! Ce sont tous ces retards accumulés!

Avec un peu de talent, vous pourriez même retourner la situation en votre faveur et faire en sorte que ce soit l'autre et non pas vous qui ait à présenter des excuses. Jouer le jeu de la pauvre victime dépassée par les événements, qui n'est pas responsable des retards accumulés et qui est incapable de faire du mal à quelqu'un. Accumuler les retards peut également servir à vous protéger du danger d'exprimer vos propres colères, à dissimuler vos émotions. Peut-être en êtes-vous arrivé à penser qu'il est préférable de ne pas se montrer vulnérable pour ne pas donner la chance à votre adversaire de contre-attaquer à la prochaine occasion.

La philosophie de l'autodéfense

Qu'ils accumulent les retards pour se défendre en cas d'impairs ou d'affrontements sérieux, les individus dont la préoccupation majeure est de remporter ou de perdre une bataille semblent avoir des conceptions particulières sur la façon dont fonctionnent les choses et leur manière de les changer.

Nous vivons dans un monde imprévisible. Pour les retardataires acharnés, les incertitudes planent sur nos têtes en permanence. Il ne faut jamais faire totalement confiance aux autres. On ne peut jamais savoir si quelqu'un nous appuie ou cherche à nous dominer ou à nous manipuler. Dans le doute, il faut s'attendre au pire. Si on leur tend une perche, ils sont convaincus que c'est un piège. Ils s'attendent le plus souvent à ce que les gens ou les institutions abusent d'eux. Dans cet état d'esprit, toute situation leur semble dangereuse. Ils pensent devoir dissimuler leurs faiblesses et ne montrent jamais leur besoin de dépendance ou leurs besoins.

Accumuler des retards vous permet non seulement de vous protéger, mais également de frapper l'adversaire et de l'empêcher ainsi de vous attaquer le premier. En d'autres termes, votre règle d'or est de maîtriser l'adversaire avant qu'il vous jette au tapis. Devant les dangers qui menacent de surgir à tout moment, il vaut mieux être prêt à attaquer.

Devant les forts, il vaut mieux jouer au faible. Les individus qui se protègent en accumulant des retards se sentent généralement désarmés lorsque l'autre partie semble dominer la situation. C'est généralement ce qui se produit dans les rapports employeur/employé et parents/enfants. L'autre est perçu comme le dominant, vous sommant de faire telle chose à tel moment. Vous n'avez pas un mot à dire. Les règles sont établies de façon arbitraire, et votre point de vue ne compte pas réellement. Devant le déséquilibre du rapport de force, toute confrontation directe ne servirait qu'à mieux vous abattre. L'adversaire est trop puissant, trop fort ou trop intelligent pour se battre avec vous. Pour entraîner sa perte, vous devez le désarmer. En accumulant des retards, vous le mettez hors d'état de nuire. Il ne vous domine que dans la mesure où vous exécutez ses ordres. En ignorant ses ordres, vous récupérez une partie de son pouvoir. Ce changement dans le rapport de force vous permet d'affirmer votre importance.

Collaborer, c'est capituler. Henri, par exemple, a le sentiment de capituler lorsqu'il se plie aux règles qui lui sont imposées ou qu'il fait quelque chose qu'on lui demande. La simple pensée d'avoir à collaborer vous fait peut-être aussi frissonner — vous avez peur de voir votre pouvoir s'effondrer et d'avoir à renoncer à votre indépendance. L'idée de choisir de collaborer, parce que c'est votre désir ou que c'est nécessaire pour atteindre votre but, ne vous effleure peut-être même pas l'esprit. Vous avez au contraire l'impression d'avoir été forcé à vous compromettre. À cause de la vision que vous avez du monde dangereux et incertain, vous vous sentiriez en position précaire si vous étiez amené à exposer vos faiblesses.

Il est plus important de contrarier l'adversaire que de réaliser ses propres ambitions. Comme dans le cas de Michèle, certaines personnes tiennent avant toute chose à contrarier l'adversaire, toute autre préoccupation étant en fin de compte secondaire, y compris celle d'obtenir ce qu'elles veulent. Cela revient à dire: «Si c'est ce que vous attendez de moi, et bien je ne le ferai pas, même si c'est aussi ce que je désire en réalité.» Vous tirez plus de plaisir à contrarier ou défier quelqu'un qu'à réaliser un grand rêve. Certains retardataires consacrent tant d'énergie et de temps à mettre les autres en déroute qu'ils n'ont jamais pris le temps de se demander ce qu'ils veulent en réalité. Ils savent seulement qu'ils ne feront pas ce que les autres attendent d'eux!

Dans tout cela l'ironie du sort, c'est qu'à force de remettre à plus tard pour dire «merde» aux autres, c'est vous qui en fin de compte payez les pots cassés.

Les racines de la bataille

Vous êtes-vous jamais demandé comment vous en êtes venu à percevoir le monde comme un champ de bataille? Nous venons d'étudier comment bon nombre de retardataires dont la principale préoccupation est de dominer, de contrôler autrui ou de préserver leur autonomie, se retrouvent souvent en position de dominés, incapables d'exercer un contrôle sur leur propre vie.

Tous les enfants ont une tendance naturelle à manifester leur indépendance et éprouvent beaucoup de plaisir à découvrir et à exercer leurs propres désirs. Malheureusement, bon nombre de parents sont incapables d'apprécier les premiers pas vers l'autonomie de leurs enfants et, au lieu de les encourager dans cette voie, les freinent dans leurs tentatives. Ce contrôle exercé par les parents se manifeste sous diverses formes — discipline rigoureuse, intérêt trop prononcé pour les activités de l'enfant, perçu par ce dernier comme de l'ingérence, critiques constantes qui conduisent l'enfant à perdre sa confiance en lui et l'empêchent de s'affirmer en tant qu'être indépendant. Il est important de se rappeler que les enfants ont quelquefois le sentiment d'être contrôlés même si leurs parents n'essaient pas intentionnellement de les dominer.

Dans une certaine mesure, tous les parents ont le sentiment de perdre en quelque sorte leur enfant lorsqu'il grandit et a de moins en moins besoin d'eux. Au moment où l'enfant s'efforce de développer son autonomie, ses parents ont pour rôle principal de lui permettre de l'acquérir — et même de l'y aider. Les parents qui ont des difficultés à supporter ce sentiment de perte inhérent au processus naturel de séparation, vont essayer de réprimer toutes les tentatives de l'enfant pour affirmer son indépendance. Ils vont par exemple étouffer sa spontanéité en lui imposant des règles particulièrement strictes, quelquefois excessives. L'enfant n'aura pas le droit de se rebeller ouvertement.

Finalement, l'enfant doit constamment faire face aux refus de ses parents qui désapprouvent ses démarches pour affirmer son autonomie ou les ridiculisent. Ses multiples petits affrontements, anodins en apparence, finissent avec le temps par avoir des répercussions importantes sur la personnalité de l'enfant. Il commence à sentir qu'il n'est pas bien de vouloir devenir indépendant.

Il finit par comprendre que l'autonomie ne s'acquiert qu'au prix de restrictions. Pour cet enfant, le moyen de survivre est de se battre.

Un enfant qui a reçu une éducation aussi répressive décidera éventuellement de ne jamais plus se laisser contrôler par quiconque. En se bâtissant une forteresse psychologique, il se défend des attaques du monde extérieur et se protège également contre tout sentiment de vulnérabilité ou toute blessure. Remettre au lendemain est un mécanisme, parmi d'autres, pour maintenir ce sentiment de force et d'imperméabilité.

Votre vulnérabilité à vous sentir dominé dépend en grande partie de la portée et du degré de votre résistance à la domination. Si, comme pour Pierre, il s'agit d'un problème majeur pour vous, vous êtes vraisemblablement sur la défensive chaque fois que l'on vous impose une date limite, une requête ou une attente. Vous êtes instinctivement porté à dire «noir» lorsqu'on s'attend à ce que vous répondiez «blanc». Votre première réaction est vraisemblablement de contredire votre entourage. Mais, comme vous tenez également à ne pas vous faire d'ennemis, vous répondez indirectement «non» en accumulant des retards et en ne faisant rien.

Dans quelle mesure avez-vous utilisé à votre avantage votre

résistance automatique? Une fois que vous connaissez votre vulnérabilité à être dominé ou contrôlé, vous pouvez utiliser votre résistance comme signal d'alarme.

Ainsi, lorsque vous sentez que vous êtes sur la défensive, prêt à résister aux ordres imposés, vous devriez d'abord vous demander: «Contre quoi suis-je en train de réagir?» Il arrivera que votre résistance serve effectivement de sonnette d'alarme vous avertissant que quelqu'un essaie de vous contrôler, de parer vos efforts ou de profiter de vous. En revanche, il arrivera également que votre sonnette d'alarme vous signale vos propres peurs et non pas les dangers imminents. La façon dont vous réagirez dépendra de ce qui sera exactement en jeu — votre autonomie et votre intégrité, ou votre appréhension et votre peur.

Vous choisirez peut-être de réagir à la situation en accumulant des retards. Ou, après mûre réflexion, vous essaierez de résister au contrôle ou d'affirmer votre personnalité et votre indépendance d'une façon différente. Vous pouvez ainsi, par exemple, dire ouvertement non ou faire savoir à votre interlocuteur que vous avez été irrité par ses propos. Vous pouvez également remercier la personne de ses suggestions et agir comme vous l'aviez décidé au départ. Mais vous pouvez aussi considérer qu'en fin de compte la procrastination est la meilleure façon de vous exprimer.

La question à se poser avant tout est: «Est-ce que le fait d'accumuler des retards sert mes intérêts? Quels en sont les avantages et les inconvénients? Qu'est-ce qui est en jeu?» Il peut arriver qu'un interlocuteur soit effectivement en position de force. On peut citer à ce propos deux exemples classiques dans le cadre du travail et de l'école. Au collège, vous êtes tenu de suivre un minimum de cours et d'obtenir une certaine moyenne pour obtenir un diplôme. Au travail, vous devez assumer certaines responsabilités pour recevoir votre chèque de paie. Dans ces deux cas, il est dans votre intérêt de vous plier aux règles imposées.

Vous tirerez plus de profit en vous livrant à certaines batailles qu'à d'autres. Vous devez déterminer lesquelles sont les plus importantes. Si vous ne faites pas de sélection et vous livrez à toutes les batailles qui se présentent, il ne vous restera pas beaucoup d'énergie pour faire autre chose.

Pensez à l'histoire du samouraï japonais, le «maître de l'épée» le plus renommé de la contrée. Il manipulait l'épée avec une telle adresse et une telle rapidité qu'il n'a jamais eu besoin de parapluie. «Pourquoi de parapluie?» demanderez-vous. Parce que lorsqu'il pleuvait, il sortait l'épée de son ceinturon et arrêtait les gouttes de pluie avant qu'elles ne l'atteignent. Son adresse légendaire lui servait d'imperméable. Bien qu'il dût se débattre comme un forcené sous la tempête, il ne lui vint jamais à l'esprit d'utiliser un parapluie pour s'abriter, ni même de faire l'expérience amusante de la douche naturelle.

Comme le samouraï, peut-être déployez-vous tous vos efforts pour vous protéger de la pluie. Mais est-ce à cela que vous souhaitez vraiment dépenser votre énergie?

Chapitre 4

La zone de confort: la peur de l'isolement et la peur de l'intimité

La procrastination ne sert pas seulement aux individus qui veulent éviter d'être jugés ou se couvrir pour s'engager dans une bataille. Elle permet aussi de maintenir une certaine distance avec autrui et de contrôler ainsi le degré d'intimité que l'on désire entretenir avec les personnes de son entourage.

Quelle genre de relations devons-nous entretenir avec telle ou telle personne? Nous avons tous, à un moment donné, à faire des choix quant à la nature de nos relations, le degré d'intimité à établir, le temps que nous sommes disposés à leur consacrer et celui dont nous jugeons avoir besoin pour être seul. Si certains individus éprouvent constamment le besoin d'être approuvés par leur entourage ou de l'emporter sur un concurrent réel ou imaginaire, d'autres en revanche ressentent la nécessité de trouver une «zone de confort» qui détermine le degré d'intimité qu'ils ont avec autrui. Sortir de cette zone — être trop intimes ou trop distants — peut constituer une expérience si déroutante pour ces individus qu'ils vont faire appel à toutes sortes de stratégies pour y demeurer cloisonnés. La procrastination leur sert à retrouver cet équilibre.

Chloé, vingt et un ans, collégienne, vivait avec son ami, Norman. Après son travail, Norman invitait régulièrement des amis à la maison ou alors il sortait avec eux. Chloé aimait passer le plus de temps possible avec Norman. Lorsqu'elle était avec lui, elle était pleine d'énergie et prête à faire un tas de choses, mais était peu disposée à se lancer toute seule dans des projets. Ainsi, ils furent rapidement amenés à tout faire ensemble — les provisions, la cuisine, la lessive, les sorties en plein air, la lecture, regarder la télé et voir des amis. Malgré l'ampleur de ces travaux scolaires, Chloé n'aimait pas étudier lorsque Norman était à la maison parce qu'elle trouvait que cela l'éloignait de lui. Dans de rares occasions, elle étudiait à la bibliothèque du collège, sachant toutefois qu'elle allait rentrer tôt pour passer la soirée avec Norman.

Consternée lorsqu'elle dut repasser des examens en fin d'année, elle raconta comment se déroulaient ses journées. «Étudier n'a jamais été, je pense, ma première priorité. J'ai toujours remis mes travaux à plus tard pour être avec Norman. Je deviens nerveuse lorsque je suis loin de lui, mais cela passe dès que je le retrouve. Nous sommes comme les deux yeux de la tête.»

La principale préoccupation de Chloé était d'être avec Norman. Seule, elle était incapable d'éprouver ce sentiment de sécurité et de confiance en elle qu'elle éprouvait en présence de son ami. Ses études, l'éloignant de Norman, l'insécurisaient — c'est pourquoi elle se mit à accumuler des retards dans ses travaux.

À l'inverse de Chloé, certaines personnes tiennent avant tout à garder leurs distances avec leur entourage et se sentent menacées lorsqu'elles sont amenées à avoir des relations trop étroites avec autrui.

Elles vont elles aussi accumuler des retards pour échapper aux situations qui les forceraient à s'engager personnellement et à se rapprocher des autres.

Prenons le cas de Charles. Technicien dans une société d'informatique, il était chargé de réparer les ordinateurs loués aux diverses sociétés. Ce qui lui plaisait particulièrement dans son travail était de ne pas avoir affaire à beaucoup de monde. Il était ravi et soulagé de ne pas travailler dans un bureau où il aurait retrouvé tous les jours les mêmes collègues. Étant particulièrement satisfait de son travail, son supérieur envisagea de le promouvoir à un poste de superviseur. À partir de ce moment, Charles commença à travailler nettement moins bien. Il prit la mauvaise habitude d'arriver en retard à ses rendez-vous et de ne pas rendre à temps ses rapports de réparation.

La réussite en soi ne faisait pas peur à Charles. Il se savait compétent et s'en réjouissait. En fait, il s'est mis à accumuler les retards dans son travail pour pouvoir rester confortablement dans son poste et éviter ainsi de se mêler à trop de gens, ce qu'il aurait dû affronter s'il avait été amené à superviser. «Laissez-moi tranquille et je ferai bien mon travail! affirma-t-il à son supérieur. Je ne veux pas avoir sans cesse une foule de gens dans les jambes à parler pour ne rien dire. Ce serait comme un boulet pour moi.»

Charles et Chloé sont des individus particulièrement sensibles à leur environnement, aux rapports qu'ils peuvent avoir avec les autres. Chloé a besoin d'être aux côtés de Norman tandis que Charles se sent plus à l'aise quand il est isolé. Pour chacun d'eux, aller dans une direction contraire à leurs aspirations représente un danger. La procrastination les aide à se maintenir dans leur «zone de confort».

La peur de l'isolement: plutôt la mort que la solitude

Lorsque nous parlons du sentiment de sécurité que l'on éprouve en compagnie des autres, nous ne nous référons pas exclusivement à cette préférence du commun des mortels à partager une certaine intimité avec des amis proches, un conjoint ou un amant, qui apportent soutien et amour. Nous nous référons à ce besoin qui ressemble plutôt à de l'instinct de conservation. Vous vous êtes sans doute déjà trouvé dans cet état d'esprit où vous avez eu envie de dire de l'être cher: «C'est un peu comme si nous formions les deux moitiés d'une même orange.» Vous n'éprouvez pas seulement le besoin d'être avec les autres, mais vous ne vous sentez pas «complet» sans les gens qui font partie de vous. Les individus qui n'ont pas une vie intérieure bien remplie éprouvent généralement des difficultés à «fonctionner» tout seuls. Abandonnés à eux-mêmes, ils se sentent perdus. Nous allons examiner maintenant comment les gens se servent de la procrastination lorsqu'ils ne se sentent pas assez forts pour voler de leurs propres ailes.

«J'ai besoin d'aide.» Si vous manquez de confiance en vous, ou si vous doutez du bien-fondé de vos idées, ou encore si vous êtes trop peu confiant pour avoir vos propres idées, vous avez certainement besoin de l'aide des autres pour agir — de conseils, d'appui pour vous engager sur une voie.

Par exemple, certains retardataires écoutent attentivement les conseils que leur donne un ami ou un collègue mais s'empressent de les oublier au lieu d'en tirer parti. C'est bien souvent le cas de bon nombre d'étudiants qui entreprennent toutes les recherches pour la rédaction d'un rapport mais finissent par abandonner, incapables de faire une synthèse des multiples points de vue contradictoires recueillis et d'y apporter une conclusion personnelle. S'ils savent comment consulter les différentes sources d'information, ils sont en revanche incapables d'émettre un point de vue personnel.

Vous avez sans doute déjà fait vous-même l'expérience, qu'il s'agisse de conseils pour acheter des actions ou des obligations, soigner votre mal de dos ou choisir un four à micro-ondes. Lorsque vous devez prendre une décision, vous laissez tout en plan. Si vous ne savez pas quelles sont vos préférences, comment pourriez-vous faire un choix entre les diverses idées qui vous sont proposées? En effet, vous en êtes incapable, donc vous ne faites rien.

Il vous arrive bien sûr de faire un choix, mais vous éprouvez le besoin d'en parler à quelqu'un avant de vous engager. Sans appui, vous êtes porté à sombrer dans la léthargie. «Lorsque je travaille en équipe, je suis en pleine forme, mais dès que je dois préparer quelque chose tout seul, je me sens perdu», avoue Thomas, analyste financier. «La différence est réellement frappante. En équipe, j'ai plein d'idées et je suis très motivé; seul, c'est l'hécatombe. Je passe des heures à ne rien faire. J'ai besoin de quelqu'un pour me pousser dans le dos.»

Toujours prêt à terminer second. Vous devez vous sentir plus à l'aise d'être second, sous la coupe d'autrui. Vous jouez un rôle important de soutien, mais quelqu'un d'autre prend les décisions importantes et assume les responsabilités.

Vous préférez laisser à quelqu'un d'autre le rôle de la vedette avec les avantages et les inconvénients que cela comporte; et vous faites en sorte de reporter à plus tard les choses qui vous forceraient à occuper la première place et à vous exposer.

Gisèle, par exemple, était une personne extrêmement dynamique et organisée, tant à la maison qu'au travail. C'était elle qui, la première, demandait si vous saviez comment vous débarrasser de la tache de vin laissée sur la nappe en dentelle héritée de votre grand-mère ou vous indiquait la meilleure période pour planter vos pétunias ou vos carottes. Malheureusement, Gisèle ne se montrait pas si autonome dans son poste d'assistante du directeur de production d'une société de produits de beauté. Au travail, elle passait le plus clair de son temps à tenir à jour le système de classification des données et les projets en cours. Mais à la grande déception de son supérieur, elle prenait toujours du retard quand elle devait participer à l'établissement de nouvelles politiques de marketing ou à la création de nouvelles gammes de produits.

Si, au départ, elle s'était entendue avec son supérieur sur la nature exacte des tâches, les choses se seraient mieux passées. Son supérieur ne pouvait évidemment pas percevoir immédiatement son intelligence et son esprit de créativité en matière d'organisation; il voulait qu'elle fasse preuve d'initiative. Cela ne correspondait malheureusement pas aux ambitions de Gisèle. «J'aime faire ce qu'il me dit de faire et que tout se passe sans heurt au bureau. J'aime tenir un rôle discret. J'ai horreur d'être sous les feux de la rampe.» Son supérieur désirait travailler avec une assistante plus autonome, capable de prendre des initiatives. Quelle ne fut pas la consternation de Gisèle, incapable de tenir un peu les rennes et de donner son avis, lorsqu'on lui annonça qu'elle était mise à pied.

Ce n'est pas la peur de commettre une erreur ou de trop bien réussir qui maintient Gisèle au second plan, mais la peur d'être isolée et solitaire, si elle était amenée à tenir les rennes. Elle ne veut pas innover. Elle peut suivre les consignes mais est incapable d'en établir. Elle a besoin de quelqu'un qui l'oriente, que ce soit un supérieur ou Janette Bertrand.

«Mes désirs finiront par devenir des réalités.» Parfois, les gens remettent les choses à plus tard afin de maintenir une relation de dépendance avec quelqu'un qui, espèrent-ils, prendra soin d'eux — même si dans les faits, les choses se passent différemment. Ils aspirent à vivre sous la coupe d'un protecteur ou d'un mentor, même si c'est simplement symbolique. Par exemple, de nombreux étudiants de second cycle font reporter leurs examens oraux ou éprouvent des difficultés à terminer leur mémoire parce que, consciemment ou inconsciemment, ils redoutent le moment où ils ne bénéficieront plus de la protection de l'université et devront quitter leurs conseillers. Ils considèrent ces études universitaires comme leur dernière chance de bénéficier de conseils ou de la tutelle dont ils ont besoin pour réussir dans le monde des adultes.

Dans d'autres domaines, certains individus vont accumuler les retards parce qu'ils n'osent pas quitter le premier patron qui leur a appris leur métier ou la première personne qui les a pris au sérieux dans leurs relations personnelles. En tournant la page, retrouveront-ils ce genre d'attention ailleurs? Même s'ils jugent qu'il est grand temps d'obtenir un poste plus stimulant ou que telle amie d'enfance n'a plus grande chose à raconter, ils essaient de se convaincre qu'il est préférable de ne rien changer. C'est particulièrement triste lorsqu'une relation vous apporte en fait très peu en termes de protection, de soutien ou d'orientation. Au lieu d'en reconnaître les limites ou l'aspect destructeur, certains vont s'accrocher à l'image idéalisée qu'ils veulent absolument donner à l'autre.

Bien qu'ils gâchent leur vie ou perdent leur temps en maintenant une telle relation, ils préfèrent la compagnie de quelqu'un à la solitude. Leur peur de l'isolement les empêche d'avancer même dans une voie qui pourtant servirait beaucoup mieux leurs intérêts.

«**Au secours!**» Certains retardataires se jettent à corps perdu dans la gueule du loup dans l'espoir que quelqu'un volera à leur secours. En accumulant les retards, ils s'embourbent dans les pires situations, persuadés que devant leur désespoir, quelqu'un les prendra en pitié et viendra les en sortir. Aussi triste que cela puisse paraître, ces retardataires pensent qu'il leur faut s'attirer les pires ennuis pour qu'on s'intéresse à eux. Certains fréquenteront d'ailleurs des individus qui se complaisent à les voir en permanence dans de mauvaises passes.

Par exemple, certains s'engageront immanquablement dans des projets qu'ils sont incapables de mener à bien. Ils s'épuisent tant et si bien à la tâche, ont l'air si découragés que leur entourage finit par s'en rendre compte et les prend généralement en pitié. D'autres leur demanderont ce qui ne va pas et leur proposeront de les aider. Ils leur prodigueront de bons conseils sur la façon de procéder et leur suggéreront de prendre une semaine de vacances. Le retardataire débordé aura ainsi l'occasion de constater que son entourage le soutient et pense à lui, mais il aura remué ciel et terre pour en arriver là.

Certaines personnes utilisent les états d'urgence causés par leurs retards pour attirer l'attention de quelqu'un, pensant qu'il s'agit de la seule façon de se faire remarquer par ce type de personnes. C'est le cas des étudiants qui n'osent pas prendre la parole en classe ou s'adresser personnellement à un professeur en dehors des heures de cours, mais qui n'hésitent pas à le faire quand il s'agit de demander un délai supplémentaire pour rendre un travail. Cela leur permet d'établir une relation jusqu'alors inexistante avec le professeur. Ils ont trouvé un moyen de se faire remarquer, de bénéficier d'un traitement spécial, même s'ils doivent prendre du retard pour y parvenir.

Le plus grand secours que puisse obtenir le retardataire est de si bien manipuler une «victime» qu'elle finit par faire le travail à sa place. Combien de fois avez-vous espéré qu'en prenant suffisamment de retard ou en vous mettant dans un cul-de-sac, quelqu'un apparaîtrait comme par magie pour vous débarrasser de cet horrible fardeau?

Une femme divorcée que nous connaissons laissait de côté toutes ses obligations financières, qu'il s'agisse de payer ses factures, de faire des économies ou de remplir ses déclarations de revenus. Elle s'est finalement rendu compte qu'elle attendait l'homme de sa vie pour s'occuper de ses finances. Prendre tout cela en charge lui aurait rappelé qu'elle était seule, que personne ne s'occupait d'elle, et cela aurait renforcé sa crainte de rester à jamais dans cette situation. Si elle ne s'occupait pas de ce travail, quelqu'un finirait par apparaître, calculatrice en main, et viendrait la sortir de cet horrible destin.

Vous réussissez peut-être à l'occasion à trouver quelqu'un pour vous secourir, mais il faut généralement en payer le prix. Un étudiant en génie reportait tant et si bien ses travaux qu'il frôlait souvent l'échec. Au dernier moment, il finissait toujours par aller demander les réponses à ses camarades ou par appeler son père qui était ingénieur. Ce dernier était toujours fier de pouvoir aider son fils. Bien que l'étudiant aimât qu'on l'aidât, il ne sut jamais s'il maîtrisait ou non la matière. Il s'arrangeait toujours pour que quelqu'un vînt à son secours, mais cela l'empêchait d'apprendre par lui-même.

La plupart de ces individus pensent qu'ils attireront plus facilement l'attention d'autrui en étant dans le malheur qu'en faisant preuve d'indépendance et de compétence. Ils ont peur de rester isolés en se prenant en charge. Ils se servent de la procrastination pour maintenir le contact avec autrui, et ainsi se rassurer devant la peur de l'isolement.

Perpétuer le passé. Il arrive que l'on utilise la procrastination de façon plus subtile pour maintenir des liens, on entretient alors de vieilles relations en suivant les modèles familiers. Si, par exemple, vous vous disputiez souvent avec vos parents ou vos professeurs à propos de ce qu'ils vous demandaient de faire, il ne serait pas surprenant que vous adoptiez cette attitude avec votre conjoint qui devient alors un substitut. Vous perpétuez les querelles du bon vieux temps, en tenant les rôles de l'accusateur et de l'accusé qui s'attend à être puni. Généralement, ni vous ni votre «nouveau maître» ne se rendent compte de ce qui se passe, mais vous tombez tous deux dans le même cercle vicieux qui vous pousse à accumuler des retards comme vous le faisiez par le passé.

Vous êtes peut-être porté à rejouer les scènes du passé pour maintenir le lien que vous aviez avec les acteurs d'origine. Jacques, réparateur d'appareils ménagers, a souvent des prises de bec avec Georges, son supérieur. Ce dernier se plaint des multiples retards de son employé, qu'il s'agisse des rendez-vous chez les clients, du renouvellement des stocks ou de la remise de sa feuille de temps hebdomadaire. Bien qu'il n'en soit pas conscient, Jacques revit les mêmes déboires que par le passé à la différence près que, maintenant, ce n'est plus sa mère qui le rappelle à l'ordre mais son patron. Sa mère lui reprochait sans cesse d'arriver en retard pour le dîner et de faire attendre tout le monde ou de ne jamais se préoccuper de son lavage avant qu'il ne lui reste plus de sous-vêtements à porter. Lorsque son supérieur lui dit: «Jacques, vous gênez la bonne marche de l'entreprise avec vos retards!», Jacques a l'impression d'entendre sa mère qui lui disait: «Tu n'es pas tout seul dans cette famille!»

Tant que les personnes de votre entourage vous rappellent les proches de votre enfance ou de votre adolescence, vous avez le sentiment de ne vous être jamais vraiment séparé d'eux. La procrastination est le prix que vous êtes prêt à payer pour maintenir ce lien, car vous ne voudriez pour rien au monde avoir l'impression d'avoir coupé les ponts avec le passé et être contraint de naviguer en solitaire dans la vie.

L'ange gardien. Lorsque vous accumulez de nombreux retards, tels que projets inachevés, décisions laissées en suspens ou factures impayées, vous devez probablement porter le poids de la procrastination sur vos épaules où que vous alliez. S'il vous arrive malgré tout de profiter de quelques instants de répit, le souvenir lancinant des obligations que vous avez à remplir doit vous gâcher ces rares instants de liberté.

Toutefois, si la procrastination est pour vous un fardeau permanent, cela peut également être une compagne de tous les instants, une sorte «d'ange gardien» qui vous rappelle tout ce que vous avez à faire. Vous ne vous sentez pas seul ni abandonné dans la mesure où toutes ces listes de choses à faire et de projets à terminer ne quittent jamais vos pensées. En ayant toujours plusieurs projets en suspens, que vous tardez à terminer, vous n'avez jamais à dire «adieu» à quelque chose.

Même si vous vous sentez plus poursuivi qu'«accompagné» par tous ces projets accumulés, la procrastination constitue pour vous une présence précieuse et fidèle. Elle est toujours là pour vous rappeler à l'ordre, ce qui, en quelque sorte, vous rassure.

C'est peut-être un bagage lourd à porter, mais, au moins, c'est quelque chose qui ne vous quitte pas!

Il existe bien sûr des façons plus agréables d'échapper à la solitude: se faire des amis, adopter un chien ou emporter un journal avec soi. La procrastination est une compagne désagréable; elle est bien sûr fidèle, mais, comme vous le savez, elle est aussi une «fauteuse de troubles».

Toutes les stratégies que nous avons évoquées jusqu'à présent, où l'individu fait appel à la procrastination, permettent de rester proche des autres — d'être aidé, secouru, pris en charge par un protecteur, de rester lié à quelqu'un ou à quelque chose. Comment se fait-il que l'on puisse se sentir plus en sécurité en étant lié à quelqu'un ou n'être protégé qu'en volant de ses propres ailes? Peut-être vous est-il arrivé d'être contraint de vous débrouiller seul dans un contexte particulier et de ne pas être suffisamment armé pour vous en sortir. Un jeune enfant, par exemple, qui se perd dans la foule ou qui est laissé accidentellement seul dans un endroit inconnu, peut être traumatisé par cette expérience terrifiante pour lui à un point tel que, devenu adulte, il fera en sorte de ne plus jamais se perdre. Si un proche que vous aimiez beaucoup a soudainement disparu ou est parti en voyage, même pour un court laps de temps, vous avez peut-être eu le sentiment d'être abandonné ou trahi. Ces expériences, en particulier si elles se répètent, peuvent marquer un enfant qui, par la suite, va s'accrocher désespérément aux autres, dans l'espoir de ne plus jamais en être séparé.

La peur de se prendre en main peut avoir d'autres racines: lorsque l'on a trop peu d'expérience pour se faire ses propres opinions, pour savoir répondre à ses besoins ou vivre selon ses aspirations. Votre éducation a peut-être érigé des obstacles à vos tentatives d'autonomie, en particulier dans le cadre familial. Vos parents vous ont-ils encouragé à explorer le monde extérieur ou, au contraire, maintenu — subtilement ou ouvertement — sous leur coupe? Vous a-t-on encouragé à vous faire des amis à l'école ou dans votre voisinage ou, au contraire, avez-vous senti des réticences lorsque vous invitiez des amis à la maison? Vos parents se sont peut-être réjouis de vos nouvelles découvertes ou connaissances et vous ont encouragé dans ce sens ou, au contraire, vous ont souvent mis en garde contre les dangers de partir à l'aventure ou de prendre trop de risques.

Selon leur culture ethnique ou traditionnelle, les parents encouragent leurs enfants à être indépendants ou dépendants. Dans certaines familles, les parents qui combattent leurs propres anxiétés éprouvent des difficultés à encourager leurs enfants à acquérir leur autonomie. En règle générale, ils essaient de faire de leur mieux pour assumer la tâche difficile d'éduquer leurs enfants. Comment pourraient-ils savoir qu'à force de vouloir trop bien soutenir l'enfant, ils finissent par le surprotéger et, de ce fait, l'empêchent d'acquérir son indépendance? À moins qu'ils aient eu la chance d'avoir des enfants psychologues qui connaissaient cette différence, ils ne savent probablement pas où poser les limites. Quels qu'en soient les motifs, les personnes qui ont du mal à s'affirmer en tant qu'individus, ont le sentiment de ne pouvoir voler de leurs propres ailes.

Si vous avez vécu de telles expériences, vous devez vous demander si vous avez suffisamment confiance en vous pour vous débarrasser de cette mauvaise habitude de tout remettre au lendemain et pour agir de façon plus indépendante. Vous devez avant tout vous demander si vous avez trop peu de confiance en vous pour mettre un peu de distance entre vous et autrui. Seriez-vous vraiment aussi incapable que vous le craigniez si vous preniez des décisions tout seul et si vous trouviez vos propres motivations? Pouvez-vous essayer d'être indépendant, de vous passer davantage des autres et de vous sentir plus à l'aise en agissant en personne autonome?

Si ce sont là des problèmes importants pour vous, il serait préférable de vous y attaquer directement au lieu de continuer à tout remettre au lendemain pour vous protéger. Si vous pouvez apprendre à compter sur vous-même, vous gagnerez plus de confiance en vous et aurez moins besoin des autres. Il existe des gens qui peuvent s'intéresser à vous et même vous aimer sans que vous ayez à attirer leur pitié.

La peur de l'intimité: trop proches pour être à l'aise

Les personnes qui ont peur de l'isolement cherchent en permanence à être proches des autres. Par contraste, celles qui ont peur de l'intimité sont plus à l'aise en gardant une «certaine distance» avec leur entourage.

Ceux qui préfèrent garder leurs distances craignent que quelqu'un ne vienne les déranger, les envahir, les agresser et leur imposer des exigences. Certains vivent avec un véritable radar dans la tête, constamment en train de sonder les alentours attendant qu'un signal leur indique que quelqu'un essaie de pénétrer sur leur territoire et, éventuellement, menace de ne plus vouloir en sortir. ils redoublent d'anxiété dès qu'un de ces «imposteurs» apparaît et ils tentent par tous les moyens de se retirer du décor. Ce retrait peut être physique: quitter son emploi ou déménager dans une autre ville parce qu'ils sont contraints de vivre en relation étroite avec leurs collègues ou leurs voisins. Parfois le retrait est plutôt émotionnel: prendre ses distances ou mettre fin à une relation parce que l'autre devient trop exigeant. Quelquefois le retrait peut aussi se produire mentalement: changer de sujet de conversation lorsque les propos deviennent «trop personnels».

La procrastination peut contribuer largement à garder ses distances avec autrui. Si vous n'avez pas réellement envie de faire des efforts pour être avec les gens, vous déciderez d'attendre pour appeler ces amis qui comptent sur vous pour sortir samedi soir, jusqu'à ce que quelqu'un prenne la décision à votre place. De l'extérieur, vous donnez l'impression d'avoir tenté de vous montrer sociable, mais vous avez pris tant de retard pour faire des démarches dans ce sens que vous finissez par aller seul au cinéma, plus satisfait que déçu d'être seul.

Un informaticien utilisait la procrastination pour «se protéger» des femmes. Sa vie était un véritable désastre: il avait pris un tel retard dans son travail qu'il risquait le congédiement; il était poursuivi par ses créanciers qui lui réclamaient de vieilles dettes; sa voiture tombait en pièces car il ne prenait jamais le temps d'aller chez le garagiste. Dès qu'il commençait à sortir avec une femme, il s'empressait de lui exposer tous ses problèmes. Comme vous pouvez l'imaginer, la plupart des femmes se méfiaient et n'étaient pas prêtes à s'engager avec un homme qui était en permanence au bord du précipice. Après quelques rencontres, elles mettaient un terme à la relation, ce qui en réalité le soulageait. En son for intérieur, il avait peur de s'attacher et utilisait la procrastination pour se protéger d'une telle éventualité.

Lorsque vous accumulez des retards pour garder vos distances, vous avez peut-être peur des répercussions que pourrait entraîner une trop grande intimité avec les gens. Dans les chapitres précédents, nous avons vu les différents dangers que les retardataires redoutent dans une relation: si quelqu'un est important pour vous, vous aurez peur de le décevoir, ou qu'il soit jaloux de votre réussite, ou qu'il fasse votre conquête. Nous venons de décrire comment certaines personnes ont l'air si indispensables que vous pensez ne pas pouvoir vous passer d'elles.

Nous allons maintenant observer le phénomène de procrastination chez ceux qui considèrent que l'intimité est si accaparante et si étouffante qu'elle leur ferait perdre leur propre identité. Ils craignent que trop de liens et de contacts avec les autres ne changent leur personnalité de façon négative. La procrastination est une stratégie leur permettant de garder en permanence une certaine distance avec autrui, et ainsi, de se protéger.

En parlant avec des retardataires qui utilisaient cette stratégie à cette fin, nous avons pu établir différents thèmes faisant ressortir certaines de ces peurs de l'intimité.

«Vous leur tendez la main et ils s'agrippent à vous.» Certaines personnes pensent que les relations vont les accaparer. Elles ont peur que les intéressés ne soient jamais satisfaits et qu'ils exigent toujours plus jusqu'à ce qu'elles n'aient plus rien à offrir.

William, mécanicien, s'est rendu compte qu'il n'avait pas choisi la profession qui lui convenait. Bien qu'il adorât passer des heures à réparer ses voitures, il ne désirait pas pour autant en faire une carrière. Lorsqu'un poste se présenta dans le garage où il venait souvent, il l'accepta et cinq ans plus tard, il était toujours là. Bien qu'il désirât ardemment changer de profession, William ne fit jamais aucune démarche dans ce sens. Il ne prit même jamais le temps de réfléchir à d'autres types d'activités susceptibles de l'intéresser.

En discutant de son incapacité à chercher un autre travail, il commença à exposer ses théories sur la façon de travailler avec les autres: «Si vous avez un travail où vous êtes amené à communiquer avec beaucoup de gens, ils vont commencer à attendre certaines choses de vous. Ils veulent vous connaître, savoir comment vous vivez, sortir après le travail. Après, ils vont vous demander de leur prêter de l'argent, vous parler des problèmes qu'ils ont avec leur conjoint ou vous demander de les aider à repeindre leur maison. Si je travaillais dans un endroit de ce genre, cela me taperait sur les nerfs et je rentrerais complètement déprimé chez moi tous les soirs. Au moins dans ce garage, ils ne viennent pas m'ennuyer avec leurs problèmes. Quelquefois, ils sortent ensemble prendre une bière après le travail. Avant, ils me proposaient d'aller avec eux, mais je refusais tout le temps. Maintenant, ils me laissent tranquille et cela fait mon affaire.»

William avait des difficultés à chercher un autre travail principalement parce qu'il n'était pas disposé à abandonner le cadre de travail si rassurant qu'il s'était forgé. Ses collègues ont compris qu'il préférait rester dans son coin et bien qu'ils trouvassent son comportement bizarre, ils le laissaient tranquille. «Je pourrais affirmer que je les ai dressés à me ficher la paix, explique William. Lorsqu'ils me posent des questions, je ne veux pas leur répondre et je me défile toujours en lançant une bonne plaisanterie. Ils ont fini tôt ou tard par comprendre le message.» Bien sûr, William s'est quelquefois senti seul et aurait souhaité faire un travail réellement à son goût. Mais la pensée d'avoir à «former» d'autres collègues à garder leurs distances lui répugnait tellement qu'il préférait rester dans sa tour d'ivoire qui lui était familière. La procrastination le protégeait d'un monde où, pensait-il, les gens auraient trop empiété sur son territoire.

Les retardataires comme William donnent l'impression d'être satisfaits de leur isolement: ils n'ont besoin de personne et personne n'a besoin d'eux. Ils sont généralement conscients de leur méfiance envers les gens qui pourraient devenir trop exigeants ou trop envahissants. Ce dont ils ne sont pas conscients, c'est de leur incapacité à résister aux «envahisseurs». Ils ne peuvent compter sur eux-mêmes pour établir les limites de leur territoire une fois qu'ils se sentent trop accaparés. «Si j'invite quelqu'un à dîner, déclare William, la personne va rester toute la nuit. Je serai incapable de lui faire comprendre qu'il est temps de prendre congé et je n'aurai ainsi plus de temps à moi.»

William utilise toutes sortes de tactiques pour fuir les gens — il plaisante, change de sujet de conversation, se tait ou boude, est sarcastique et, naturellement, pratique l'art de tout remettre au lendemain. En revanche, William ne sait pas dire «non» ouvertement. Une fois qu'il s'engage dans une relation, il est incapable d'établir des limites et est contrarié lorsque l'autre dépasse les dites limites. Pas étonnant qu'il se sente accaparé par les autres.

«Ce qui est à moi est à toi — mais que me reste-t-il dans tout cela?» Si vous arrêtiez de tout remettre au lendemain et terminiez les choses que vous commencez, vous auriez le plaisir d'avoir accompli du bon travail, n'est-ce pas? Et bien, pas nécessairement. Certains retardataires s'attendent à se voir dérober la récompense de leur dur labeur par quelqu'un d'autre. Ils ont peur, si l'on ne reconnaît pas leur mérite, de se trouver rayés du décor, de se faire voler leur identité. Par réaction, ils finissent par conclure: «Si ce n'est pas moi qui dois recueillir les honneurs, alors pourquoi se casser la tête après tout?»

Nous savons tous qu'il existe des gens qui aiment s'approprier du mérite qui revient aux autres. Vous avez peut-être déjà travaillé avec un supérieur qui prenait les idées de ses employés et qui les présentait à son directeur comme si elles étaient siennes. Mais pour certaines personnes, la seule pensée de se faire voler des honneurs bien mérités est si désagréable qu'ils préfèrent accumuler les retards pour ne jamais se trouver face à une telle situation.

Prenons l'exemple de Daniel, chimiste dans une société pharmaceutique spécialisée dans les projets de recherche indépendants. Il rend rarement à temps ses rapports de laboratoire et attend toujours le dernier moment pour faire part de ses dernières mises à jour à ses collègues. Il évite de parler de ses découvertes aux autres chercheurs de peur que quelqu'un ne copie ses idées et ne s'en attribue le mérite. Il lui est difficile de pousser loin ses recherches parce qu'il sait très bien que le fruit de ses découvertes deviendra en fin de compte la propriété de la société.

La personnalité de Daniel est étroitement liée à ses réalisations et, s'il pense que quelqu'un veut les lui voler, il en est ébranlé. «Lorsque quelqu'un s'attribue les mérites de mon travail, c'est comme s'il me prenait une part de moi-même.» Pour éviter que les autres ne lui volent sa chanson, Daniel garde le silence.

Daniel pourrait être plus productif s'il comprenait la différence entre partager ses idées et se les faire voler. Il n'aurait plus à utiliser la procrastination pour éviter d'aller de l'avant de peur que quelqu'un d'autre ne le dépasse.

De la même façon, certains individus se gardent de faire des progrès parce qu'ils refusent que les autres partagent le plaisir de leur réussite. Sylvain a appris son métier en faisant un stage chez un électricien. Conscient de devoir beaucoup à son «gourou», Sylvain refusait cependant d'être redevable à son patron. Il fit donc en sorte de ne pas mettre toutes ses compétences à profit. Il emmenait des manuels pour étudier chez lui le soir, mais ne les ouvrait pas; il oubliait des outils dont il avait besoin à l'atelier et était obligé de retourner les chercher; il arrivait en retard à certains rendez-vous. Sylvain a déclaré: «Je sais que mon patron m'a appris le métier de A à Z, mais je ne supporte pas qu'il affirme que je suis un excellent ouvrier. En termes de métier, je lui dois tout mais c'est quand même moi qui fais le travail, pas lui.»

Sylvain se sent menacé par l'estime que son patron lui porte. Il ne sait pas très bien à qui revient le mérite — au maître ou à l'élève. Lorsque quelqu'un d'autre s'accorde une part du mérite, même si cela est justifié, Sylvain se sent complètement démuni.

Les retardataires comme Daniel et Sylvain s'attardent malheureusement tellement à protéger leurs compétences et leurs réalisations qu'ils finissent par laisser de côté leurs objectifs dans la vie. Si vous avez peur de dévoiler vos intérêts réels, au cas où les autres se les approprieraient, vous risquez de passer à côté de ce qui vous intéresse vraiment. Vous vous laisserez peut-être même prendre à votre propre jeu et vous finirez par croire en cette fausse image de vous-même.

Certains retardataires à qui nous avons parlé ont appris à taire leurs aspirations réelles parce que, les fois où ils se sont aventurés à les exprimer, ils se sont heurtés trop souvent à la réprobation, aux critiques ou aux moqueries de la part de leur entourage. Mais pour d'autres, le fait de dissimuler leurs domaines d'intérêts est la plus sûre façon de ne pas se les faire «voler». Ainsi, une femme qui n'a jamais été capable de choisir une carrière racontait comment elle est devenue réticente à révéler, même à elle-même, ce qu'elle voulait vraiment. Anne se souvenait qu'enfant, elle avait un jour annoncé à ses parents qu'elle voulait prendre des leçons de piano, comme sa meilleure amie. Ses parents ne se contentèrent pas de l'inscrire à un cours de piano sur-le-champ, mais également à des cours avancés de solfège et de composition musicale. Elle se retrouva submergée de manuels sur la musique, de disques classiques et d'affiches de pianistes célèbres. Toutes les personnes de son entourage furent invitées à assister à son premier récital de piano, alors qu'elle avait à peine eu le temps de répéter. «J'étais absolument mortifiée devant l'ampleur que prenaient les choses. Tout ce que je désirais, c'était prendre des leçons de piano comme mes amies et je me suis en fait retrouvée entraînée dans un véritable tourbillon qui n'avait rien à voir avec ce que je désirais. L'idée que j'avais lancée avait avivé l'imagination de ma mère et tout avait pris des proportions démesurées. Je suis sûre que beaucoup d'enfants auraient été ravis de bénéficier de tant d'attention, mais, pour ma part, je n'ai pas du tout perçu cela comme de l'attention. Cette expérience m'a tout de même donné une bonne leçon. À partir de ce moment-là, lorsque je désirais quelque chose, je le gardais pour moi parce que je n'avais pas la moindre envie de provoquer une seconde «tornade». Je me suis efforcée à garder les choses pour moi et, au début, je faisais comme si rien ne me touchait — et cela a évidemment fini par se produire. C'était la même chose à l'école; je ne faisais jamais mes travaux, ce qui donnait l'impression que je ne m'intéressais à rien. Si j'avais seulement laissé sous-entendre à mes parents que la biologie m'intéressait, je pense qu'ils auraient bâti un laboratoire dans le sous-sol!»

L'enfant s'adapte aux événements et en reste souvent marqué toute sa vie, ce qui parfois l'empêche d'avancer. Bien qu'Anne n'en fût pas consciente, les causes profondes de ses difficultés à choisir une profession remontaient à son enfance, époque où elle ne pouvait confier à personne ce qui l'intéressait dans la vie.

Faire rejouer un vieux disque. Certaines personnes évitent de se lier avec les autres parce qu'elles ont connu des expériences désagréables et ont souffert de leurs retombées. Le fait d'avoir vécu des relations qui les ont anéanties les pousse à ne plus prendre le risque de renouveler ce genre d'épreuves. Peut-être qu'elles ont été profondément blessées et se sont juré de ne plus jamais s'exposer à des situations risquant de toucher leur vulnérabilité. La procrastination peut les empêcher de s'engager dans des relations qui risquent de les faire souffrir.

L'exemple le plus classique est celui de l'individu qui hésite à s'engager dans une relation avec une personne du sexe opposé parce que ses parents formaient un couple désuni. Si vous avez vécu avec des parents qui ne cessaient de se critiquer, de s'ignorer, de se faire du mal ou de se séparer pour revenir ensuite ensemble et pour revivre le même scénario, vous en avez sans doute déduit que le fait de vivre avec quelqu'un représente certainement un paquet de problèmes. Ainsi, vous laissez traîner les choses quand il s'agit de faire la conquête d'une personne du sexe opposé, de soigner votre apparence, d'aller dans des soirées ou de participer à des activités qui vous amèneraient à rencontrer des personnes avec lesquelles vous pourriez vivre une relation amoureuse à long terme. Vous sortez peut-être de temps en temps avec un ou une amie, mais vous faites en sorte que les choses ne prennent jamais une tournure très sérieuse. Pour vous, toute aventure romantique ne peut mener qu'à un désastre, donc vous avez décidé de ne pas vous embarquer dans cette galère.

La procrastination peut également vous éviter de revivre de mauvaises expériences qui vous ont été particulièrement désagréables. Prenons l'exemple de Dorothée qui s'arrangeait toujours pour laisser les choses en suspens lorsqu'il s'agissait d'affronter sa nouvelle belle-mère. Bien que cette femme, gentille en apparence, fît de nombreuses démarches pour se rapprocher de sa jeune bru, cette dernière attendait indéfiniment pour la rappeler ou accepter ses invitations à dîner et était toujours en retard pour lui envoyer des cartes de souhaits ou de remerciement. «J'aimerais être plus proche d'elle, dit Dorothée, et je sais que cela ferait également plaisir à mon mari. Mais je suis très mal à l'aise à l'idée de la voir devenir partie intégrante de ma vie. Cela me donne la chair de poule.»

Dorothée savait bien pourquoi elle redoutait de se rapprocher de sa belle-mère. Sa relation avec sa propre mère n'avait jamais été facile. Elles se disputaient sans cesse à tout propos, que ce fût de sa façon de s'habiller, des petits amis avec qui elle sortait, de la bonne façon de faire une omelette ou de préparer un chocolat chaud. «Ses critiques constantes m'accablaient littéralement, affirme Dorothée avec le recul. Quoi que je fisse, elle trouvait toujours quelque chose à redire et s'en servait comme prétexte pour me prouver que j'étais une dégénérée.» De plus, sa mère ne s'entendait pas du tout avec sa propre belle-mère (la grand-mère de Dorothée en l'occurrence). «Elles étaient toujours en train de se disputer sur la façon d'élever les enfants et de tenir une maison. Elles n'ont jamais échangé un seul mot gentil ou courtois et elles voulaient l'une et l'autre que le reste de la famille prît leur parti dans leurs discussions houleuses. Tout le monde était sans cesse ballotté d'un camp à l'autre et je pense que c'est tout cela qui a poussé mes parents à divorcer. C'était vraiment lamentable!»

Pour Dorothée, avoir une relation étroite avec sa belle-mère aurait constitué une menace pour son couple. Elle craignait de revivre le même genre de relations antagonistes qu'elle avait eues avec sa mère et de renouveler l'expérience malheureuse de ses parents. Elle s'est mise à remettre les choses à plus tard croyant qu'être trop intime avec sa belle-mère équivaudrait à jeter de l'huile sur le feu.

Il ne faut pas réveiller un loup qui dort. Si certains remettent tout au lendemain par peur de réveiller le loup qui sommeille chez les autres en devenant trop intimes avec eux, d'autres adoptent la même attitude par peur de réveiller le loup qui dort en eux dans les même circonstances. Si la procrastination vous permet de garder vos distances avec autrui, demandez-vous ce qu'il adviendrait, à votre avis, si vous vous en rapprochiez. Révéleriez-vous un côté négatif de votre nature que les autres ne peuvent percevoir de loin? Seriez-vous aussi critique ou aussi exigeant envers les autres que vous l'êtes envers vous-même, ce qui gâcherait la vie à tout le monde? Ou peut-être avez-vous peur de dévoiler un aspect de votre personnalité que vous ignorez vous-même?

Nous connaissons beaucoup de gens qui, par exemple, ont remis à plus tard la décision d'avoir un enfant par peur de devenir la réplique de leur père ou de leur mère, en adoptant à la fois leurs qualités (qu'ils admirent) et leurs défauts (qu'ils déplorent). Ainsi, une femme, issue d'une famille nombreuse, a observé que la santé mentale de sa mère se détériorait graduellement avec l'arrivée de chaque nouvel enfant et en a conclu qu'il y avait un rapport entre ne pas avoir d'enfants et rester saine d'esprit. Bien qu'elle se sentît seule, elle avait peur de s'engager davantage dans des activités sociales qui, dans son esprit, l'auraient nécessairement amenée à rencontrer un homme, à l'épouser, à avoir des enfants et, petit à petit, à sombrer dans la folie. On pourrait la qualifier de «retardataire sociale»; étant profondément convaincue que la maternité ferait surgir en elle la même maladie que celle dont sa mère avait souffert, elle préférait payer le prix de la solitude pour conserver toutes ses facultés mentales.

Cette peur de voir se réveiller le loup qui sommeille en eux, dès que les circonstances s'y prêteront, pousse les retardataires à s'abstenir de travailler fort. Ils ont peut-être déjà vu un «acharné du travail» se montrer cruel ou impatient envers son entourage et ils présument qu'il existe une relation de cause à effet entre le travail et la méchanceté. Ou peut-être ont-ils eux-mêmes réagi de cette façon lorsqu'ils étaient préoccupés par leur travail. Pour éviter de laisser paraître ces défauts, ils vont s'efforcer de ne pas se mêler aux gens ou de travailler fort et de rester courtois. Ils iront parfois jusqu'à fermer la cage du loup à double tour en restant à la fois distants et improductifs.

Si vous avez peur de découvrir quel genre de personne vous êtes sous la pression qu'implique le fait d'être intime avec les autres, vous devez également vous demander comment les gens réagiraient s'ils découvraient les vilains côtés de votre personnalité. Est-ce que, à long terme, les autres peuvent savoir qui vous êtes vraiment dans le quotidien et vous aimer malgré tout? Si vous cessiez de tout remettre au lendemain et deveniez moins distant, est-ce qu'on accepterait vos défauts, votre mauvais caractère ou vos périodes de crise? Il y a beaucoup à parier que vous êtes moins menaçant pour le bien-être des autres que vous ne le craigniez, et vous avez certainement des ami(e)s et des amant(e)s qui vous accepteront toujours tel que vous êtes, même sous votre jour le plus désagréable. Mais vous n'aurez jamais l'occasion de le constater si vous vous enfermez dans votre tour d'ivoire.

«Mieux vaut ne pas être aimé que d'être rejeté.» La plupart des gens qui éprouvent les peurs que nous venons de décrire se rendent compte qu'ils rejettent toute intimité avec autrui. Le plus ironique dans tout cela, c'est qu'ils ne se rendent pas compte combien ils aspirent à cette intimité qu'ils évitent soigneusement. Certaines personnes désirent tant parvenir à ce degré d'intimité que l'intensité de leur désir les effraie. Et une façon de faire face à ce désir intense est de le rejeter complètement. De cette façon, on réussit à se convaincre que les relations sont une perte de temps, qu'il y a mieux ou plus important à faire dans la vie que de nouer des liens personnels avec les autres.

Derrière tout cela, cependant, ces gens ont probablement peur de voir ce qui se produirait s'ils acceptaient d'avoir des relations plus intimes avec quelqu'un. Ce n'est pas le fait de dévoiler les côtés négatifs de leur personnalité qui les effraie mais celui de montrer ce besoin aux autres, ce besoin d'être aimés et réconfortés, de dépendre de quelqu'un qui les soutiendrait, les entourerait et prendrait soin d'eux.

Pourquoi est-il si effrayant de reconnaître ce côté de votre nature qui est aussi naturel que le désir de devenir indépendant et autonome? Nous avons entendu plusieurs thèmes souvent évoqués par les retardataires qui ne sont pas pressés d'établir des relations intimes avec les autres. Le premier est l'appréhension: «Si moi je désire une personne, voudra-t-elle de moi?» C'est la peur de s'avouer d'abord à soi-même puis aux autres ce besoin d'intimité, de crainte d'être rejeté ou, pire, de faire fuir les autres.

«Je préfère attendre que les gens viennent à moi», explique Laurent, vingt-six ans, chauffeur de camion. «Je n'aime pas courir après les gens, en particulier les femmes, parce que lorsqu'elles me rejettent, je me sens complètement désemparé. C'est comme si on me donnait un coup de poing dans l'estomac.» Lorsque Laurent est rejeté, il n'est pas seulement déçu et blessé dans sa fierté, comme tout un chacun le serait dans une telle situation; en se tournant vers quelqu'un, c'est une partie de lui-même qu'il offre, et si l'autre le repousse il a l'impression d'être en quelque sorte amputé.

Une des autres peurs éprouvée par les retardataires est celle de découvrir à quel point ils ont besoin des autres en s'engageant dans une relation étroite avec quelqu'un. C'est un peu comme s'ils ouvraient leur propre boîte de Pandore et qu'ils y découvraient leur profond besoin d'intimité avec leur entourage. Une fois ouverte, la boîte ne peut plus se refermer et ils ont peur de ne plus jamais pouvoir se libérer de ce besoin.

Une autre des raisons qui fait que ces gens ont si peur de ce besoin est que, en leur for intérieur, ils espèrent vivre une relation parfaite avec une personne qui acceptera de façon inconditionnelle tous les aspects de leur personnalité et de leur comportement. Pourtant ils se rendent compte que cette acceptation complète et totale est impossible dans toute relation humaine. Donc, plutôt que d'avoir à supporter une relation imparfaite, ils préfèrent éviter toute relation. Il leur semble plus prudent de garder la boîte fermée dès le début, et la procrastination peut être une stratégie pour y parvenir.

Certains retardataires éprouvent une peur similaire, celle de ne plus pouvoir se passer d'une personne avec qui ils auraient établi une relation étroite et qui prendrait alors une place très importante dans leur vie. «Que va-t-il se passer si je vis une relation intime avec un homme et que l'on se dispute? ou qu'on divorce? ou, pire encore, s'il meurt?» se demandait Murielle avec appréhension. «Je ne sais pas si je pourrais supporter d'être séparée de lui une fois que nous formerions un tout. J'aurais autant besoin de lui que de l'oxygène dont j'ai besoin pour respirer.» La possibilité de perdre quelqu'un de si cher était si douloureuse à envisager pour Murielle, qu'elle avait depuis longtemps pris la décision de ne jamais laisser entrer quelqu'un dans sa vie.

Vous avez peut-être appris à vos dépens qu'il ne sert à rien de compter sur les autres. Cette mentalité de reclus qui n'a besoin de personne peut être une tactique acquise par nécessité, si votre besoin des autres a souvent été réprimé, ignoré ou rejeté.

Enfant, vous avez peut-être eu la chance d'avoir toujours quelqu'un qui vous réconfortait ou qui vous écoutait lorsque vous aviez besoin de quelque chose ou étiez contrarié. Beaucoup n'ont pas eu cette chance. Beaucoup de retardataires qui gardent leurs distances avec les autres nous ont confié qu'ils étaient repoussés par leurs parents lorsqu'ils étaient en colère, malheureux ou avaient besoin de quelque chose. Devant leur attitude de dépendance, ils s'entendaient souvent répondre: «Si tu veux pleurer, va dans ta chambre» ou «Tu es trop sensible, il faut arrêter de faire le bébé.»

On leur faisait comprendre qu'ils n'avaient pas à manifester leurs émotions: les personnes fortes gardent pour elles leurs problèmes, il n'y a que les faibles qui demandent de l'aide. D'une certaine façon, on leur déconseillait de montrer leur besoin de dépendance, prétextant que les gens trouvaient cela indécent. Il n'est pas difficile de comprendre que ce genre de croyances conduisent les individus à se refermer sur eux-mêmes.

Un autre scénario courant dans l'enfance des retardataires qui évitent l'intimité est celui de l'enfant qui a été utilisé pour servir les intérêts de quelqu'un et à qui on n'a pas permis de s'épanouir normalement. Cette expérience marque un individu qui, par la suite, se méfiera de son entourage ou repoussera ceux qui essaieront de se lier avec lui de façon un peu trop étroite.

Par exemple, si vous avez dû vous occuper de vos frères et soeurs à la place de votre mère qui travaillait à l'extérieur, était malade ou alcoolique, ou trop occupée pour une raison quelconque, vous êtes peut-être passé à côté des joies et de l'insouciance de l'enfance. Les circonstances vous ont en effet contraint à mûrir de façon précoce. Cette précocité n'a pas que des répercussions négatives: l'enfant acquiert très vite le sens des responsabilités; il aura plus tard le flair d'un leader, saura aider les autres, acceptera les obligations. Mais adulte, il aura peut-être le sentiment que les autres s'attendent à ce qu'il accomplisse des choses dépassant ses capacités et il s'épuisera à tenter de faire l'impossible.

L'obligation dans laquelle vous étiez de donner trop de vous-même peut avoir pris différentes formes: vous jouiez peut-être le rôle de médiateur dans votre famille, ou essayiez de consoler les moins fortunés, ou encore de prendre la place d'une personne disparue ou handicapée. Même si, à ce moment-là, ces rôles vous convenaient parfaitement, l'expérience vous aura également appris qu'il faut y mettre le prix lorsqu'on est dans l'obligation d'assumer des responsabilités. Votre enfance, vos espoirs d'être entouré et vos capacités d'avoir des relations intimes avec autrui ont peut-être été sacrifiés.

Remettre tout au lendemain pour vous protéger des dangers d'être proche d'autrui risque également de vous coûter cher: vous perdez toute occasion d'expérimenter l'intimité et l'engagement vis-à-vis d'autrui. Vous ne pourrez jamais connaître vos limites ni savoir comment les établir avec votre entourage. Vous ne pouvez inventer des moyens efficaces pour modérer les exigences des autres. Vous ne pourrez jamais ressentir le soulagement d'être accepté et aimé tel que vous êtes ni l'assurance de pouvoir tolérer l'intimité sans avoir à vous effacer.

Que vous soyez en proie à la peur de l'isolement ou de l'intimité, la procrastination est votre façon à vous de vous prendre en main, d'ériger des barrières autour de votre zone de confort. Mais ne compter que sur l'accumulation de vos retards pour vous réconforter ne résout pas le problème plus fondamental de votre vulnérabilité personnelle. La procrastination peut vous aider à garder vos distances avec autrui, mais elle ne vous aide pas à forger votre confiance en vous, pas plus qu'à mûrir.

Si vous décidez de vous engager davantage avec les gens, vous découvrirez que tout le monde ne va pas nécessairement vouloir s'appuyer sur vous, ni vous dépouiller de votre énergie. Les autres ne vont pas vous rejeter si vous désirez vous rapprocher d'eux.

Bien sûr, vous aurez inéluctablement à faire face à des confrontations et à des déceptions qui font partie de toutes les relations humaines. Il arrive qu'une personne qui a peur de l'intimité s'attache à quelqu'un qui a peur de l'isolement; la première, se sentant envahie, va se retirer tandis que la seconde, se sentant abandonnée, essaiera de s'accrocher; si bien que l'une et l'autre verront leurs craintes se transformer en réalité. Il est important de s'attaquer directement à son problème de vulnérabilité de façon à apprendre à résoudre les différends, à surmonter les contrariétés et les déceptions et à entretenir malgré tout des relations satisfaisantes.

Vous découvrirez sans doute qu'il est possible d'être à la fois dépendant et indépendant dans une relation — en fait, il est essentiel d'être les deux à la fois. Ce qui est rassurant dans une relation saine, c'est qu'elle vous offre un havre de sécurité et de réconfort. Une telle relation est enrichissante car elle permet à tout être humain — ainsi qu'à ceux qui l'entourent — de s'affirmer en tant qu'individu. Une bonne relation exige un équilibre.

Chapitre 5

Comment on devient un retardataire

Dans les trois chapitres précédents, nous avons vu comment la procrastination permet de protéger son estime de soi, si vulnérable lorsque nous sommes confrontés aux jugements et à la domination d'autrui, à l'intimité ou aux distances que l'on établit avec les autres. Nous avons tous, à un moment donné, été évalués — que ce soit au niveau de nos compétences professionnelles ou de notre personnalité; nous avons connu des périodes où nous avons dû subir l'emprise d'un supérieur ou d'une personne qui avait sur nous un certain pouvoir; nous avons également vécu, contre notre gré, des moments de solitude ou d'intimité. Et, comme nous l'avons suggéré, c'est souvent la peur de ces situations qui nous amène à tout remettre au lendemain.

Pourtant, ces peurs ne sont pas le simple fruit du hasard. Elles sont déclenchées par des facteurs particuliers, par des personnes spécifiques ou encore par certaines convictions. La plupart de vos peurs ont probablement pris racine quelque part au cours de votre enfance et continuent à influencer vos perceptions et vos réactions, et à entretenir votre mauvaise habitude de tout remettre au lendemain. Nous allons maintenant étudier les questions suivantes: Comment avez-vous été amené à mesurer votre valeur personnelle en fonction du jugement des autres? ou comment résistez-vous au contrôle et à l'emprise d'autrui? Qu'est-ce qui vous a poussé à accumuler régulièrement des retards pour vous protéger? Quelles situations ont provoqué les difficultés que vous éprouvez actuellement à réaliser les choses qui sont importantes pour vous?

Les modèles de réussite et d'échec

Pour trouver des réponses à ces questions, on peut commencer par se pencher sur les personnes qui ont eu une influence sur vous dans votre enfance; vos parents, vos enseignants, vos voisins, vos frères et soeurs, les auteurs que vous avez lus et les personnes dont vous avez entendu parler ont tous eu, à divers degrés, un impact sur votre personnalité. Ils ont peut-être représenté pour vous des modèles à suivre, comme le jeune garçon qui veut être garagiste «comme son papa» ou la fillette qui, à huit ans, décide d'être maîtresse d'école «comme madame Benoit», son institutrice.

Il existe aussi des personnes qui ont été pour vous des modèles à *ne pas* suivre. Avoir grandi avec un parent totalement désorganisé et inefficace pourra déterminer un enfant à ne jamais suivre son exemple. Ou, au contraire, le modèle d'un parent super organisé, faisant passer le travail avant toute chose — y compris sa famille — amènera l'enfant à se jurer de ne jamais faire passer les gens après le travail.

Arrêtez-vous quelques intants et essayez de vous rappeler quelles personnes ont été des modèles pour vous, en particulier vos modèles de réussite. En quoi symbolisaient-elles pour vous la réussite? Quel genre de personnes était-ce? Comment étaient-elles perçues par leur entourage? Comment se comportaient-elles? Quelle attitude avaient-elles envers vous?

Maintenant, pensez aux personnes qui, dans votre enfance, ont été des modèles d'échec. Était-ce des individus que tout le monde considérait comme des «perdants»? En quoi reflétaient-ils à votre avis cette image de «perdants»?

Qui étaient les retardataires?

Examinez comment ces divers modèles vous ont affecté. Il se peut que vous ayez fait tout votre possible pour ressembler aux plus brillants d'entre eux, en vous efforçant de vivre comme ils l'ont fait. Ou avez-vous, au contraire, renoncé dès le départ à tout espoir de réussir aussi bien qu'eux, vous sentant voué à l'échec comme vos modèles de perdants? Ou encore, vous avez peut-être décidé de ne jamais égaler l'un de vos modèles et vous vous êtes démené pour être tout ce qu'il ou elle n'était pas. Si cela peut vous aider, vous pouvez dresser une liste de vos modèles en indiquant vos commentaires sur chacun d'eux et la façon dont ils ont, à votre avis, eu une influence sur vous et votre habitude de tout remettre au lendemain.

Voici quelques exemples de modèles qui nous ont été décrits par des retardataires. Un homme se souvenait avoir toujours été impressionné et intimidé par son père, un drogué du travail qui avait brillamment réussi dans la vie après s'être débattu pour sortir de la pauvreté — réussite qui fut couronnée par l'obtention d'un prix scientifique. Il travaillait vingt-quatre heures par jour, sans interruption, et allait même jusqu'à lire des revues scientifiques dans les toilettes pour ne pas perdre de temps. «Si vous ne réalisez pas quelque chose d'important, affirmait ce père modèle, vous êtes un parasite.» Pour le jeune enfant, son père représentait la quintessence de la réussite. En grandissant, il faisait tout son possible pour lui ressembler. Ayant été favorisé dès le départ par rapport à son père, il pensait devoir surpasser ce dernier dans ses réalisations. Faire des choses simplement pour le plaisir lui semblait une perte de temps. Il considérait qu'il n'avait pas le droit de commettre d'erreurs. Pas étonnant qu'il vécût aussi souvent des inhibitions qui paralysaient ses tentatives.

Une autre retardataire, gérante de restaurant, qui, en affaires, courait toujours à la ruine, considérait que toutes les femmes de sa famille — sa mère, ses grands-mères et ses tantes — n'avaient jamais rien fait de leurs vies. Pour reprendre ses propos, «elles étaient tout juste bonnes à rester à la maison», se contentant de vivre pendant toutes ces années pour leur mari et leurs enfants. À ses yeux, ces femmes étaient des ratées. Elle était déterminée, pour sa part, à embrasser une vraie carrière. Pourtant, elle eut peur tout à coup de perdre le soutien de ses proches, lorsque ses affaires commencèrent à prendre forme et qu'elle dut par la force des choses s'éloigner de sa famille. Sa procrastination l'empêchait de prospérer et, parallèlement, de ne pas devenir un «outsider» dans sa propre famille.

Et puis, il y a cet agent d'assurances qui travaillait d'arrache-pied un jour ou deux et ne faisait plus rien le reste de la semaine. Son modèle de travail était sa mère divorcée qui avait dû occuper trois emplois à la fois pour subvenir à ses besoins et à ceux de ses quatre enfants. Elle était tellement occupée qu'elle ne les voyait que rarement et, lorsque cela lui arrivait, elle était toujours pressée, trop occupée et surtout trop fatiguée. Finalement les pressions étaient telles qu'elle fit une dépression nerveuse. Déterminé à ne pas «finir» comme sa mère, cet homme prenait toujours quelques jours de relâche pour «se remettre» de ses dures journées de labeur.

Voici un dernier exemple de retardataire: celui d'une femme qui avait été fortement influencée par deux de ses enseignantes au cours élémentaire. L'une d'entre elles était un modèle d'efficacité. Chaque jour, elle présentait le plan du sujet qu'elle allait traiter. Et, invariablement, elle en couvrait la totalité comme elle l'avait annoncé. Et l'élève qu'elle était la percevait comme une femme dépourvue d'humour, peu ouverte et froide. En revanche, l'autre enseignante était totalement désorganisée et constamment en retard pour remettre les travaux, mais, par contre, elle était très vivante et aimait plaisanter avec ses élèves. Pour cette jeune enfant, le manque d'organisation et les retards lui paraissaient un modèle plus attrayant que celui de l'efficacité.

De toute évidence, les décisions que nous prenons pour ressembler ou ne pas ressembler à des personnes que nous avons connues ne servent pas toujours nos intérêts. Si vous pensez qu'il est important d'avoir le sens de l'humour et de savoir profiter de la vie et que la seule personne de vos connaissances qui avait ces qualités était toujours en retard, vous en avez tout simplement conclu qu'il faut être un retardataire pour profiter de la vie. Ou peut-être en avez-vous déduit que la seule façon de réussir était d'être *exactement* comme votre modèle de réussite, à tous points de vue. Donc, vous en avez conclu que, vous aussi, vous deviez travailler vingt-quatre heures sur vingt-quatre et lire des revues scientifiques dans les toilettes. En tant qu'adulte, il est plus facile de regarder en arrière et de s'apervevoir que chaque modèle avait des points négatifs et positifs et qu'il est possible de choisir les éléments que l'on désire incorporer à sa vie.

Le cadre familial: milieu de formation idéal du retardataire

Comme toutes les familles, celle du retardataire transmet une série de valeurs, d'attitudes et de croyances à ses enfants, et ce dès leur plus jeune âge. On vous a probablement enseigné des idées ou des règles de base sur la façon dont fonctionne le monde, sur les rapports entre les individus, sur le bien et le mal, sur ce qui ne comporte pas de risques ou sur ce qui est dangereux, sur la façon de traiter un conflit, de négocier ou de prendre des décisions. Vous avez peut-être accepté ces notions sans poser de questions, présumant qu'elles s'appliquaient à tout un chacun. Ou, au contraire, vous vous êtes rebellé contre ces règles ou valeurs adoptées par votre famille, que cette dernière l'approuve ou non.

La plupart d'entre nous se battent toute leur vie pour différencier leurs propres valeurs de celles qui leur ont été inculquées par leurs parents. En réalité, l'influence de la famille est si profonde que même adultes, elle nous affecte sans que nous en soyons conscients. C'est un peu comme si nous étions tellement habitués à regarder les choses d'un seul point de vue que nous en oublions qu'il en existe d'*autres*. Un retardataire fut un jour consterné d'entendre son supérieur interpeller une de ses collègues et lui dire: «Marie, vous avez commis une erreur.» «Eh bien, répondit celle-ci, de quoi s'agit-il?» Ce retardataire s'attendait à ce qu'elle réagisse différemment, qu'elle se défende ou qu'elle fonde en larmes. Après avoir parlé de l'incident avec l'intéressée, ce retardataire comprit que celle-ci était convaincue qu'il y a toujours une leçon à tirer de ses erreurs. Il ne lui était jamais venu à l'esprit qu'une erreur pouvait être autre chose qu'une invitation à la critique.

Lorsque les présomptions et les règles apprises dans le cadre familial régissent *automatiquement* nos pensées, nos sentiments et nos comportements, nous pouvons nous attendre à éprouver des difficultés, en particulier s'il s'agit de règles rigides qui nous empêchent de devenir des individus compétents et créateurs. Cela revient en quelque sorte à ingurgiter tout ce que l'on vous sert dans l'assiette sans jamais tenir compte de vos goûts, de vos besoins alimentaires ni même de votre appétit. Vous vous contentez d'ouvrir la bouche et d'avaler.

Il est important d'examiner tout l'éventail d'idées, de règles et d'attentes qui vous ont été inculquées par les personnes qui ont joué un rôle majeur dans votre vie. Certaines d'entre elles, enseignées par vos parents ou un membre de votre famille, ont toujours été et resteront fondamentales pour vous. D'autres sont au contraire encombrantes. Mais rappelez-vous que même les règles qui semblent gravées dans la pierre ne sont que des points de vue parmi d'autres. Vous pouvez les modifier en fonction de vos aspirations.

Parmi les attentes et les croyances qui nous ont accompagnés tout au long de notre enfance et de notre adolescence, nous avons retenu différents messages sur ce que nous étions, ce dont nous étions capables et ce que l'on attendait de nous. Nous avons reçu de notre entourage des messages auxquels, avec le temps, nous avons fini par nous identifier. En fin de compte, certains de ces messages ont peut-être joué un rôle dans notre mauvaise habitude de tout remettre au lendemain.

Étudions quelques-uns de ces messages, ceux par exemple reçus des membres de votre famille — parents, frères et soeurs ou autres. Pensez en particulier à la nature différente de ces messages: ceux perçus comme des *pressions* pour réussir, ceux qui semblaient exprimer des *doutes* quant à vos chances de réussite et enfin, ceux qui vous *encourageaient*, quelles que soient vos chances de réussite ou d'échec.

Vous jugerez peut-être utile de noter chacun de ces messages par catégorie ainsi que le nom de la personne qui vous l'a transmis. Si le message était implicite, essayez de vous souvenir de ce que l'on voulait vous communiquer. Certains vous auront peut-être transmis des messages contradictoires en apparence; vous les inscrirez dans plusieurs catégories.

Voici quelques exemples de messages entendus par les retardataires:

Les pressions pour réussir

La mère:	Je *sais* que tu réussiras, tu es capable de faire *n'importe quoi.*
Le père:	Si ce n'est pas bien fait, ce n'est pas la peine de le faire.
Le père:	J'ai toujours voulu un fils qui suive ma voie.
Le grand-père:	Le plus important est d'arriver en tête de peloton.
Le père:	Une erreur reflète un manque d'organisation dans les idées.
La mère:	Tu ne devrais avoir aucun problème. Tu es né avec des dons.
Le père:	Avec ta vivacité, tu devrais obtenir les premières places.
La mère:	Tu es un enfant tellement adorable, je ne pourrais pas me passer de toi.
La soeur:	Tu es si jolie que tu ne passeras jamais un samedi soir sans une charmante compagnie.

Les doutes sur votre réussite

Le père:	Tu dois simplement te préoccuper de trouver un bon mari.
La mère:	Tu n'es qu'une bonne à rien.
Le père:	À quoi ça va te servir d'aller étudier au collège?
La mère:	Si tu m'avais écoutée dès le départ, tu n'en serais pas arrivé là.
Le père:	Je me suis fait des illusions sur toi. J'aurais dû être plus réaliste.
La mère:	Pourquoi ne te prends-tu donc pas en main?
Le père:	Je suis bon père. Je sais ce qui est bon pour toi.

Le frère:	Tu es toujours en queue de peloton.
La mère:	Au moins, tu es une jolie fille, c'est toujours ça.

Soutien de base

Le grand-père:	Quoi qu'il arrive, nous serons toujours là pour t'aider.
La grand-mère:	Rappelle-toi que je t'aime quoi que tu fasses.
Le père:	Ce n'est pas ce que je ferais mais j'espère que ça va marcher pour toi.
La mère:	Tu dois vivre ta vie comme tu l'entends.
Le père:	Ne t'en fais pas, tout le monde fait des erreurs. C'est humain.
La mère:	Tu es assez vieille pour prendre tes propres décisions.

Examinez un peu cette liste de voix intérieures et observez la façon dont elles vous affectent. En particulier, en quoi influencent-elles votre habitude de tout remettre au lendemain? Par exemple, lorsque vous vous attaquez à une tâche difficile, entendez-vous la voix de votre père qui vous dit: «Si tu n'as pas l'intention de *bien le faire*, ce n'est pas la peine de le faire»? Ou lorsque vous vous lancez dans quelque chose de tout à fait nouveau, entendez-vous votre mère qui vous met en garde: «Fais attention. Tu n'es pas prête à te prendre en main»? Votre réaction à ces rappels est sans doute de vous démoraliser et d'éprouver des doutes quant à vos capacités, et vous finissez par remettre la tâche à plus tard.

Même si vous êtes enthousiaste au début, bon nombre des messages transmis par votre famille peuvent vous empêcher de persévérer. Comment pouvez-vous réagir à ces messages décourageants? Lorsqu'une voix intérieure vous dit: «Si ce n'est pas *bien fait*, ce n'est pas la peine de le faire», vous pouvez répondre: «Ce n'est pas vrai. Ça vaut la peine d'essayer.» Ou si vous entendez: «Attention, tu n'es pas prêt», vous pouvez vous prendre en main et vous dire: «Ce n'est pas si grave si je ne sais pas exactement où je vais, mais cela vaut tout de même la peine d'essayer.»

Ce qui est important à ce stade est de savoir distinguer votre propre image de celle que vous avez adoptée sous l'influence des autres. Vous n'êtes pas obligé de prendre pour «parole d'évangile» tout ce que les autres claironnent sur vos capacités de réussite ni de vivre en fonction de ces opinions. Plus vous serez conscient des origines de ces «conseils», plus il vous sera facile de vous débarrasser de leur influence, du moins partiellement.

Au cours des entretiens que nous avons eus avec bon nombre de retardataires, nous avons relevé cinq principaux types d'attitudes propres à la famille qui revenaient fréquemment: la tyrannie, le scepticisme, la domination, la possession et le maintien des distances. Ces cinq types d'attitudes sont présents dans toutes les familles. Cependant, chacune d'entre elles établit sa propre combinaison de méthodes pour encourager ses membres à s'affirmer, faire respecter les limites de chacun, établir des règles et les faire appliquer, assurer la solidarité entre chacun et laisser chacun suivre sa propre voie. Dans votre famille, l'une de ces attitudes domine vraisemblablement les autres. Dans certaines familles, par exemple, chacun est tenu de respecter une certaine norme de réussite tandis que dans d'autres, le plus important est de démontrer sa loyauté envers son entourage. Quelquefois, l'un de ces principes jettera la discorde tandis que d'autres ne causeront aucun problème. En observant comment ces cinq types d'attitude se manifestent dans votre famille, vous aurez vraisemblablement une meilleure idée de la façon dont se sont développées votre estime de vous-même et votre tendance à tout remettre au lendemain.

La famille tyrannique

Dans une famille tyrannique, les exigences de réussite sont très fortes. Ne pas viser le sommet est considéré comme un signe de médiocrité. Les adultes de la famille peuvent être des personnes qui réussissent, qui sont par exemple des professionnels reconnus, qui gagnent beaucoup d'argent ou ont une personnalité exceptionnelle. Il peut s'agir d'une famille très respectée dans la localité, dont le nom jouit d'une certaine notoriété. Il peut s'agir, au contraire, de parents qui n'ont pas réussi aussi bien qu'ils l'auraient souhaité dans la vie et qui reportent tous leurs espoirs sur leurs enfants.

Joël nous racontait un incident, qui se présente assez fréquemment dans les milieux familiaux exerçant des pressions sur les enfants. Alors qu'il avait à peine dix ou onze ans, il se souvient qu'un soir, à la table familiale, après qu'il eut terminé second à une compétition de natation disputée l'après-midi même, son père, un perfectionniste, lui lança sur un ton de reproche: «Terminer second est une véritable disgrâce! Mieux vaut s'abstenir si l'on ne termine pas premier. Est-ce que tu veux passer ta vie à être Monsieur tout le monde?» Lorsqu'un autre jour, Joël rapporta un bulletin de notes avec un «C», son père lui déclara: «Obtenir un «C» n'est pas digne de mon fils. Il va falloir faire mieux que cela!»

Dans ce type de famille, les normes de réussite sont si élevées que, la plupart du temps, l'enfant n'est jamais complimenté, ses parents tenant ces bons résultats pour acquis. Après avoir fait une fausse note au cours d'un récital, vous vous êtes peut-être entendu dire: «Comment peux-tu avoir fait une telle gaffe?» Ou, si vous avez un jour ramené un bulletin de notes rempli de A et d'un seul B, on vous aura peut-être lancé: «Qu'est-ce que ce B vient faire ici?» Même émis sur le ton de la plaisanterie, ces remarques peuvent décourager un enfant, en particulier si elles reviennent régulièrement. Il n'est pas surprenant dans ces conditions que l'enfant accorde une importance démesurée au fait d'obtenir d'excellents résultats. La perfection semble la seule chose qui soit appréciée dans son milieu.

La pression peut se manifester sous une forme toute différente. Ne vous a-t-on jamais dit: «Je sais que tu es capable de faire *n'importe quoi*!» Est-ce que vos parents se sont quelquefois vantés devant leurs amis («Cet enfant est un génie. Il sera admis dans n'importe quelle université!»)? Certaines familles exercent des pressions sur l'enfant en se montrant trop confiantes envers ses capacités, le complimentant à tout bout de champ. Si vos parents célébraient chacune de vos réalisations les plus banales comme s'il s'agissait de l'événement du siècle, vous savez combien des compliments non justifiés peuvent embarrasser un enfant qui se sent alors confus, fraudeur et finalement incompétent. C'est un peu comme si ses capacités réelles ne suffisaient pas en soi et devaient être injustement mises sur un piédestal pour qu'on les remarque.

Des résultats moyens peuvent provoquer aussi une réaction du genre: «Ce professeur est vraiment stupide d'enseigner une matière trop difficile pour les enfants» ou «Ces jurés ne savent pas ce qu'ils font. Tu aurais dû naturellement terminer premier!» De tels propos ne font que blâmer des tiers pour les résultats moyens de l'enfant et laissent croire que ce dernier aurait pu obtenir d'excellents résultats si des facteurs indépendants de sa volonté n'étaient pas venus le contrer.

Que vous ayez grandi dans une famille où tout ce que vous faisiez n'était jamais assez bien ou, au contraire, toujours remarquable, il vous était certainement difficile d'évaluer vos capacités et vos réelles limites. Vos points forts, à moins d'être exceptionnels, n'étaient jamais reconnus à leur juste valeur; vos limites étaient considérées comme inacceptables.

Parfois l'enfant entend deux sons de cloche: d'un côté, rien de ce qu'il fait n'est assez bien pour un parent mais est toujours considéré comme exceptionnel par l'autre. Tiraillé entre deux directions opposées, il aura peut-être choisi de tout remettre au lendemain pour échapper au choc de ces deux points de vue contradictoires. De cette façon, il n'a à prendre parti ni pour l'un ni pour l'autre.

Vos frères et soeurs ont peut-être renforcé cette pression. Si l'un d'entre eux était «parfait» — intelligent, beau, talentueux, courtois —, vous vous êtes sans doute senti obligé d'être à la hauteur. Et si vous vous êtes senti incapable de suivre sa voie, il vous a sans doute paru plus facile de ne pas essayer.

Si, au contraire, aucun de ses frères et soeurs n'a voulu ou pu combler les attentes de ses parents, l'enfant peut considérer la nécessité d'être exceptionnel comme une obligation. Il sait qu'il est le dernier espoir de réussite de sa famille, et cette responsabilité sera pour lui un lourd fardeau à porter. Un étudiant de première année de médecine se sentait angoissé au point de fondre en larmes à l'idée de subir un échec, car il sentait qu'il ne *pouvait pas se permettre* d'échouer. Il *devait* impérativement réussir ses études, car son père voulait désespérément que l'un de ses fils soit médecin, et ses trois frères aînés avaient tous embrassé des carrières différentes. Bien qu'il détestât la chimie et ne fît jamais ses travaux, il tenait absolument à ne pas décevoir son père dont les grandes attentes le paralysaient.

De telles pressions prennent quelquefois une ampleur qui dépasse le cadre familial. Ainsi, un Haïtien très brillant était le premier de son village à obtenir un diplôme universitaire de premier cycle. Tous les habitants de la commune avaient suivi avec intérêt son cheminement du collège à l'université. Lorsqu'il revenait en vacances chez ses parents, tout le monde le félicitait pour ses bons résultats, considérant sa réussite comme un véritable triomphe, tant pour la localité que pour la nation haïtienne tout entière. Le jeune homme perçut cette popularité non seulement comme un honneur mais également comme une lourde responsabilité qu'il n'était pas sûr de pouvoir assumer. Il avait la sensation d'être le représentant de la culture haïtienne dans tout son ensemble et, doutant de ses capacités de porter un tel fardeau, il travaillait d'arrache-pied à la rédaction de sa thèse de doctorat, sans jamais être satisfait de ce qu'il faisait.

Quelle que fût la nature des pressions exercées par votre famille, on a sûrement accordé davantage d'importance à ce que vous faisiez qu'à ce que vous étiez — et il en est peut-être toujours ainsi. Vous avez été marqué par les exigences de réussite que l'on faisait planer sur vous, et par l'angoisse permanente de décevoir et d'être rejeté si vous n'arriviez pas à être à la hauteur de ces exigences. Si la réussite a toujours été une condition *sine qua non* pour être accepté par votre famille, vous avez sans doute jugé qu'il était plus prudent de tout remettre au lendemain afin de ne pas risquer de décevoir qui que ce soit, en particulier si vous présumiez que le reste de l'humanité fonctionnait de la même façon, exigeant constamment de vous l'impossible. Vous avez sans doute tôt fait d'oublier que la plupart des gens pourraient vous accepter, tel que vous êtes, avec vos limites.

La famille sceptique

Contrairement à la famille tyrannique qui pousse l'enfant à réussir à tout prix, les doutes émis par la famille sceptique traduisent l'incertitude et le manque de confiance quant aux capacités de réussite de l'enfant. Ces doutes peuvent être exprimés ouvertement ou indirectement, avec force ou subtilement, mais ils montrent dans tous les cas que l'on attend peu, voire rien, de l'enfant.

Ces doutes sur ses capacités peuvent naturellement être exprimés de façons multiples. On le comparera par exemple à son frère ou sa soeur qui obtient toujours d'excellents résultats scolaires. «Ton frère a hérité de l'intelligence de ton père, et toi, de la beauté de ta mère»; voilà une remarque classique qui laisse entendre à l'enfant qu'il est dénué d'intelligence. Cela sous-entend également que dans une famille, seul un enfant peut hériter de cette qualité. Un retardataire se souvenait de la réaction de surprise de son père lorsqu'il obtint la meilleure note de la classe pour un examen de mathématiques. «Ce sera amusant de te voir finalement devenir la «grosse tête» de la famille», marmonna-t-il.

Les doutes peuvent également être exprimés par des commentaires visant à juger, à rabaisser ouvertement les actions de l'enfant ou même à les ridiculiser. Un de vos parents vous a peut-être dit un jour: «De quoi peux-tu te vanter? Ce n'est qu'une partie de baseball». Ou bien: «Celui avec qui tu as effectué ces travaux de laboratoire doit être doué pour que vous ayez obtenu un A.» Ou encore: «Ce n'est pas la peine de t'obstiner; tu devrais te contenter d'apprendre à taper à la machine, d'obtenir un emploi, de te marier et de faire une croix sur tout le reste.» L'adolescent ou l'adolescente qui entend ce genre de remarques à longueur d'année finit par douter de ses capacités et par reporter à plus tard tout ce qui peut ressembler à un test, que ce soit une tâche quotidienne ou un exercice particulier.

Le manque d'intérêt d'un parent vis-à-vis de son enfant peut être ressenti par ce dernier comme un doute sur ses capacités. Si vous étiez, par exemple, goal dans une équipe locale de hand-ball et que votre père n'ait jamais pris la peine d'assister à une compétition, ou si un jour vous êtes rentré à la maison fier d'avoir décroché un «A» à un examen pour lequel vous aviez beaucoup étudié et que votre père, absorbé par la lecture de son journal, n'y prêta pas la moindre attention; ou encore, si votre famille n'a jamais accordé d'importance à vos idées émises autour de la table familiale, vous avez sans doute présumé que tout ce que vous pouviez dire ou faire n'avait aucune valeur, que vous n'étiez pas intéressant.

Parfois, les parents ne s'intéressent à leur enfant que lorsque celui-ci réussit dans les domaines qu'eux-mêmes privilégient. Ils le complimentent ou l'encouragent, par exemple, s'il réalise quelque chose dans un domaine qui les intéresse, mais restent, en revanche, indifférents vis-à-vis de ses autres réalisations. Par exemple, si vous adoriez dessiner, mais que les arts n'intéressaient pas du tout votre mère, elle s'est sans doute toujours contentée de jeter par politesse un vague coup d'oeil sur vos travaux. Votre père s'est peut-être toujours montré attentif et prêt à vous aider quand vous partiez à la pêche avec lui, mais il avait l'air de s'ennuyer à mourir dès que vous commenciez à lui parler de votre meilleur ami. Sans le soutien de vos parents, vous avez peut-être douté de vos capacités de participer à une activité quelconque qui ne représentait aucun intérêt pour eux. En doutant de vous-même, vous avez sans doute décidé de laisser de côté les activités que vous aviez peur de ne pas réussir seul.

Les parents qui n'ont pas réussi dans la vie font croire à leurs enfants, même indirectement, qu'ils ne doivent pas espérer une meilleure vie que la leur. Souvent, cela émane du fait que les parents se sentent menacés par les progrès de leurs enfants. Par exemple, les parents qui n'ont pas suivi d'études ne viendront pas à la cérémonie de remise des diplômes de leurs enfants ou s'ils s'y rendent, ils trouveront la moindre occasion pour critiquer. Des parents particulièrement aigris se montreront très critiques lorsque l'enfant commencera à entrevoir un avenir prometteur. «Plus j'essaie de faire quelque chose de ma vie, plus mon père se montre agressif», racontait un homme qui essayait de changer de carrière. «Il n'a jamais aimé son travail et il n'a pas l'air de croire que ce ne sera pas mon cas.»

Les doutes sur vos capacités ont peut-être été engendrés par le rôle qu'on vous avait attribué dans votre famille. Si vous étiez le clown de la maison, vous avez sans doute des difficultés à vous prendre au sérieux. Si les garçons étaient plus respectés que les filles, le fait d'appartenir au «sexe faible» vous fera douter de votre valeur en tant qu'individu. Si on vous a vivement conseillé de suivre la voie de l'oncle Pierre, qui comme vous jouait du piano, mais était également alcoolique et toujours déprimé, vous aurez peur de ne pouvoir échapper au même sort.

Un milieu familial sceptique enseigne à l'enfant que ses tentatives seront probablement toujours rabaissées, ridiculisées ou ignorées. Il sent que personne ne prend son parti, que ce soit pour le féliciter de ses réussites ou pour l'aider à surmonter ses échecs. En fait, sa déconfiture risque d'être saluée par un «Je t'avais prévenu» complaisant. Le message adressé à ces enfants se résume à: «Tu n'es pas à la hauteur.»

Les retardataires élevés dans un milieu sceptique choisissent généralement l'une de ces deux voies. Ils vont adhérer à ces doutes et agir en conséquence; à l'instar de ceux qui fuient les défis et les entreprises inconnues ou importantes, leur premier réflexe sera la crainte exprimée par la pensée: «Je ne peux pas.» Même s'ils s'engagent dans un projet, ils risquent de tout laisser tomber dès la première difficulté. La prophétie qui hante le retardataire se réalise puisqu'il n'agit pas et ses vieux doutes se confirment.

La révolte est la deuxième voie que peuvent choisir les retardataires soucieux de réagir à l'égard d'une famille sceptique. Ils adoptent une attitude de défi, déclarant: «Je vais leur montrer qu'ils ont tort!» Ils mènent un dur combat, décidés à prouver qu'ils peuvent réussir malgré l'incrédulité générale; il arrive d'ailleurs que les résultats qu'ils obtiennent dépassent toutes les espérances familiales. Mais la menace du perfectionnisme plane sur cette catégorie de retardataires. Ce n'est qu'en étant absolument parfaits qu'ils pourront étouffer ces vieux doutes une fois pour toutes, et nous avons vu comment ces pressions sont susceptibles de bloquer la voie aux retardataires qui désirent se corriger.

Que vous ayez battu en retraite ou choisi la bravade, la vraie nature du problème vous échappe peut-être; en d'autres termes, vous êtes tellement convaincu du bien-fondé de ces doutes que vous perdez courage dès qu'il est temps d'entreprendre une tâche nouvelle. Vous vous sentez en sécurité lorsque vous prenez du retard car cela vous permet d'échapper à ce que vous craignez par-dessus tout: apprendre qu'effectivement vous n'êtes pas à la hauteur.

Les retardataires issus de familles où le scepticisme était de rigueur sont portés à croire qu'un échec, majeur ou mineur, confirme la véracité de tous ces doutes et que leur avenir est, par conséquent, sans espoir. Ce qu'ils ont perdu de vue, c'est qu'un échec, ou deux, ou même mille, ne signifie pas qu'une personne soit irrémédiablement incompétente.

La famille dominatrice

Le milieu dominateur est celui où un des parents, ou les deux, fait en sorte de diriger tous les aspects de la vie de l'enfant. Peut-être prend-il toutes les décisions au nom de l'enfant: comment agir, comment s'habiller, quelles activités et quels amis choisir, et lui prodigue-t-il des «conseils» que l'enfant est tenu de suivre. Le parent dominateur tolère mal les tentatives d'autonomie de l'enfant et le freine rapidement dès qu'il manifeste un penchant trop marqué pour l'indépendance.

Différents motifs peuvent pousser les parents à dépasser les bornes de l'utile ou du nécessaire, à dominer outre mesure leur enfant. Certains sont effrayés ou déroutés par leur rôle de parent et ne savent pas toujours à qui s'adresser pour obtenir de l'aide, ni parfois quel secours demander. Déconcertés, ils peuvent choisir d'agir avec leurs enfants comme s'ils connaissaient la solution idéale, masquant de la sorte leurs incertitudes. Mais, en leur for intérieur, ils manquent d'assurance et se sentent menacés dès que leur compétence est remise en question.

Le contrôle et l'autorité que ces parents exercent sur leurs enfants leur donnent souvent l'impression de mieux dominer la situation. Cependant, leur besoin de se rassurer les entraînant à commettre des excès, ils deviennent alors très rigides. Leurs exigences impitoyables ne peuvent qu'entrer en conflit avec la tendance naturelle de l'enfant à se tourner vers l'autonomie et l'individualité.

Dans d'autres cas, certains parents attendent tellement de leurs enfants qu'ils les obligent à se conformer à une image ou à des désirs qu'ils ont eux-mêmes définis. Il peut s'agir d'un rêve que les parents n'ont pu réaliser ou de leur volonté de former un être parfait dont ils pourront s'enorgueillir et qu'ils pourront «montrer» à leur entourage. Quoi qu'il en soit, le problème vient de ce que les parents ne portent aucune attention aux propres désirs de l'enfant. Ils s'efforcent de lui donner une image qui ne lui convient pas forcément.

Dans un troisième cas, certains parents exercent une domination passive sur leurs enfants dans l'espoir de toujours les garder sous leur coupe. Peut-être ont-ils de tout temps désiré s'occuper de quelqu'un, d'un être qui ait besoin d'eux et qui leur confère de l'importance. Et qu'y a-t-il de plus désarmé qu'un petit enfant, qui ne peut survivre sans être pris en charge? Cependant, à mesure que l'enfant se met à ramper, puis à marcher, il devient indépendant et commence à se dégager de la domination de ses parents. Ceux-ci le sentent et il peut s'ensuivre un combat entre les parents qui refuseront chaque nouvelle tentative d'autonomie, chaque transgression aux règlements, qui insisteront pour que l'enfant se conforme à leurs désirs, et l'enfant qui ne pense, lui, qu'à élargir les limites de cette indépendance nouvellement acquise.

C'est souvent au cours de la petite enfance que ce combat se déclare, période où l'enfant est le plus vulnérable. Si son père ou sa mère se met à hurler de façon inconsidérée, l'enfant ne peut se prémunir contre les remarques cruelles et blessantes, la rage et l'hostilité et parfois même la violence physique dont il fait l'objet. En général, ces explosions sont causées par des aspects de la vie parentale qui n'ont rien à voir avec l'enfant; que ce soit à cause d'une pénible journée de travail, de leurs problèmes conjugaux ou de leurs difficultés financières, l'anxiété ou les propres doutes des parents sont quelquefois reportés sur l'enfant qui peut en faire les frais à tout moment, peu importe sa conduite ou ses résultats scolaires.

Certains parents «utilisent» leurs enfants plus subtilement. L'enfant peut devenir la «tête de turc» pour le bon plaisir de ses parents et finit par s'apercevoir qu'ils désirent simplement sa présence pour répondre à leurs besoins, avoir de la compagnie, se vanter auprès de leurs amis ou s'en servir comme bouffon dans une situation délicate. Sa mère, par exemple, peut lui demander d'accomplir une tâche et lui promettre en échange une récompense. Mais, quand l'enfant a presque terminé, elle va tout à coup décider de changer la règle du jeu sans lui demander son avis. Il devra, par exemple, refaire le travail dans les règles de l'art ou exécuter une tâche supplémentaire pour obtenir la récompense promise, ou alors elle lui sera tout simplement retirée. Déçu par la tromperie, et trop effrayé pour protester ouvertement, l'enfant décidera à l'avenir de ralentir le rythme et d'agir à la vitesse de l'escargot.

Si vous avez grandi dans une famille dominatrice, vous avez certainement été peu encouragé à chercher votre indépendance ou à apprendre de votre propre initiative. Lorsque quelqu'un essaie de diriger votre vie, vous n'avez pas d'autre choix que de vous plier à son bon vouloir, en particulier si cette personne pourvoit à vos besions. Vous avez peut-être vécu des déceptions et des restrictions, ou été harcelé ou humilié. Dans un tel environnement, il est dangereux d'être faible, car l'entourage peut exploiter cette faiblesse et même en abuser.

Afin d'exercer un certain contrôle, l'enfant d'une famille dominatrice peut se tourner vers la procrastination, se servant d'elle comme une force de résistance passive. En reportant les choses à plus tard ou en refusant carrément de les exécuter, vous exaspérez une mère dominatrice ou un père exigeant, mettant ainsi un frein à leur emprise. Bien que la procrastination n'ait pas à long terme réellement servi vos intérêts, la résistance passive vous aura permis de répondre aux attaques avec une relative sécurité, lorsque la rebellion ouverte se serait avérée trop dangereuse.

Les retardataires issus de familles extrêmement dominatrices ont souvent des problèmes relationnels. Certains sont incapables de prendre des décisions ou d'agir comme des êtres indépendants.

Bon nombre d'entre eux ont tellement pris l'habitude de jouer un rôle passif dans leur famille qu'ils cherchent des amis ou des amants qui, à l'instar de leurs parents, les domineront. Sécurisés au départ, ils finissent par en vouloir à l'autre de régenter leur existence. La domination qu'ils recherchaient au début les rend par la suite furieux, mais ils sont incapables d'exprimer ouvertement leur colère. Ici encore, la procrastination leur sert de stratégie pour molester l'autre et jouir d'une certaine emprise.

En revanche, les retardataires qui se sont battus pour échapper à la domination bien souvent se méfient fortement des gens et cherchent à conserver à tout prix leur indépendance. Il leur est extrêmement difficile d'établir des liens intimes avec les autres dans la mesure où ils s'imaginent qu'on va inéluctablement chercher à les dominer. Ils sont constamment sur la défensive, ce qu'ils manifestent en remettant tout au lendemain. En repoussant les autres, ils les font fuir.

La famille possessive

Les familles possessives font en sorte que l'enfant reste dépendant même lorsque ce n'est plus nécessaire ni utile. Les enfants ne seront pas encouragés à mûrir ni à quitter la maison familiale pour faire leur vie et fonder leur propre foyer. Au contraire, les parents les mettront en garde contre les dangers qui les attendent au-dehors, ou le mal qu'ils vont faire à ceux qui resteront en s'éloignant d'eux. Dans cette perspective, il leur semblera cruel ou stupide d'essayer de voler de leurs propres ailes.

Dans certaines familles, les parents présument que leurs enfants ont besoin d'être aidés, protégés ou pris en charge, et ce non seulement lorsqu'ils sont jeunes, mais également tout au long de leur adolescence, et même parfois lorsqu'ils sont adultes. Ces parents ne constituent plus un soutien ou une source d'encouragements mais une *source vitale* sans laquelle l'enfant ne peut survivre. Par exemple, un collégien reportera la rédaction de ses travaux jusqu'à la dernière minute pour obtenir l'aide de sa mère. Elle ne se contentera pas de lui donner des conseils, elle lui trouvera le sujet, établira le plan à suivre, puis passera le travail en revue avant de le dactylographier et de le lui remettre «tout prêt sur un plateau». En voulant l'aider, cette mère enlève à l'enfant la possibilité d'apprendre par lui-même et, en fin de compte, il n'apprend qu'à compter sur elle au lieu de s'assumer.

Nous citerons également l'exemple de l'adolescente qui manqua un cours pour aller faire un tour de voiture avec des copains de sa classe. Ils furent tous attrapés et durent se présenter au directeur pour recevoir une sanction. Ils furent tous punis à l'exception de la jeune fille dont le père vint parler au directeur. Elle ne sut jamais comment elle s'en était sortie — son père lui avait simplement dit de ne pas s'en faire, que tout allait s'arranger. C'est un exemple type de la façon dont les parents viennent au secours de leurs enfants, sans que ces derniers subissent les conséquences de leurs actes. Devenue adulte, cette femme reportait les choses à plus tard jusqu'à ce qu'elle soit sur le point d'être prise au piège — elle payait ses factures de téléphone juste avant que sa ligne ne soit coupée; elle ne voyait un médecin que lorsque son rhume s'était transformé en pneumonie; elle prenait enfin le temps de discuter d'un problème avec son mari lorsque ce dernier était sur le point de faire ses valises. Ayant toujours compté sur l'aide de ses parents autrefois, elle espérait toujours s'en sortir sans heurts.

Trop aider un enfant n'est pas un bon service à lui rendre car il finira par se considérer comme un incapable. Au lieu de s'affirmer en tant qu'individu, il ne se sentira pas capable d'exister sans appartenir à un groupe. Ce sentiment d'incapacité peut persister bien longtemps même lorsque la personne est devenue apte à vivre de façon indépendante.

On retrouve une autre forme de possession lorsque les parents s'attendent à ce que l'enfant prenne soin de sa famille. Explicitement ou implicitement, un des parents, malade, déprimé ou désespéré, peut lui laisser entendre: «J'ai besoin de toi, ne me quitte pas.» Il y aura peut-être des tensions dans le couple, et un parent, ou les deux, se tournera vers l'enfant pour trouver soutien et réconfort. Ou bien, l'un des parents lui demandera de s'occuper d'un frère ou d'une soeur en difficulté. L'enfant tient alors le rôle de parent, tout en restant enfant. Les parents dans la nécessité qui, enfants, n'ont jamais bénéficié du soutien d'autrui ou n'ont pas été entourés, s'attendent parfois à obtenir l'appui de leur enfant.

L'enfant vivant de telles situations en déduira que c'est à lui qu'incombe la responsabilité de prendre soin de ses parents ou de ses frères et soeurs. Il sera, par exemple, le premier à servir de médiateur en cas de conflit pour prévenir toute rupture des liens familiaux, toujours prêt à arrondir les angles lorsque le ton montera dans les conversations ou à apaiser l'orage qui pourrait s'ensuivre. Ou bien l'enfant sentira peser si lourd le fardeau des responsabilités qu'il sacrifiera ses propres intérêts; il renoncera à ses rencontres avec ses amis ou à ses activités sociales; il laissera ses travaux scolaires de côté pour participer aux activités familiales, qu'il s'agisse de jouer aux cartes avec sa mère qui doit rester alitée, de s'asseoir pour discuter avec son père qui s'ennuie ou de tenir compagnie à son frère pour que celui-ci ne traîne pas le soir dans les rues. En fin de compte, ces enfants se sentent tellement indispensables qu'ils seront incapables de quitter leur famille. Ou s'ils le font, ils se sentiront coupables ou éprouveront une certaine appréhension. En fait, c'est avec l'approbation tacite de leur famille qu'ils reporteront à plus tard tout ce qui les conduirait à quitter la maison familiale.

Parfois, les liens existant entre les membres d'une famille les excluent du reste du monde. Dans certains milieux, on entretient des notions du genre «*Nous* sommes différents» et des idées inhérentes telles que «Ils ne nous comprennent pas» ou «Ils n'ont pas la même mentalité», «Ils veulent nous faire du mal.» Ainsi, on n'invitera pas des inconnus, et les enfants ne seront pas encouragés à sortir du cercle familial pour se faire des relations. Les «étrangers» seront considérés comme «trop snobs» ou «pas de notre milieu». On n'accordera aucune attention — ou si peu — aux petits amis ou petites amies qui s'aventureront dans le cercle familial. Le sabotage des amis reflète la peur, de la part des parents, de voir se briser les liens familiaux tant chéris.

Une femme ayant l'habitude de reporter à plus tard de nombreuses activités sociales, qu'il s'agisse d'appeler les gens, d'accepter les invitations à dîner, de prendre des cours pour pratiquer ses violons d'Ingres, se rappelait précisément que sa famille recevait rarement des visiteurs. Amener des amis à la maison aurait dérangé le train-train quotidien, et l'idée de recevoir des invités revenait en quelque sorte, pour les membres de sa famille, à s'imposer une pression, étant donné que la vie leur semblait beaucoup plus agréable sans les autres. On passait tous les week-ends et les vacances ensemble et, la plupart du temps, on ne faisait aucune démarche seul, que ce soit l'achat de provisions hebdomadaires ou une simple visite chez le dentiste. En fait, sa famille ne semblait pas vouloir qu'elle rencontre d'autres gens de peur de la voir se détacher du noyau familial. Elle avait trop bien appris la leçon.

Les personnes qui ont vécu dans des familles très possessives ne se rendent généralement pas compte à quel point elles représentent un extrême en matière de liens et d'interdépendance. Elles pensent que le reste de l'humanité fonctionne selon les mêmes principes et s'attendent à ce que les autres leur manifestent le même désir de possession.

À l'instar des enfants issus de familles qui doutent de leurs capacités, les individus issus de familles possessives réagissent souvent à cette emprise de deux manières différentes. Les uns ne couperont jamais le cordon ombilical qui les rattache à leur famille, manquant de confiance en eux ou d'expérience pour vivre de façon indépendante. Ces individus vont reporter à plus tard tout geste qui les amènerait à «couper le cordon», qu'il s'agisse de passer son permis de conduire, de quitter un emploi ou de rompre une relation, de se lancer dans une nouvelle activité qui n'intéresse pas le reste de la famille, ou même d'émettre une opinion différente.

L'autre réaction assez commune est de se battre pour acquérir une certaine autonomie ou de prendre ses distances avec les autres. Si, pour un individu, l'expérience de l'intimité familiale a consisté à se plier aux volontés de la famille, à s'appuyer sur elle ou à s'isoler du reste du monde, il en conclura éventuellement que ces liens sont trop pénibles pour qu'il se risque à les perpétuer. Il prendra donc soin de remettre à plus tard les rencontres qui risqueraient de le rapprocher des gens. Ces individus, hantés par les souvenirs de liens particulièrement étouffants, auront peur de l'intimité.

La famille distante

Il s'agit de familles dont les membres sont incapables d'établir avec leur entourage des liens émotionnels, de manifester leur affection par des gestes, d'accorder leur attention à autrui ou d'être à l'aise sous la protection familiale. L'un des exemples les plus frappants de cette attitude est celui de parents qui vivent en quelque sorte comme s'ils n'avaient pas d'enfants. Leur attitude revient à dire aux enfants: « Va-t-en. Laisse-moi tranquille! », que ce soit exprimé verbalement ou par geste. Pensez à ce père de famille qui rentre à la maison pour rester planté toute la soirée devant la télévision, ignorant le reste de la famille.

Un parent peut exprimer son manque d'intérêt pour l'enfant de diverses façons: être toujours extrêmement occupé ou préférer ses amis, son travail ou ses violons d'Ingres plutôt que de jouer avec son enfant ou de l'écouter. Par exemple, la mère adepte du lèche-vitrines qui emmène avec elle sa fillette de sept ans dans les magasins et qui ne comprend pas pourquoi sa progéniture ne tient plus en place au bout de cinq heures d'expédition dans les salons d'essayage. Ou, les parents en instance de divorce, si préoccupés par leurs problèmes de séparation qu'ils oublient de penser aux répercussions qu'elle a sur l'enfant ou de prêter attention à sa détresse.

De façon plus subtile, il existe certaines familles dans lesquelles tous les membres vivent en harmonie, donnant l'impression d'être une famille « unie », mais qui pourtant ne se connaissent pas les uns les autres. Chacun vit dans son monde à lui, sans jamais partager ses pensées, ses idées ni ses expériences avec le reste de sa famille. Le foyer ressemble à une machine bien huilée — jamais de grincements — mais qui reste imperméable. Les exigences professionnelles passent généralement avant la vie familiale; on y exprime rarement ses sentiments ou même y fait-on à peine allusion; les disputes sont rapidement éteintes à coup de plaisanteries, ou même quelquefois ignorées. Dans ce genre de famille, il semble impossible de communiquer dans une certaine intimité. Dans d'autres familles, les membres restent proches quand tout marche bien, mais prennent leurs distances dès qu'un problème surgit. Quand la tension monte, chacun se retire et se ferme aux autres. Dans une famille distante comme celle-ci, chacun souffre tout seul dans son coin.

Une des conséquences de cette attitude distante qu'adoptent les parents est que les enfants commencent à se demander pourquoi personne n'est proche d'eux ni ne s'intéresse à ce qu'ils font. Ils peuvent finir par en conclure que quelque chose chez eux fait fuir leur entourage. Ils se sentent comme un fardeau, un intrus et pensent que leurs besoins sont indésirables ou intolérables. Ils se rendent rarement compte qu'ils ne sont en rien responsables de l'état des rapports familiaux. Tout comme les enfants croient souvent être la cause des malentendus ou des malheurs qui peuvent surgir, ils se sentent parfois coupables de la distance émotionnelle qui existe entre les membres de leur famille.

Et suivant l'exemple familial, ces enfants se méfieront souvent de l'intimité et passeront cette attitude à la génération suivante, en fondant eux aussi des familles distantes. La leçon qu'ils tirent de tout cela est que lorsqu'ils ont des problèmes, ils doivent garder leurs déceptions et leurs frustrations pour eux-mêmes. Cela les conduira parfois à tout remettre au lendemain, comme, par exemple, la personne qui se débat seule avec un problème, le traînant derrière elle comme un boulet et prenant du retard, sans jamais demander l'aide de personne.

Se sentant totalement désarmé et refusant de demander de l'aide à quiconque, un homme élevé dans une famille distante avait ainsi décidé de rester chez lui chaque fois qu'il n'arrivait pas à accomplir tout son travail au bureau. Enfant, il avait appris à se retirer à la moindre contrariété, attendant de se sentir mieux pour rejoindre les autres. Un incident caractéristique se produisit lorsque, à l'âge de cinq ans, il tomba d'un arbre. Bien qu'il se fût fait très mal à l'épaule, il ne pleura pas. Il ne fit part de l'incident à personne. Il souffrit en silence jusqu'à ce que quelqu'un découvrît, quelques jours plus tard, qu'il était incapable de porter un paquet qu'on venait de lui remettre. Dès l'âge de cinq ans, ce petit garçon avait appris qu'il devait résoudre ses problèmes tout seul.

Parfois, lorsque les enfants ont peur de leurs parents, ils se renferment également. «Chaque fois que mon père rentrait à la maison, se souvient un retardataire, je m'arrangeais toujours pour être dans ma chambre. Dès que j'entendais les pneus de sa voiture crisser sur le gravier de l'allée, je me précipitais dans le couloir et je faisais toujours en sorte que la porte de ma chambre soit refermée dès que j'entendais les pas de mon père dans l'entrée. Si j'avais le malheur de le croiser, il me frappait comme pour me dire «salut.» Devenu adulte, cet homme continuait à se cacher et le fait de tout remettre à plus tard lui permettait de garder ses opinions et ses idées pour lui. À l'instar de bien des enfants malmenés par des parents imprévisibles ou violents faisant peu de cas de leur progéniture, cet homme se sentait mal à l'aise lorsqu'il se faisait remarquer, même pour le motif le plus banal.

Dans l'espoir d'attirer l'attention d'un parent distant, certains enfants vont, par exemple, faire leur possible pour plaire et attirer l'attention de leur entourage. En d'autres termes, l'enfant essaiera d'être parfait, se disant: «Si je fais de *mon mieux*, ils finiront par s'intéresser à moi.» Il tente donc de se montrer plus intelligent, plus séduisant, plus honnête, plus sportif, plus digne. *Son mieux* est défini en fonction de ce qu'il a retenu des valeurs privilégiées par sa famille.

Sous de telles pressions, ces enfants seront vraisemblablement tentés de toujours remettre les choses à plus tard. Nous avons vu le lien existant entre le perfectionnisme et la procrastination: plus vous êtes exigeant envers vous-même, plus vous êtes angoissé de vérifier si vous êtes capable d'atteindre les buts que vous vous êtes fixés.

Si vous vous imposez des objectifs exigeants dans le but de provoquer l'intérêt et l'admiration des autres, le jeu peut sembler effectivement risqué.

Certaines personnes issues de familles distantes réagissent en recherchant des relations intimes. L'expérience de l'isolement a été si douloureuse pour eux qu'ils vont s'efforcer de rester le plus proche possible des gens, au point même de ne jamais s'accorder de répit.

L'influence de la famille sur l'estime de soi

Il n'existe aucun lien *direct* entre le type de milieu dont on est issu et les peurs que l'on éprouve. Un individu issu d'une famille tyrannique n'aura pas forcément peur de l'échec, tout comme celui qui a grandi dans une famille dominatrice ne sera pas automatiquement aux prises avec la peur de perdre une bataille. Les personnes qui ont dû subir de multiples pressions pour réussir peuvent tout autant craindre la réussite que l'échec. Elles auront peut-être peur de l'intimité, pensant que cette dernière leur imposera des pressions, ou peur de l'indépendance car elles ne sont pas sûres d'être suffisamment motivées sans subir des pressions extérieures. Dans chaque famille, on retrouve un amalgame des types d'attitudes que nous avons mentionnés, et l'expérience particulière de chaque individu est influencée par les messages reçus, les personnalités observées et les situations particulières vécues dans sa famille.

Toutefois, le milieu familial, qu'il soit tyrannique, sceptique, dominateur, possessif ou distant, ou bien constitué d'une combinaison de ces caractéristiques, peut avoir des répercussions importantes sur la vie d'un individu devenu adulte et peut contribuer à en faire un retardataire. La répercussion la plus tragique et la plus directement liée aux peurs que nous avons déjà citées est probablement les inhibitions qu'éprouvera l'individu pour développer son estime de soi.

Dans les cinq types de milieu, on retrouve le même manque de soutien fondamental pour l'individu. On encouragera peut-être insuffisamment ou exagérément l'enfant, mais on lui accordera peu d'attention en tant que personne à part entière. L'enfant trop complimenté se prendra pour un «superman» et pensera: «Je suis capable de faire n'importe quoi!» Ses parents ne lui ont jamais appris à surmonter les échecs et à s'imposer des limites réalistes. De son côté, l'enfant envers qui les parents ont été avares de compliments continuera éventuellement à croire qu'il n'est qu'un incapable, tout juste bon à essuyer des échecs et pensera: «Je ne suis qu'un bon à rien.» Lorsque des parents se contentent ou font en sorte de ne privilégier que la réussite, en laissant toutes les autres valeurs de côté, l'enfant est incapable de se forger une image globale de lui-même. Le sens de l'humour, l'aptitude à se faire des amis et à les garder, la recherche de passe-temps intéressants et le développement de talents créateurs, la capacité de s'affirmer, voilà quelques-unes des qualités humaines dont on fait peu de cas dans bon nombre de familles de retardataires.

Le manque d'apppui de la part de son milieu empêche l'enfant de prendre de l'assurance et de s'affirmer, et le rend au contraire plus vulnérable et plus enclin à l'anxiété. Les problèmes familiaux peuvent pousser l'enfant à croire que le monde extérieur est composé de multiples dangers. Au lieu de considérer la vie comme une expérience merveilleuse et enrichissante, l'enfant aura peur de faire le grand saut, pensant que c'est trop difficile pour lui ou qu'il n'est pas à la hauteur.

Toutes les expériences familiales inculquent certaines idées à l'enfant sur la façon d'être aimé. Ainsi, les membres de certaines familles devront prendre soin des autres pour bénéficier de leur affection et être aimés. Dans d'autres familles, le même comportement sera considéré comme un geste d'ingérence ou une insulte; ici, l'amour est le tribut de ceux qui se prennent en charge et laissent les autres tranquilles.

L'enfant conclura probablement que, pour être aimé, il faut remplir certaines conditions spécifiques. Dans son esprit, il présumera que pour bénéficier de l'amour d'autrui, il devra:

- être un enfant parfait;
- ne pas menacer autrui en réussissant;
- suivre les règles des adultes;
- prendre soin des autres;
- ne pas trop exiger des adultes.

Ce passeport pour l'amour offre peu de latitude à l'individu pour bâtir sa propre estime de soi. L'enfant qui ne dispose que de cette base précaire pour s'affirmer risque, dans sa vie adulte, de ne parvenir au bonheur qu'en remplissant toutes ces conditions.

Cet adulte pensera par exemple: «Je ne me sens bien que si...

- je suis parfait;
- je ne me fais pas trop remarquer;
- je ne laisse personne me manipuler;
- je suis détaché de tout le monde.»

Malgré tout, dans la réalité, personne ne peut être réellement parfait, ni protéger tout le monde des dangers, ni être fort dans toutes les situations, ni même être complètement détaché de son entourage. Devenir retardataire permet seulement de conserver l'illusion que ces conditions *peuvent* être respectées et qu'une fois qu'elles le sont, l'amour et la confiance en soi sont à la portée de la main. Mais on ne développe pas son estime de soi en remplissant des conditions limitées. Cela exige de s'accepter globalement en tant qu'être humain complexe. Cela exige que l'on s'aime soi-même.

En essayant de vous remémorer votre propre expérience familiale, vous mettrez peut-être en lumière les raisons pour lesquelles vous vous êtes mis à accumuler des retards. Même si cela ne s'est produit qu'à l'âge adulte, les racines du phénomène remontent à l'enfance où les sentiments tels que la confiance et l'estime de soi étaient particulièrement vulnérables. Si le fait de tout remettre à plus tard est une stratégie que vous avez mise au point pour affronter certaines des peurs dont nous avons discuté, il est fondamental que vous commenciez par examiner l'évolution de votre vie pour déterminer de quoi vous avez peur et pourquoi.

Chapitre 6

Les perspectives d'un avenir meilleur

Ainsi, la procrastination est un phénomène plus complexe que vous ne le pensiez, n'est-ce pas? Nous avons pu constater qu'elle ne relève pas simplement de la pure paresse ou d'un manque de discipline et d'organisation. Toutefois, ce comportement s'analyse: ce n'est pas un pur fruit du hasard. Différents facteurs vous portent à tout remettre au lendemain; nous en avons déjà examiné un certain nombre dans les quatre chapitres précédents.

D'une certaine façon, ce comportement vous a été bénéfique. Il vous a évité d'affronter certaines vérités désagréables sur vous-même et sur votre mode de vie. Vous avez pu, grâce à lui, composer avec des émotions déplaisantes et parfois même menaçantes. Il vous a fourni un prétexte pour ne pas agir. Mais, nonobstant ses causes et le «réconfort» que vous avez pu en tirer, ce comportement n'a pas été sans conséquences.

Voyez ce qu'il vous en a coûté. Vous avez limité vos efforts, que ce soit au travail ou à l'école. Vous avez fui les risques et vous ignorez l'étendue de vos capacités. Jamais vous n'avez donné libre cours à vos idées et à vos sentiments. Vous avez toujours respecté le cadre de votre identité, définie a priori. Sans parler du rendement professionnel minimisé, des relations brisées, ainsi que du manque de confiance en soi, de l'anxiété, du ressentiment, de la culpabilité ou du désespoir ressentis. Qu'adviendrait-il si vous abandonniez ce comportement pour regarder vos peurs en face? Vous êtes imparfait, et puis après? En quoi est-ce si menaçant de réussir, de découvrir vos limites? Risquez-vous vraiment d'être mis au pied du mur si vous prenez des engagements ou donnez votre opinion? Votre individualité ne s'affacera pas du simple fait de respecter un échéancier fixé par d'autres. Vous pouvez dès maintenant tenter de modifier votre comportement, en dépit de vos craintes. Dans la section suivante, nous vous présenterons des techniques bien précises pour vous aider à prendre un bon départ.

Les dangers de l'amélioration*

Ceux que l'habitude de prendre du retard a frustrés et rendus insatisfaits se réjouissent à l'idée d'accumuler moins de retards à l'avenir et de devenir plus productifs. Vous vous attendez peut-être même à une amélioration profonde de votre existence. Bon nombre s'imaginent trouver le temps de faire tout ce qui leur plaît et atteindre la sérénité et la liberté qui leur ont toujours échappé. Plus ils réaliseront leurs projets, plus ils réussiront, et plus de nouvelles occasions de réussir s'ouvriront à eux, pensent-ils. En se reprenant en main, ils espèrent gagner une plus grande confiance en eux, échapper au stress, enrichir leurs relations avec autrui et vivre une vie plus harmonieuse.

Cependant, on oublie parfois que la «guérison» n'est pas sans douleur. En effet, lorsqu'un retardataire se décide enfin à modifier son comportement, les peurs et les craintes qu'il parvenait encore à refouler remonteront certainement à la surface à un moment donné.

Ainsi, s'il advenait, par exemple, que votre rendement professionnel s'améliore sensiblement, vous seriez peut-être promu à un poste plus exigeant, comportant des responsabilités accrues. Vous pourriez alors craindre de perdre pied ou vous sentir gêné de commander d'anciens collègues. Ou encore, imaginons que vous décidiez enfin d'acheter une maison: vous seriez peut-être forcé d'aborder avec votre conjoint des questions délicates jusqu'alors escamotées, qu'il s'agisse du budget à établir ou de la carrière à favoriser en fonction de la ville où vous vous installeriez.

---

* Nous aimerions remercier les membres du Brief Therapy Center, affilié au Mental Research Institute, Palo Alto, Californie, qui sont les auteurs de l'expression «Dangers of Improvement» (les dangers de l'amélioration), notamment Richard Fisch, Paul Watzlawick, John Weakland et Lynn Segal.

Nous vous proposons de réfléchir aux «dangers de l'amélioration», c'est-à-dire aux difficultés pouvant émaner de votre nouvelle attitude. Les gens redoutent parfois des dangers imaginaires. Nous sommes tous tellement habitués à envisager les conséquences positives du changement qu'il nous est difficile de nous en représenter les désagréments.

Demandez-vous: À quelles difficultés ou à quelles situations désagréables aurais-je à faire face si je cessais de tout remettre au lendemain?

Prenez quelques instants pour réfléchir à cette question. Essayez d'imaginer cinq dangers qui surgiraient si vous ne reportiez plus vos projets au lendemain. Laissez aller votre imagination et ne vous censurez pas.

Nous énumérons ci-dessous quelques-uns des dangers mentionnés par d'autres retardataires. Ils sont regroupés par thèmes.

Je risque de perdre mes illusions...

J'aurai une idée plus juste de mes limites, de mes forces et de mes faiblesses.

Je ne pourrai plus me sentir supérieur si je découvre que je suis sur un pied d'égalité avec autrui.

Et si, en donnant le meilleur de moi-même, je découvrais que je suis médiocre?

Je serai peut-être incapable de réaliser certaines de mes aspirations.

Du travail, encore du travail...

Je deviendrai un drogué du travail.

Je me chargerai de responsabilités au point de négliger mes propres besoins.

Je deviendrai froid et distant.

Il fait froid au sommet...

Les gens chercheront à me diminuer, à trouver la petite bête.

Si je montre que je suis très intelligente, les gens penseront que je ne suis pas féminine.

Si je réussis, les gens vont me fuir, je perdrai des amis.

Je ne pourrai plus contrôler ma vie...

Je devrai me plier aux attentes et aux habitudes des autres et

je perdrai mon indépendance.
Je devrai acquérir de nouvelles connaissances et redevenir un débutant. Mieux vaut être un expert.

Mes rapports avec les gens changeront...
J'aimerai la compétition.
Les gens m'en voudront de leur dire «non».
Plus personne ne prendra soin de moi.

La vie sera triste...
Fini l'exaltation de marcher sur la corde raide.
Je manquerai d'inspiration, je deviendrai prévisible et banal.
En m'y prenant à l'avance, tout me paraîtra trop facile, il n'y aura plus de défis à relever.

Je devrai assumer l'entière responsabilité de mes actes...
Je ne pourrai plus reporter la faute sur les gens ou sur les événements; je porterai toute la responsabilité de mes actes ou de mes omissions.
Et si je me retrouvais complètement seul?
Je devrai prendre un tas de décisions délicates et faire des choix quant à mes activités.
Si j'arrête de me comporter ainsi, je devrai constater que les racines du mal sont plus profondes que je ne le croyais.

Je ne serai plus quelqu'un de sympathique...
Le succès me montera peut-être à la tête.
Je deviendrai sentencieux, méprisant ceux qui remettent encore à plus tard.
Je deviendrai ennuyeux, triste et banal.

Peut-être que je n'y ai pas droit...
Je devrai reconnaître mes propres mérites.
Je dois encore me punir de mes mauvaises habitudes.
Je serai deux fois plus déçu si je reprends mes mauvaises habitudes.

Ces «dangers de l'amélioration» laissent entrevoir combien il est difficile d'échapper au cercle vicieux de la procrastination. Si vous modifiez vos habitudes, votre existence sera complètement transformée. Pour le mieux ou, peut-être, pour vous amener sur un terrain inconnu et périlleux. Jusqu'à présent, tout remettre au lendemain vous a semblé être un moindre mal, un refuge en dépit des contraintes et des restrictions que cette attitude vous imposait. Votre nouvelle personnalité vous est inconnue et représente donc un risque. Un des plus grands dangers du changement réside peut-être dans l'obligation de se forger une nouvelle identité.

S'identifier à la procrastination

L'identification à la procrastination varie substantiellement d'un individu à l'autre. Avant de commencer à modifier vos attitudes, nous aimerions voir avec vous de quelle manière vos retards peuvent vous avoir façonné une personnalité ou une identité, à laquelle il vous est difficile de renoncer.

L'amuseur public

Certaines personnes s'accommodent de la procrastination en prenant leur comportement à la légère, puis se bâtissent une identité sur cette attitude. Leurs expériences pénibles se transforment en histoires drôles. Ils amusent leurs amis en racontant leur dernier «malheur», plaisantent lorsqu'ils arrivent avec trois heures de retard à un souper d'amis et se trouvent très drôles de poster leur déclaration de revenus le 30 avril à minuit. Ces comiques comptent tant et si bien sur leurs retards pour alimenter leur humour qu'ils hypothéqueraient sérieusement leur image de marque s'ils se corrigeaient.

Éric régale son entourage avec ses histoires de retardataire chronique. Il a raconté à tous ses amis sa fameuse anecdote où, s'étant décidé à s'acheter un nouveau complet seulement trente minutes avant un entretien avec le directeur général de son entreprise, il avait dû s'enfermer dans la salle de bains de la boutique pour fixer l'ourlet du vêtement avec du ruban adhésif. Ses collègues le taquinent régulièrement, lui faisant remarquer par exemple que toutes les fins de semaine il emporte les mêmes dossiers à la maison. Ses camarades de classe l'avaient surnommé «l'essoufflé». Ses retards lui procurent un rôle à jouer, un sujet de distraction pour son entourage. Comment imaginer la personnalité d'Éric sans ses éternels retards, sans ses courses de dernière minute dont il se sert pour faire rire tout le monde? S'il devait abandonner son rôle de bouffon, il ne sait pas trop bien quelle image émergerait ni si son entourage apprécierait encore sa compagnie.

Le saint

Certains s'occupent de leur entourage afin de donner un sens à leur existence et reportent leurs propres besoins à plus tard. Ils se valorisent de la dépendance des autres envers eux, évitant ainsi de constater qu'ils piétinent sur place. En vous mettant totalement à la disposition des autres, vous n'avez plus le temps de vaquer à vos occupations personnelles. Si vous rapportez du bureau un travail à terminer le soir même et qu'un ami en larmes vous appelle, vous passez deux longues heures au téléphone à le consoler. Lorsque le comité paroissial vous demande d'organiser la soirée d'anniversaire du curé, vous acceptez tout en sachant pertinemment que cela vous obligera à rendre en retard le bilan qu'on vous a chargé d'établir. Tout simplement parce qu'«on a besoin de vous».

Vous êtes peut-être ravi que l'on puisse compter sur vous pour prodiguer conseils, réconfort et secours. Inutile de chercher très loin les récompenses de la serviabilité: les gens vous apprécient, vous sont reconnaissants, ils dépendent de vous. Il n'est pas impossible que votre disponibilité soit telle que vous commenciez à passer pour indispensable, à vos yeux comme aux leurs.

Parce qu'elle paraît tellement justifiée, la serviabilité est une forme de procrastination trompeuse. Chaque fois que vous choisissez de servir autrui plutôt que vous-même, vous posez un geste en apparence désintéressé, généreux et louable. Dans un tel contexte, il vous est très difficile de découvrir votre individualité et vos besoins propres. Votre identité, vos buts ne vous apparaîtront jamais clairement tant que votre rôle sera de répondre avant tout aux besoins d'autrui.

Le touche-à-tout

L'identité de certains retardataires se fonde sur l'immense diversité de leurs intérêts. Ils veulent être au fait de tous les champs de connaissance, de la politique aux beaux-arts en passant par la philosophie, la culture physique et la poterie. Ils refusent de se cantonner à un seul domaine, à un seul passe-temps, à une seule carrière.

Souvent, ces êtres ne réussissent pas à exploiter pleinement leurs talents pourtant considérables. Voulant être experts dans *tous* les domaines, ils ne s'appliquent dans *aucun*. Ils aspirent à incarner l'homme de la Renaissance, mais à force de courir trop de lièvres à la fois, ils n'en attrapent aucun.

Le faiseur de miracles

Il existe un autre type d'individu que l'on admire pour ses prouesses: celui qui se sort toujours des impasses de dernière minute. Au prix d'efforts héroïques, ces gens échappent à l'hécatombe et s'en sortent indemnes; ils respectent une échéance en travaillant pendant trente-six heures d'affilée ou trouvent une idée géniale pour obtenir la prolongation d'un délai. On les qualifie de faiseurs de miracles.

Ils sont souvent les seuls responsables de ces situations impossibles dont ils se sont tirés de justesse, provoquant l'admiration de tous. Le désastre est imminent parce qu'ils ont pris tellement de retard qu'ils se retrouvent au bord du précipice. S'ils s'étaient mis assez tôt à la tâche, ils n'auraient pas eu l'occasion d'accomplir de miracles.

La page blanche

Le fait de tout remettre à plus tard peut vous servir à masquer votre manque de confiance quant à votre identité et vos objectifs. A priori, vous avez encore beaucoup de chemin à faire avant d'atteindre vos buts du fait de votre comportement de retardataire; mais en réalité, vous ignorez peut-être encore la vraie nature de vos priorités. *Quels* sont vos intérêts, vos goûts, vos valeurs, vos besoins et vos objectifs? Même si vous arriviez à modifier votre comportement, cet état d'ignorance pourrait vous empêcher d'exploiter toute nouvelle aptitude qui vous permettrait de progresser.

Si vous n'avez jamais cherché à savoir ce que vous attendez de la vie, ou si vos interrogations sont demeurées sans réponse, vous avez peut-être l'impression de voguer à la dérive. Ce manque d'orientation peut vous prédisposer à la procrastination. Chaque nouvelle affaire qui se présente risque d'intéresser de façon égale ceux qui n'arrivent pas à établir clairement leurs priorités. Le travail inachevé s'accumule tandis qu'ils s'attaquent à une série de nouveaux projets. Si vous ne savez plus où donner de la tête, que votre liste de projets actuelle paraisse sans fin et que la seule vue de votre agenda chargé d'échéances non respectées et de délais trop courts vous rende anxieux, c'est peut-être que vous utilisez toutes ces angoisses pour combler un vide.

Qui se cache derrière le retardataire?

Il existe une grande différence entre paraître dominer la situation et ressentir, en son for intérieur, l'angoisse et la pression du délai bientôt expiré. Plus l'impression que vous donnez et les sentiments qui vous habitent sont contradictoires, plus vous risquez d'avoir la sensation de frauder.

Peu importe que les retards jouent un rôle limité ou important dans votre existence, vous devrez apprendre à mieux vous connaître en dehors de votre procrastination avant de pouvoir vous corriger. Il vous faut d'abord découvrir qui vous êtes indépendamment de ce comportement: identifier vos valeurs, vos intérêts, vos forces et vos faiblesses. À défaut de quoi vous ne pourrez pas apprendre à vous accepter tel que vous êtes ni renoncer à l'image à laquelle vous aimeriez ou pensez devoir ressembler.

Pour déterminer vos valeurs et vos priorités, vous devrez peut-être vous détacher de certains rôles et de certaines idées que vous avez assimilés au fil des années. Vous devrez déterminer ce qui est important pour vous, en oubliant les priorités de vos parents, de vos frères et soeurs, de votre conjoint, de vos enfants, de votre supérieur ou gourou, de vos amis et de toute autre personne qui compte dans votre vie. Il se peut que vos retards soient le reflet des contradictions entre ce que vous imaginez que les autres attendent de vous et vos propres désirs.

Dans le même ordre d'idées, votre comportement de retardataire peut être interprété comme un avertissement: le projet que vous comptez entreprendre enfreint votre conception de la morale. Ainsi, un menuisier se reprochait d'arriver souvent en retard à son nouveau travail. En analysant la situation, il s'aperçut que les méthodes de son employeur lui paraissaient malhonnêtes. En effet cet entrepreneur était impliqué dans plusieurs affaires louches, allant même jusqu'à construire ses maisons avec des fonds détournés. Le manque de ponctualité de ce menuisier était dû à sa réticence à travailler pour un homme qu'il n'estimait pas.

Ailleurs, une jeune femme se reprochait d'avoir ajourné un placement d'argent, jusqu'à ce qu'elle prît conscience qu'elle n'avait pas vraiment envie de devenir actionnaire de l'entreprise dont son frère lui vantait si hautement l'excellence. Cette entreprise avait été accusée d'exploiter son personnel et d'exercer des pratiques discriminatoires, et la jeune femme se donnait mauvaise conscience de l'encourager financièrement.

Vos valeurs et vos priorités peuvent parfois correspondre exactement à celles qu'on vous a transmises. Vos objectifs personnels peuvent être identiques à ceux que l'on vous propose. En pareil cas, vous ne devez pas renoncer à vos priorités sous prétexte qu'elles répondent aussi aux attentes d'autrui. Nombre de gens, nous l'avons vu, choisissent la procrastination pour résister à l'influence et à la domination d'autrui, sacrifiant du même coup leurs propres désirs. Si tel est votre cas, demandez-vous ceci: «Est-il vraiment plus important de me rebeller en niant mes valeurs que de poursuivre les objectifs qui me tiennent à coeur?»

Les retardataires doutent parfois du bien-fondé de leurs priorités, parce qu'ils tendent à juger trop sévèrement leurs actes et leurs valeurs. Imaginant à tort qu'il n'y a qu'une seule bonne façon de vivre sa vie, ils semblent se comparer sans cesse à des normes de comportement idéal. Les retardataires s'observent d'un oeil hypercritique. D'ailleurs, certains sont envers eux-mêmes des juges si durs, si partiaux et si difficiles à satisfaire qu'ils se conduisent en fait comme des accusateurs. Un juge écouterait chaque partie et tenterait ensuite de rendre une décision équitable. L'accusateur, lui, ne propose que des arguments destinés à établir la culpabilité. Votre «accusateur intérieur» est parfaitement libre d'être déloyal quand bon lui semble. Traîtrement il vous attaque lorsque vous êtes abattu à cause d'un échec et refuse de vous offrir la moindre parcelle de réconfort ou d'encouragement.

Les attaques de cet «accusateur interne» varient en fonction des points sensibles du retardataire. Richard, l'architecte qui craignait de monter sa propre entreprise parce que le succès lui faisait peur, devait subir ces remarques de son accusateur: «Pour qui te prends-tu, après tout? Tu te crois assez fort pour gérer ta propre entreprise? De quel droit irais-tu voler des clients à des amis?» À Henri, le comptable qui refusait toute forme de domination, l'accusateur tenait les propos suivants: «Il faut vraiment être un faible pour obéir à cette directive. Continue et bientôt on va te marcher sur le dos.» Malheureusement pour beaucoup de retardataires, ces remarques accusatrices sont les seules qu'ils entendent et jamais ils ne les contestent.

Mais pour réfuter ces allégations, on peut donner la parole à une deuxième voix intérieure, un «avocat de la défense» qui interviendrait avec des arguments favorables. David, l'avocat qui voulait toujours préparer des plaidoiries brillantes, a noté le dialogue suivant qu'il a imaginé entre son accusateur et un avocat de la défense nouvellement retenu. Vous pourriez également faire cet exercice, mentalement ou par écrit.

L'Accusateur:

«Imbécile. Encore du gâchis. Tu n'es pas assez compétent pour travailler dans ce cabinet et ils finiront bien par s'en rendre compte.»

La Défense:

«J'aurais pu me rallier le jury, je crois, si j'avais pu trouver un argument plus convaincant.»

L'Accusateur:

«Même un étudiant aurait pu s'en tirer mieux que toi! Tes meilleurs arguments te sont venus trop tard, et tu n'étais pas plus avancé.»

La Défense:

«Hé, un instant! Ce n'est quand même pas un fiasco. Le cabinet savait en acceptant cette cause qu'elle n'était pas gagnée d'avance, qu'il y avait des risques.»

L'Accusateur:

«Alors il ne fallait pas accepter de t'en charger. Quand on sait qu'on n'est pas à la hauteur, il faut refuser. Sinon, c'est de l'incompétence pure et simple.»

La Défense:

«On n'est pas incompétent parce qu'on ne gagne pas à tout coup. Je m'en suis tiré convenablement, même si je n'ai pas été parfait. Tu es impossible à satisfaire.»

L'Accusateur:

«C'est pour ton bien que je suis exigeant. Sans moi, tu serais dénué de ressort, de motivation.»

La Défense:

«C'est faux. Je réussirais bien mieux si tu ne m'attaquais pas constamment.»

Le défi consiste donc à savoir prendre votre propre défense, à laisser émerger vos valeurs sans les censurer et à poser vos actes le plus librement possible. Il n'y a pas de bonne ou de mauvaise réponse à la question: «Quelles sont *mes* aspirations?» C'est donc dire que vous devez non seulement vous détacher de l'influence d'autrui, mais aussi renoncer à votre oeil critique. Vous devez vous laisser la voie libre.

En accordant moins de pouvoir à l'accusateur, vous pourrez acquérir petit à petit une vision plus objective de vous-même. Dans cette perspective plus vaste, vous serez en mesure de reconnaître vos limites, d'admettre que vous ne pouvez pas toujours sortir vainqueur et de laisser les autres aller et venir dans votre vie — sans mettre en doute vos capacités de survie. Vous pourrez alors vivre pleinement votre vie, découvrir vos aspirations, savoir ce que vous avez à faire pour les réaliser, entreprendre vos projets et en retirer du plaisir.

Dans la prochaine section, nous vous proposons certaines mesures à prendre, si vous êtes disposé à quitter le refuge que constitue votre procrastination. Si vous êtes prêt à mieux vous connaître en faisant l'expérience des buts, des limites, des compromis et des relations humaines, vous y trouverez des conseils bien précis qui vous aideront à agir. C'est à vous de vous prendre en main. Qu'espérez-vous: progresser ou continuer à tout remettre au lendemain?

Deuxième partie

Maîtrise du phénomène

Chapitre 7

Faire le point en procédant à l'inventaire du phénomène

Dans la première partie, nous avons principalement étudié les facteurs émotifs qui sont à la source de ce phénomène. Examinons maintenant votre comportement: ce que vous avez fait et faites encore lorsque vous ajournez l'exécution d'un projet.

Afin de maîtriser votre comportement, vous devez d'abord vous familiariser avec votre façon particulière de tout reporter. Bien que cela fasse partie de leur quotidien, la plupart des retardataires ne veulent admettre leur défaut que lorsqu'ils souhaitent s'en débarrasser. Il vous sera bénéfique de vous regarder de l'extérieur, tel un observateur impartial. Évitez, dans la mesure du possible, toute tendance critique ou désapprobatrice. Contentez-vous pour l'instant d'analyser votre comportement, votre but étant de le saisir sous toutes ses facettes. Nous vous demanderons de l'examiner sous trois angles différents: ce que vous faites, ce que vous pensez et ce que vous ressentez.

Revivez vos anecdotes

Rappelez-vous quelques-unes des occasions où vous avez remis un projet à plus tard. En général, les gens se souviennent d'un ou deux incidents bien précis qui les ont particulièrement marqués. Ces incidents peuvent s'être produits deux heures ou deux ans plus tôt, peuvent avoir été catastrophiques ou sembler tout à fait anodins. Il arrive qu'une situation en apparence banale recèle une grande charge émotive.

Notez deux ou trois des expériences dont vous avez le plus vif souvenir. Que s'est-il passé? Qui était impliqué? Qu'est-ce qui a précédé votre retard? Qu'avez-vous ressenti? Quel fut le résultat de votre comportement? Qui d'autre en a souffert?

Par exemple, un homme dans la trentaine avait été terriblement perturbé par l'incident suivant: Un matin, alors qu'il s'apprêtait à quitter sa maison, il se souvint tout à coup qu'il avait oublié de passer un coup de téléphone important. Déjà en retard, la tête pleine d'une foule de soucis, il se sentait débordé et irrité. Il décida néanmoins de passer son coup de fil avant de partir. Quelle ne fut pas son exaspération quand un message enregistré lui annonça que la personne à qui il avait affaire n'était pas en mesure de lui parler. Emporté par un accès de colère, il reposa le combiné avec tant de force qu'il le cassa carrément en deux. Aussitôt envahi par les remords, il se mit à s'inquiéter de la réaction qu'auraient les employés de la compagnie du téléphone en voyant son appareil dans cet état. Il les imaginait scandalisés, se demandant quelle sorte d'être bizarre pouvait bien causer de tels dégâts sur un simple coup de colère. Embarrassé et appréhensif, il remit à plus tard l'obligation de leur signaler l'incident, même si cela signifiait qu'il dût se passer de téléphone. Les jours suivants, il passa son temps à inventer diverses histoires plausibles pour justifier le bris du combiné, et ce ne fut qu'au bout de dix pénibles journées qu'il put enfin rassembler le courage nécessaire pour passer ce coup de téléphone tant redouté.

Vous devinez probablement la suite... Avant même que notre ami n'ait pu se lancer dans un de ses mensonges savants, le représentant de la compagnie de téléphone à qui il signalait l'incident lui déclara: «Ne vous en faites pas, cela arrive tout le temps. Quand comptez-vous venir chercher un nouvel appareil?»

Relisez les incidents que vous avez notés, en cherchant maintenant ce qu'ils peuvent avoir en commun. Y avait-il quelque chose que vous appréhendiez dans chaque cas? Aviez-vous pris trop de responsabilités? Étiez-vous en colère ou insatisfait pour une raison quelconque? Vouliez-vous manifester votre indépendance? Aviez-vous entrepris un projet pour l'abandonner à la dernière minute? Aviez-vous eu du mal à vous mettre au travail? Quelqu'un surveillait-il ce que vous faisiez ou bien travailliez-vous tout seul?

La procrastination, comme tout comportement, a des répercussions qui varient d'une situation à l'autre. Parfois, les conséquences sont évidentes autant pour vous que pour les autres: la panne sèche en pleine campagne, la dame qui est congédiée à cause de ses retards trop fréquents et de son manque de préparation, le garage rempli à craquer d'objets de toutes sortes à réparer et de boîtes pleines restées là depuis le dernier déménagement qui remonte à dix ans. Ce sont là quelques exemples de répercussions *externes*, c'est-à-dire manifestes et vérifiables.

Comme nous l'avons mentionné dans la première section, nombre de retardataires ressentent également les conséquences *internes* de leur comportement. Mentionnons, entre autres, le chagrin, la culpabilité, la panique, le sentiment de frauder ou de ne pas être à la hauteur et l'impression de ne jamais pouvoir jouir librement et pleinement des plaisirs de l'existence. Bien qu'une personne puisse sembler avoir réussi et paraître compétente, talentueuse, intelligente et généreuse, son comportement de retardataire lui causera néanmoins d'énormes tensions et l'empêchera d'éprouver confiance en elle-même et satisfaction.

Demandez-vous, en lisant la liste des répercussions éventuelles énumérées ci-dessous, lesquelles vous concernent. Pourriez-vous en nommer d'autres?

Répercussions

Externes	**Internes**
perte monétaire	reproches et autocritique
perte d'amis	gêne
résultats scolaires en baisse	anxiété

diplôme non obtenu
conflits avec votre supérieur
conflits avec vos collègues
diminution des responsabilités professionnelles
réduction de votre cote de crédit
relations tendues avec votre famille
relatons tendues avec votre conjoint ou partenaire
relations tendues avec vos amis
congédiement
divorce ou séparation
pénalités (amendes, arrestations pour non-paiement de contraventions)
accidents ou blessures

manque de concentration
incapacité de se détendre
culpabilité
impression de frauder
tension
panique
dépression
sentiment d'exaltation ou d'excitation
maladie

Vous venez d'examiner votre comportement de retardataire et ses conséquences: Que ressentez-vous? De la tristesse, de la colère, du soulagement? Prenez-vous tout à coup conscience de la gravité de la situation? Si vous inclinez à vous fustiger pour votre stupidité, votre absence de volonté ou votre caractère incorrigible, essayez de vous ressaisir et d'étouffer ces blâmes. N'oubliez pas que ce tour d'horizon est une première étape importante.

Votre comportement actuel

L'ampleur du phénomène

La procrastination n'envahit pas l'existence de chacun avec la même intensité. Chez certains, le phénomène ne se manifeste que dans certains domaines, tandis que dans les autres ils n'ont pas le moindre problème. Prenons l'exemple d'une femme mariée, mère de deux enfants, qui occupe un emploi à temps plein. Très efficace dans son travail et gérant son ménage sans difficulté, elle est complètement dépassée dès qu'il s'agit de mettre à jour son courrier et sa comptabilité. Une des pièces de sa maison est envahie de dossiers en désordre, de lettres restées sans réponse et de reçus à classer. Dès qu'elle met les pieds dans cet endroit, elle ressent un sentiment d'impuissance si profond qu'elle fait en sorte d'en garder la porte fermée et de l'ignorer autant que possible. Mais mis à part ce petit travers, cette femme se considère comme bien organisée.

En revanche, certains sont aux prises avec leur comportement de retardataire dans presque tous les domaines de leur vie. Ainsi, un pilote de ligne âgé d'une quarantaine d'années ne fait plus ses déclarations de revenus depuis longtemps, remet sans arrêt de réparer sa voiture et de rénover sa maison, ne paye jamais ses contraventions, ne s'est jamais vraiment lié avec une femme et jure depuis des années qu'il va cesser de fumer.

Il est en revanche extrêmement rare de rencontrer un individu dont l'existence est complètement envahie par la procrastination. Même le pilote dont nous venons de parler arrivait toujours à l'heure à l'aéroport et, retardataire ou pas, il avait mené à bien sa formation. Ce que nous voulons souligner, c'est qu'il n'existe pas de cas désespérés. Même si vous vous croyez entièrement dépourvu d'énergie ou de discipline, il reste certainement dans votre vie des domaines sur lesquels la procrastination n'a pas de prise.

Pour vous aider à déterminer à quels moments votre comportement de retardataire entre en jeu, nous avons dressé une liste d'activités, divisées en six catégories: tâches domestiques, travail, études, soins personnels, relations humaines et finances. En y regardant de plus près, vous constaterez sans doute qu'en dépit de l'ampleur que vous lui prêtiez, votre procrastination connaît en fait des limites.

Tâches domestiques

Obligations quotidiennes (laver la vaisselle, par exemple)
Réparations mineures, petits projets
Entretien du jardin et du potager
Appeler un réparateur
Retourner des appareils défectueux ou inutiles
Réparations majeures ou projets d'envergure
Entretien et réparation de la voiture
Régler les factures
Faire le marché
Faire des courses pour vos enfants ou votre conjoint

Travail

Arriver à l'heure
Être à l'heure aux réunions
Téléphoner à vos clients
Prendre des décisions
Vous occuper du travail administratif
Rédiger des rapports
Discuter d'un problème avec la personne concernée
Complimenter quelqu'un
Mettre vos bonnes idées en pratique
Faire les factures de vos clients
Réclamer une augmentation ou une promotion
Demander à vous entretenir avec votre supérieur
Vous tenir au courant par vos lectures professionnelles
Chercher du travail, planifier une réorientation professionnelle

Études

Assister à vos cours
Terminer vos devoirs
Tenir à jour vos lectures de classe
Préparer vos examens
Rédiger vos travaux
Discuter avec un enseignant ou un conseiller
S'occuper des tâches administratives (régler vos frais, etc.)
Remplir toutes les exigences inhérentes à votre diplôme
Rendre les livres à la bibliothèque
Terminer un programme de 2[e]

Soumettre des demandes d'admission à l'université

cycle (finir une thèse, la défendre, se présenter aux examens, etc.)

Soins personnels

Faire de l'exercice
Perdre du poids
Cesser de fumer, de boire ou de consommer des drogues
Prendre un rendez-vous chez le médecin, le dentiste
Hygiène (faire votre toilette, vous doucher régulièrement)
Renouveler votre garde-robe
Vous faire couper les cheveux
Lire pour le plaisir
Vous consacrer à vos passe-temps, entreprendre vos projets
Suivre des cours par intérêt personnel
Vous offrir des vacances
Faire des projets d'avenir

Relations humaines

Appeler vos amis
Inviter quelqu'un à sortir
Écrire des lettres
Recevoir des gens
Rendre visite à votre parenté
Téléphoner ou écrire à un membre de votre famille
Organiser des loisirs en compagnie d'autres gens
Manifester ouvertement de la satisfaction
Offrir des cadeaux ou envoyer des cartes de voeux
Donner des soirées
Être ponctuel
Solliciter de l'aide ou du soutien
Discuter d'un problème avec la personne concernée
Exprimer votre colère ou votre insatisfaction
Mettre fin à une relation

Finances

Envoyer vos déclarations de revenus à temps
Classer vos reçus et vos dossiers financiers
Payer vos contraventions
Rembourser vos prêts bancaires
Rembourser vos dettes person-

nelles
Réclamer l'argent que l'on vous doit
Régler vos primes d'assurances
Mettre à jour votre chéquier

Engager un comptable
Établir votre budget
Investir des fonds
Régler un problème bancaire
Régler vos factures de carte de crédit

Pour chacune de ces catégories, demandez-vous à quel point vos retards vous perturbent. Vos retards les plus importants ne sont pas nécessairement ceux qui vous incommodent le plus. Par exemple, vous pouvez peut-être laisser traîner votre vaisselle sale pendant plusieurs jours sans que la vue d'un évier rempli d'assiettes vous indispose. Par contre, votre manie de remettre à plus tard l'envoi de cartes de voeux et de cadeaux à vos amis et à votre famille peut vous rendre furieux; pourtant ces occasions ne se présentent pas tous les jours.

Essayez de trouver quels éléments distinguent les tâches que vous reportez de celles dont vous vous acquittez sans délai. Quels types de situation ou d'activité se reproduisent le plus souvent? En quoi cela peut-il vous éclairer sur vos retards? Ne remettez-vous à plus tard que des travaux d'entretien sans grande importance ou alors des tâches essentielles? Refusez-vous de vous attaquer le plus souvent à des activités pour lesquelles vous ignorez vos capacités pour privilégier celles où vos preuves sont déjà faites? Prenez-vous conscience de la crainte et de l'angoisse que vous ressentez?

Comment procédez-vous

Chaque retardataire procède différemment. L'un passe des heures au téléphone et ne s'attaque jamais à son ménage, pendant qu'un autre passe l'aspirateur deux fois par jour pour éviter de répondre à des messages téléphoniques. Une femme fait du bateau toute la fin de semaine alors qu'un jeune homme reste assis à son bureau et se fabrique une autre existence: Don Juan, homme d'affaires renommé, athlète exceptionnel. Les gens s'inventent mille et une façons de tout remettre au lendemain. En voici quelques-unes que nous avons souvent entendues:

Je me cuisine des petits plats
Je lis des romans policiers
Je téléphone à des amis
Je m'occupe à des petits travaux moins importants
Je range frénétiquement mon bureau
Je vais me promener
Je rêve les yeux ouverts
Je continue mes recherches
Je regarde la télé
Je lis le journal
Je dors
Je vais faire des emplettes

À quelles activités vous livrez-vous lorsque vous cherchez à ajourner quelque chose? Notez tout ce qui vous vient à l'esprit, tant en ce qui concerne vos tactiques usuelles que celles qui sont les plus inhabituelles.

Vous ne savez peut-être pas toujours très bien si votre comportement est un comportement de retardataire ou non. Par exemple, vous pouvez lire le journal soit parce que cela vous détend, soit parce que vous tentez d'échapper ainsi à une obligation. Les tâches domestiques que vous décidez d'accomplir ne sont peut-être pas toujours nécessaires: elles découlent parfois de la procrastination. Si vous êtes constamment irrité par vos retards, vous devez apprendre à différencier paresse et détente. Même les retardataires ont le droit d'avoir des loisirs.

Un signal quelconque avertit la plupart des retardataires que quelque chose ne tourne pas rond. Souvent ils entendent la voix de leur conscience leur rappeler: «Tôt ou tard, il faudra t'y mettre» ou «Tu sais bien que tu devrais travailler.» Parfois l'image de ce qu'ils évitent ou des conséquences de leur retard leur traverse l'esprit. Un retardataire nous disait: «Quand je reporte quelque chose à plus tard, il me vient à l'esprit une image très précise de mon patron, les sourcils froncés, qui me menace d'un index réprobateur.» Certains ressentent un avertissement physique:

l'estomac qui se serre, un mal de tête, le cou, les épaules ou le dos qui se crispent. D'autres n'arrivent pas à se concentrer ou à trouver du plaisir dans ce qu'ils font. Et vous, quels signes vous avertissent?

Vos prétextes

Imaginez un instant: voici venu le moment où vous allez soit vous attaquer à un projet... soit le remettre à plus tard. Vous devez passer ce coup de téléphone, commencer à rédiger ce rapport, ouvrir cette première caisse, etc. Quel prétexte invoquez-vous alors pour vous justifier de ne rien faire?

Voici quelques-uns de ces prétextes que nous entendons le plus fréquemment: «Je suis trop fatigué. Je me sentirai plus d'attaque si je me repose un peu»; «Ça ne sert à rien de commencer maintenant, je n'aurai pas le temps de finir»; «J'ai amplement le temps, je m'y mettrai tout à l'heure»; «Je dois d'abord ranger mon bureau» et «Il fait si beau, pourquoi rester enfermé?»

De quels arguments vous servez-vous? Prenez le temps d'en dresser une liste aussi exhaustive que possible.

Certains éprouvent au départ une certaine difficulté à identifier leurs prétextes. Ces réflexions leur traversent l'esprit avec une telle rapidité et de façon si automatique qu'elles semblent n'y laisser aucune trace. Mais elles existent bel et bien, et vous arriverez à les saisir en vous donnant le temps d'examiner les tentations qui vous habitent lorsque vous décidez de remettre une tâche à plus tard. Voici une liste supplémentaire de justifications alléguées par les retardataires:

Je n'ai pas tout le matériel nécessaire.
Je travaille si fort, j'ai bien le droit de me reposer un peu!
Je ne pourrai pas produire un travail parfait.
Si j'attends encore un peu, je ferai quelque chose de vraiment bien.
Je suis à court d'inspiration.
J'ai d'abord besoin de faire un peu d'exercice.
Je dois lire le journal, sinon je ne serai plus au fait des actualités.

Il est trop tard pour m'y mettre, la semaine tire à sa fin.
C'est vendredi, alors pourquoi mettre ceci à la poste aujourd'hui, puisque personne ne le lira avant lundi?
Si je les fais attendre assez longtemps, ils finiront par ne plus y penser.
Attendons un peu et les tarifs d'appels interurbains seront moins élevés.
À quoi bon présenter ma requête: je sais qu'on va me la refuser.
Le plus dur est fait. La fin se fera en un tour de main.
Que ce travail reste inachevé ne changera rien au cours du monde.

Attachez-vous, pendant une semaine, à noter tous les prétextes que vous invoquez. Soyez particulièrement attentif aux réflexions qui vous viennent à l'esprit au moment précis où vous décidez de reporter une obligation ou de remettre à plus tard un projet qui vous intéresse, à ces pensées qui vous servent à justifier vos agissements. Il s'agit là d'un excellent moyen de prendre conscience de votre façon de penser et de son influence sur votre conduite.

Parmi les différentes techniques que nous vous proposons pour vous mettre à l'écoute de vos prétextes, nous vous conseillons de ne retenir que celles qui vous conviennent vraiment. En premier lieu, vous trouveriez peut-être utile de noter combien de fois par jour vous faites appel à chacun de vos prétextes. Si vous vous servez d'un argument plus d'une fois, notez sa fréquence d'utilisation.

Une seconde technique consiste à examiner les événements qui ont précédé votre dérobade. Essayez de vous rappeler ce qui s'est produit *juste avant* que vous invoquiez vos raisons de prendre du retard. Quels étaient alors vos sentiments, vos pensées, votre occupation? Dans quelles circonstances cela s'est-il passé? Il s'agit là d'identifier ce que l'on pourrait appeler les antécédents de vos prétextes: les événements, les sentiments ou les circonstances qui ont précédé l'échappatoire.

Prenons l'exemple d'un jeune homme qui avait promis à sa

fiancée de lui fabriquer une table. Au moment de se rendre à son atelier, il se prit à penser: «La journée est trop belle pour rester enfermé.» Quels furent les antécédents de son prétexte?

Le matin même son amie lui avait téléphoné pour lui parler de la table. «Tu es vraiment très habile, lui avait-elle déclaré, chaque meuble que tu fabriques est une vraie oeuvre d'art.» Il s'était figuré la déception qui se peindrait sur son visage lorsqu'elle verrait le meuble achevé, puis s'était mis à penser à quel point il désirait la contenter. Il s'était ainsi mis à broyer du noir en imaginant l'avenir de leur relation. Ces inquiétudes constituaient les antécédents de son prétexte.

N'oubliez pas qu'à ce stade, votre objectif est de vous *observer.* Contentez-vous de rester à l'écoute de vos prétextes et ne cherchez pas tout de suite à modifier votre comportement. Que vous deveniez plus habile à identifier vos arguments ne signifie pas nécessairement que vous soyez prêt à changer. Il nous arrive même d'encourager certains retardataires à garder intactes leurs habitudes pendant quelques semaines encore, afin de leur laisser le temps d'analyser leurs agissements bien à fond.

Il se peut, lorsque vous aurez bien identifié vos prétextes, que vous leur trouviez un certain bien-fondé. Peut-être que vous gagneriez *réellement* à faire plus d'exercice, que vous manquez parfois d'énergie, de motivation ou d'inspiration, que la faim vous tenaille ou que vous êtes souffrant. Oui, la maison mériterait probablement d'être nettoyée et votre bureau, d'être rangé, mais votre désir de vous dérober à une obligation vous incitera sûrement à qualifier d'irréfutables ces arguments qui ne contiennent en fait qu'une parcelle de vérité.

Même si vos prétextes sont fondés, ils jouent en fait un *rôle* d'échappatoire. Vous transformez des faits en faux-fuyants, car vos affirmations vous servent à conclure «qu'il est donc inutile de s'y mettre tout de suite». Vous déclarez: «Je ne pourrai pas produire quelque chose de vraiment bien, alors je ne veux même pas y penser»; «Je ne peux pas travailler maintenant car je suis fatigué»; «Étant donné qu'il y a une bonne émission à la télé, je ferai ce travail plus tard.»

Nous traversons tous, de temps à autre, des moments d'ennui, de fatigue, où nous manquons d'inspiration ou sommes surchargés de travail. Mais certains réussissent néanmoins à être productifs, du moins partiellement. Pourquoi est-ce plus compliqué pour un retardataire?

Placés devant des obstacles, certains retardataires se découragent, se disent qu'ils ne peuvent rien accomplir et renoncent à essayer. Les embûches suscitent chez d'autres un sentiment de ressentiment et de frustration; ils trouvent injuste d'avoir à fournir tant d'efforts. Dans un cas comme dans l'autre, leurs prétextes les satisfont et ils préfèrent en rester là.

Les personnes ponctuelles connaissent aussi des situations difficiles, mais elles les perçoivent autrement et arrivent à des conclusions différentes. Chaque obstacle ne constitue pas un prétexte pour se dérober: elles tâchent de voir ce qu'elles *peuvent accomplir* et se mettent au travail. Voici des exemples de raisonnements qu'une personne ponctuelle est susceptible de tenir:

Même si le résultat n'est pas parfait, je vais tout de même voir ce que je peux faire.

Je suis fatigué. Travaillons une demi-heure avant d'aller dormir.

Il y a une émission intéressante à la télé ce soir. Je pourrais peut-être m'avancer un peu en attendant qu'elle commence.

Il me manque du matériel. Voyons ce que je peux quand même accomplir.

C'est vendredi, je n'aurai pas le temps de tout finir aujourd'hui, mais je peux au moins commencer.

Lorsque vous vous prenez en flagrant délit de prétexte, pour vous motiver, vous pouvez par exemple donner une issue différente à votre raisonnement; vous vous donnerez ainsi l'occasion de commencer un travail plutôt qu'une raison de le remettre à plus tard.

Dressez votre plan d'attaque

Vous trouverez dans les chapitres qui suivent de multiples techniques pour faire face à votre comportement de retardataire, phénomène que nous étudions depuis le début de ce livre sous ses différentes facettes. Vous reconnaîtrez peut-être certaines techniques, surtout si vous avez suivi des cours de gestion du temps ou si vous avez lu d'autres ouvrages sur le sujet. D'autres vous seront tout à fait inconnues, et vous devrez prendre le temps d'y réfléchir avant de commencer à les mettre en pratique. Comme toute autre technique, vous devez apprendre à les utiliser en les adaptant à votre cas particulier. Bien qu'elles vous sembleront peut-être artificielles ou déconcertantes au départ, vous pourrez les intégrer progressivement à vos habitudes.

Nous vous conseillons de ne faire l'essai que d'*une seule* technique à la fois. Si vous tentez de toutes les mettre en pratique en même temps, vous courez le risque de vous surcharger, de vous surmener ou de vous décourager, ce qui pourrait vous conduire à renoncer avant d'avoir réalisé de véritables progrès.

Par-dessus tout, prenez votre temps, c'est le meilleur conseil que nous puissions vous donner. Bon nombre d'entre vous seront tentés de mettre les bouchées doubles et de se lancer à bride abattue dans ce projet, attitude que vous avez si souvent adoptée par le passé. Cependant, et nous l'avons dit déjà, ce manque de pondération fait partie du problème. Donc, allez-y DOUCEMENT. Votre comportement ne changera pas du tout au tout en une journée, en une semaine ni même en un mois, malgré tous vos désirs et vos efforts pour y parvenir.

Il existe une autre raison d'avancer à petits pas: que cela vous plaise ou non, votre entourage et vous-même êtes habitués à votre comportement de retardataire. Vous avez pris le pli, si l'on peut dire. Changer, même pour un mieux-être, vous projette un peu dans l'inconnu et vous oblige à vous adapter. Si la transformation est trop brutale, votre entourage ne saura plus comment se comporter avec vous, ce qui risquerait de provoquer des conflits. D'autre part, vous pourriez vous sentir tiraillé entre votre nouvelle attitude et votre ancienne identité de retardataire, que vous ne parviendriez pas à concilier. Mieux vaut procéder lentement, en vous laissant, à vous et à votre entourage, le temps de vous ajuster progressivement.

Certains d'entre vous voudront peut-être, pour diverses raisons, bénéficier du soutien d'un ami. Beaucoup de retardataires nous ont dit se sentir plus sûrs de mener leurs projets à terme s'ils se sont engagés en ce sens auprès d'un tiers.

Lorsque vous annoncez ouvertement vos intentions, *votre entourage est mis au courant* et vos projets n'existent plus seulement dans votre imagination. Vos déclarations deviennent des promesses, que vous pouvez ensuite vous sentir tenu d'honorer. Vous serez peut-être moins tenté de décevoir autrui que de vous décevoir vous-même.

Pour d'autres retardataires, leurs idées deviennent plus tangibles dans la mesure où ils les partagent avec un tiers. Lorsque vous rêvez à un projet, il relève encore d'un univers nébuleux, chimérique. La discussion vous permet de l'étoffer, de le concrétiser et de le réaliser. Ces conversations peuvent aussi être l'occasion de préciser vos pensées.

Un ami peut aussi vous épauler dans vos efforts. Lorsque vous traversez des périodes d'abattement ou de découragement — peut-être parce que vos progrès ne sont pas aussi rapides que vous le désireriez —, un ami peut vous témoigner de la compréhension et vous réconforter, ce dont vous aurez parfois besoin pour ne pas abandonner. De plus vous associer avec un autre retardataire vous procurera à tous deux non seulement appui réciproque mais aussi la consolation de ne pas affronter seuls votre «démon».

Vous ne devez pas, toutefois, vous sentir *obligé* de vous adjoindre quelqu'un, car l'autonomie convient certes mieux à certaines personnes. Si vous vous rangez parmi celles-ci, la solitude est probablement toute indiquée. Mais demandez-vous, cependant, si la gêne ou la crainte de vous exposer au jugement d'autrui n'explique pas mieux votre désir d'autonomie. Êtes-vous un *authentique* travailleur solitaire, ou n'est-ce pas plutôt l'orgueil qui vous empêche de faire appel à autrui? Même s'il vous répugne de révéler à quiconque la lutte que vous menez, l'appui qu'on vous offrira constituera généralement un atout à ne pas négliger.

Il importe de faire preuve de discernement si vous décidez de vous adjoindre quelqu'un, car vous désirez certainement qu'on vous écoute sans vous condamner ni vous ridiculiser. Faites appel à une personne avec laquelle vous n'êtes pas trop étroitement lié.

En règle générale, il est préférable de vous confier à un ami plutôt qu'à un membre de votre famille, car ces derniers — surtout s'il s'agit de votre conjoint ou d'un de vos parents — ne peuvent pas faire preuve d'autant d'objectivité qu'un étranger.

Nous vous incitons fortement à noter les résultats de vos exercices dans un carnet, de même que toutes les réactions et les réflexions qu'ils susciteront. Nombre de gens aiment bien consigner au fur et à mesure les incidents qui se produisent. En vous donnant ce moyen de les observer sur une plus longue période, vous reconnaîtrez peut-être plus aisément quels types et quelles catégories de comportements se reproduisent. Si vous allez au-delà des simples faits et notez également vos réflexions et vos émotions, vous parviendrez mieux à déterminer en quelles circonstances certaines réactions se répètent.

Au moment de mettre ces techniques en pratique, soyez attentif à la résistance que vous éprouverez probablement de temps à autre. Elle peut se manifester sous divers aspects. Ainsi, bien que vous serez en voie d'apprendre à vous maîtriser, un sentiment d'insatisfaction ou d'irritation vous incitera peut-être à vous adresser des reproches: «Je ne réalise pas les progrès escomptés»; «Je ne suis pas assez énergique»; «Je n'ai pas atteint mon but.» Ou bien, vous vous surprendrez à penser que ces techniques sont trop ardues, que nous sommes trop exigeantes. Quelle que soit la forme qu'elle prenne, cette résistance risque d'entraver votre démarche.

Face à la confusion, les gens réagissent habituellement par la résistance. Mais on peut se faire une alliée de cette résistance, et vous pouvez apprendre beaucoup sur vous-même si, chaque fois que vous vous surprenez à réagir ainsi, vous vous demandez: «Qu'est-ce qui me gêne au juste?» «Aurais-je peur de quelque chose?» «Suis-je en train d'affronter une réalité que j'évite d'habitude?»

Ceux qui identifient avec succès les motifs de leur résistance peuvent s'apercevoir qu'ils adoptent automatiquement des types de comportement qui ne conviennent pas vraiment à la situation pourtant nouvelle dans laquelle ils se trouvent. Ensuite, lorsqu'ils ont compris ce qui les pousse à résister, ces individus se sentent souvent moins craintifs ou accablés et plus en mesure de réagir.

La simplicité apparente de ces techniques est un leurre. Elles ne porteront leurs fruits que *si* vous arrivez à les mettre en pratique. Nous voilà donc revenus au coeur du problème: le retardataire est celui qui conçoit sans peine un projet, mais n'arrive pas à le mettre à exécution! Si vous vous enlisez, reportez-vous aux aspects soulevés dans la première partie de ce livre. Vos peurs vous mettent-elles des bâtons dans les roues? Êtes-vous paralysé par la perspective d'une réussite ou d'un échec imminents? Avez-vous décidé de ne pas céder? Appréhendez-vous de vous rapprocher d'autrui ou d'être isolé? Malgré vos craintes, des moyens de réagir s'offrent à vous.

Pour résumer:

1. Ne retenez que les techniques qui vous conviennent.

2. Ne faites l'essai que d'*une seule* technique à la fois. La tendance à vous surcharger fait partie de votre problème.

3. Servez-vous d'un carnet pour noter tout ce qui vous semble important.

4. Allez-y doucement. Des changements trop brusques risquent de vous désarçonner et d'entraîner des complications imprévues.

5. Attendez-vous à essuyer des échecs. Vous ne corrigerez pas votre comportement du jour au lendemain. Soyez patient.

6. Prêtez attention à votre résistance; elle peut vous aider à mieux vous connaître.

7. N'oubliez pas que ce comportement *relève exclusivement de vous.* Nul ne peut vous corriger ni vous contraindre à le faire.

Chapitre 8

Comment établir et réaliser vos objectifs

De toute évidence, les retardataires ne réalisent pas aisément leurs objectifs. Certains d'entre vous sont entravés par leur comportement au point de ne jamais atteindre leurs buts. D'autres n'y parviennent qu'au prix de faux départs pénibles.

Ce qui n'est peut-être pas aussi évident, c'est que les retardataires ont peine à se fixer des buts. En effet, bien qu'ils les formulent sans arrêt, les objectifs qu'ils visent sont ambigus: «Je dois abattre du travail aujourd'hui», ou démesurés: «Un jour, je dirigerai ma propre entreprise.» Ils n'ont aucune chance de les réaliser dans ces conditions.

Lorsque nous avons entrepris cet ouvrage, notre but nous semblait relativement bien défini: écrire un livre sur l'art de tout remettre au lendemain. Après avoir dressé le plan, nous avons annoncé notre intention de nous y mettre. Puis vint le temps de l'écrire. Chaque fois que l'une de nous pensait au travail à accomplir, elle se disait: «J'ai un livre à écrire.» Une invitation au cinéma, d'autres tâches à accomplir, un besoin de détente devaient sans cesse entrer en compétition avec le «livre à écrire». Nous avions même consacré une partie de notre horaire hebdomadaire à ce travail. Et pourtant, la rédaction de ce livre n'était malgré tout pas tâche facile.

En fin de compte, nous avons compris que le fait de vouloir «écrire le livre», chaque fois que nous nous attelions à la tâche, nous accablait. La page rédigée nous paraissait dérisoire face à l'immensité du travail à abattre. Ces feuillets formeraient-ils un jour une entité cohérente? Notre objectif était si vaste et si lointain que nous avions du mal à imaginer qu'il allait se réaliser. Nous nous étions tendu un piège lorsque nous avions établi ainsi notre objectif.

Nous avons alors décidé de suivre nos propres conseils. Plutôt que de nous astreindre à rédiger le livre dans son ensemble, nous nous sommes attachées à l'écrire chapitre par chapitre, en essayant d'oublier tout le reste. Notre monologue intérieur s'est aussitôt modifié en conséquence. Désormais, lorsque nous prenions place derrière nos bureaux, nous nous disions, par exemple: «Cet après-midi, je consacre deux heures à rédiger l'introduction du chapitre sur les objectifs.» Notre but nous paraissant plus raisonnable et plus facile à atteindre, le travail ne nous semblait plus une corvée.

L'objectif de comportement

Selon nous, vous gagnerez à formuler vos buts en termes de comportement. En effet, en mettant l'accent sur le comportement à adopter pour arriver à vos fins, vous définissez à la fois le point de départ et la ligne d'arrivée. Voici les caractéristiques d'un objectif de comportement: il est perceptible, autant pour vous que pour votre entourage; il est concret et bien défini; et il peut être divisé en plusieurs étapes. Dire «Je veux me corriger» constitue une noble résolution, mais ce n'est pas en soi un objectif de comportement. Vous ne pouvez pas voir que vous vous êtes corrigé — qu'observerez-vous? Votre objectif n'est pas concret — que voulez-vous corriger? Il se décompose difficilement — comment allez-vous procéder?

Examinons de plus près ces caractéristiques.

Perceptible. Les gens ne peuvent pas savoir quelles émotions ou quelles pensées vous habitent, mais ils peuvent observer ce que vous faites. Pour que votre objectif puisse être perçu, aussi bien par vous que par autrui, il doit prendre la forme d'une *action.* Imaginez qu'on vous filme alors que vous réalisez votre objectif. Quelle action la caméra aura-t-elle enregistrée? Un objectif de comportement bien formulé pourra être observé par un regard extérieur. Ainsi, les retardataires déclarent souvent: «J'aimerais être moins accablé par tout ce travail qui m'attend.» Mais ce souhait bien légitime ne constitue pas pour autant un objectif de comportement. Personne ne peut constater que vous n'êtes plus accablé. Comment savoir quand vous serez «moins accablé»? Combien «moins accablé» devrez-vous être avant d'être soulagé? Pour formuler votre objectif en termes de comportement, vous devrez prendre un projet que vous avez reporté et définir les gestes à poser pour le terminer. Vous pouvez déclarer: «J'envoie des offres de services aujourd'hui», «Je mets mon chéquier à jour» ou «Je prends rendez-vous chez le dentiste.» Ainsi celui qui vous observe pourra vous voir sortir du bureau de poste, ou assis derrière votre bureau avec votre chéquier sous les yeux, ou en train de parler au téléphone avec votre dentiste. Vous vous sentirez sûrement moins accablé après avoir accompli un seul de ces objectifs, et vous saurez aussi pourquoi.

Concret et bien défini. Les retardataires sont si peu enclins à préciser leur pensée qu'ils parviennent difficilement à définir leurs buts. Comment vous y prendrez-vous, *au juste*, pour réaliser votre objectif? Quand *exactement* avez-vous l'intention de l'entreprendre? Quelles autres personnes *nommément* seront là?

Nombreux sont ceux qui nous ont dit: «Je veux réorganiser mon existence.» Le retardataire qui se fixe un objectif aussi flou s'engage dans une impasse. Cependant, vous saurez mieux où donner de la tête si vous reformulez votre objectif en termes de comportement. Vous ferez le ménage dans votre classeur, pour ne garder que les documents importants et mettre les autres à la poubelle, ou vous rangerez vos placards, ou encore vous déciderez d'engager une secrétaire. Chacun a sa propre idée du sens à donner au terme «se réorganiser», et vous parviendrez à vos fins plus facilement si vous les définissez clairement dès le départ.

Des étapes successives. La seule façon d'atteindre un but, quelle que soit son importance, est de procéder par étapes. Car comme le dit le proverbe: *Qui veut aller loin ménage sa monture.*

Un objectif de comportement se divise en étapes courtes, perceptibles et bien définies. Vous vous retrouverez avec une série de minibuts que vous pourrez atteindre un à un. Vous risquez d'être accablé devant la perspective d'avoir à préparer vos prévisions budgétaires pour la nouvelle année. Pourquoi ne pas décomposer cette tâche en plusieurs étapes plus faciles à franchir? Mettre la main sur le dernier budget, établir des postes, prévoir les dépenses et les revenus de chacun de ces postes, consulter votre adjoint lors de la prochaine réunion du personnel.

Vous constaterez parfois, en décomposant un objectif, qu'il est plus complexe que prévu. Prenons l'exemple de Béatrice, qui s'était proposé de rédiger un rapport sur l'utilisation des ordinateurs dans son entreprise, projet qu'elle remettait depuis six mois. Elle entendait procéder comme suit: 1) retrouver ses notes; 2) dresser le plan du rapport; 3) rédiger un premier jet; 4) le réviser; 5) le donner à dactylographier à sa secrétaire; 6) le corriger une dernière fois; et 7) distribuer son rapport aux directeurs de service en y joignant une note pour chacun. Mais, après mûre réflexion, Béatrice prit conscience qu'elle ne savait pas vraiment quelle orientation donner à son rapport; elle résolut alors d'en discuter avec son supérieur avant d'arrêter son plan; mais ce dernier était parti en voyage d'affaires pour quelques jours. Béatrice était contrainte d'attendre son retour pour le consulter. Puis, comme six mois s'étaient écoulés depuis qu'elle avait recueilli ses premières informations, Béatrice jugea bon d'aller vérifier ses notes auprès des directeurs de service. Tout compte fait, elle se rendit compte que son objectif initial — distribuer son rapport dans trois semaines — n'était pas réalisable. Elle se fixa donc un nouveau but: terminer le premier jet en trois semaines.

Ce découpage en étapes vous permettra donc de mesurer, pour le meilleur ou pour le pire, le réalisme de vos objectifs.

En second lieu, ce processus vous permettra aussi de prendre conscience des étapes à franchir pour atteindre votre but. La plupart des retardataires se concentrent essentiellement sur les résultats qu'ils désirent obtenir et accomplissent difficilement le travail nécessaire pour y parvenir. Nombreux sont ceux, pourtant, qui découvrent avec surprise que la démarche pour mener leur projet à terme et les étapes successives à franchir sont autant de défis relevés et d'efforts récompensés.

Les retardataires tendent à se fixer des buts peu réalistes parce qu'ils se croient souvent dans une situation idéale, oubliant leurs limites de temps et d'énergie. Pour les aider à se fixer des buts plus réalistes, nous leur conseillons de formuler un petit objectif, c'est-à-dire le but *minimum* qui puisse tout de même leur procurer un sentiment de satisfaction. Pourriez-vous vous concentrer sur un seul aspect d'un but important, pour un certain temps? Si, par exemple, votre but principal est de redécorer votre maison, vous pourriez vous donner comme petit objectif d'acheter un divan neuf.

L'idée de viser moins haut, même plutôt bas, répugnera peut-être à certains d'entre vous. Bien que le fait de devoir rabaisser vos objectifs blesse peut-être votre orgueil, nous pensons qu'au bout du compte vous avez beaucoup plus à gagner. En effet, mieux vaut cumuler d'authentiques succès en procédant par étapes que de vous accrocher à de nobles buts que vous n'atteindrez pas.

Une expérience de deux semaines

Nous vous proposons de choisir un objectif à réaliser durant les deux prochaines semaines. Vous tenterez ainsi de vous instruire sur votre manière d'établir vos objectifs et de les réaliser, sur les progrès que vous faites et les périodes où vous vous remettez à prendre du retard. Vous devez être également attentif à vos revers et à vos réussites. Dites-vous que c'est là une occasion d'apprendre à mieux vous connaître, une période d'apprentissage. Il ne s'agit pas de mesurer votre intelligence, votre sens des responsabilités ou votre compétence. Essayez d'adopter l'attitude d'un chercheur recueillant des données et non celle d'un critique pressé de porter des jugements. Servez-vous des indications suivantes pour atteindre votre objectif:

Se choisir un objectif

Qu'aimeriez-vous accomplir d'ici deux semaines? Quel délai vous donneriez-vous pour chaque projet? N'oubliez pas les caractéristiques de l'objectif de comportement: perceptible, bien défini et réalisable par étapes. Déterminez vos objectifs et la date à laquelle vous aimeriez les avoir atteints.

Parmi cette liste d'objectifs, nous vous demandons d'en retenir un — *seulement un* — qui deviendra l'objectif de comportement que vous viserez tout au long de ces deux semaines. Nul besoin de choisir un projet qui déterminera votre vie future ni de chercher à surmonter un obstacle très important. Ce n'est pas tant l'objectif choisi qui compte, mais plutôt le fait de vous fixer un but et de chercher à l'atteindre.

Exiger d'un retardataire qu'il se limite à un seul but équivaut à demander à une personne au régime de ne manger qu'un seul carré de chocolat, nous en sommes conscientes. Cela ne sera pas facile, mais comme une bonne part du problème des retardataires découle précisément de leur tendance à se surcharger, vous vous exposez à un échec si vous n'êtes pas rigoureusement sélectif.

Vous pouvez, pour décomposer votre objectif en étapes successives, soit utiliser votre propre méthode, soit vous servir d'une de celles-ci: définir vos étapes en commençant par la première ou par la dernière, ou découper votre projet en principales composantes et déterminer les étapes requises pour chacune d'elles. Vous trouverez à la page suivante un exemple de la manière dont un retardataire s'y est pris pour fragmenter son projet.

Notez dans votre carnet l'objectif que vous avez choisi d'atteindre, les diverses étapes à franchir et l'échéance que vous avez fixée pour chacune d'elles. N'oubliez pas de tenir compte des autres engagements que vous devrez respecter au cours de cette période.

Objectif
consacrer 2 heures le samedi et 2 heures le dimanche au rangement et au nettoyage de mon bureau (au total: 8 heures réparties sur deux week-ends)

A. Ranger les documents: 1) Trier les tas de papiers sur le plancher. Jeter ceux qui ne servent à rien, sans les lire au complet! 2) Ranger les factures dans une boîte. 3) Ranger les lettres auxquelles je dois répondre dans une deuxième boîte. 4) Ranger les reçus d'impôt dans une troisième boîte. (Trouver des boîtes?) 5) Acheter des chemises. 6) Trier les articles de journaux. 7) Classer ceux que je veux garder, et mettre le reste à la poubelle!

B. Nettoyer la pièce: 1) Nettoyer le secrétaire. 2) Épousseter le classeur et les étagères. 3) Vider la poubelle. 4) Ranger les livres qui traînent sur les étagères. 5) Passer l'aspirateur.

Maintenant que vous avez déterminé votre objectif de comportement et les étapes à franchir pour l'atteindre dans les deux semaines à venir, par où commencer? Quel acte poser en tout premier lieu? De préférence, attaquez-vous à une tâche de peu d'envergure, facile à accomplir. Par exemple, retrouver vos déclarations de revenus de l'année précédente, acheter un carnet, trouver des boîtes vides. Quand et par où commencer exactement? Même si vous ne fournissez qu'un premier effort très minime, vous êtes sur la bonne voie. «C'est le premier pas qui compte», dit le proverbe.

L'objectif que vous vous êtes promis d'atteindre au cours de ces deux semaines vous paraît peut-être précis et réalisable, mais nous vous conseillons néanmoins de vous en assurer en sollicitant l'avis d'un tiers. Peut-être qu'alors vous réaliserez que ce qui vous semblait précis s'avère flou, que ce que vous aviez cru possible est en fait plutôt utopique, et que ce que vous pensiez bien organisé mérite d'être mieux analysé. Essayez notamment de voir ensemble si le but visé est réellement le plus modeste possible.

Accueillez avec le maximum d'objectivité possible les commentaires de cette personne. Retenez ce qui vous paraît sensé. Il se peut même que vous décidiez de modifier votre objectif. L'avis d'autrui vous aidera à mettre les choses au point, mais vous n'êtes évidemment pas tenu de suivre des conseils qui ne vous conviennent pas.

La mise en train

Vous voilà donc en possession d'un projet qui vous intéresse, formulé avec précision et réalisme. Vous *pouvez* réellement l'accomplir dans les deux semaines prévues. Dans quel état cette perspective vous met-elle? Quelles pensées vous traversent l'esprit? Des retardataires qui entrevoyaient une réelle possibilité d'atteindre leur but nous ont rapporté les réactions suivantes: «Ça me soulage de savoir enfin par où commencer»; «J'ai pris cet engagement, mais je ne suis pas convaincu de pouvoir le respecter; je suis angoissé à l'idée d'échouer une fois de plus»; «Ça me fait peur, je voudrais fuir: laissez-moi sortir!»; «Je suis prête. Je veux commencer maintenant, pendant que j'ai suffisamment de confiance et de motivation»; «C'est bien trop facile, je devrais pouvoir le faire en un tour de main. Mais qu'arrivera-t-il si je n'y arrive pas?»

Soyez à l'écoute des réactions que suscite la perspective de cette expérience. La simple idée d'entreprendre ce projet déclenchera une série de réactions intérieures (images, émotions, réflexions, attentes) et fera rejaillir des souvenirs d'expériences antérieures.

Visualisez vos progrès. Visualiser chaque étape de votre démarche et les circonstances entourant votre cheminement vers votre but pourra vous être bénéfique. Vous faites probablement déjà appel à votre imagination dans d'autres circonstances: lorsque vous rêvassez à la manière dont vous aimeriez que se déroule votre prochaine soirée avec votre petit(e) ami(e), ou lorsque vous ressassez une discussion avec votre patron en imaginant toutes les répliques que vous auriez pu lui décocher. Ces exercices de visualisation peuvent réduire le stress et favorisent la relaxation et la guérison de divers maux; ils vous donnent l'occasion d'apprendre à vous affirmer, de venir à bout d'une certaine angoisse et peuvent même vous permettre d'améliorer vos performances sportives et académiques.

Visualisez la première étape à franchir: quels gestes poserez-vous? Puis imaginez que vous poursuivez votre démarche jusqu'à l'étape finale: si votre pessimisme intervient et que vous butez mentalement sur un obstacle, tentez alors de vous représenter en train de surmonter le problème. Vous finirez par imaginer que vous avez atteint votre but, la démarche accomplie. Ce travail d'imagination — à entreprendre, de façon idéale, lorsque vous êtes confortablement installé, seul et détendu — peut vous préparer à affronter la réalité de l'action et vous aider à passer de la pensée à l'acte.

Mettez toutes les chances de votre côté. Même si votre objectif est bien défini et que vous savez par où vous allez commencer, le choix du moment et de l'endroit où vous l'entreprendrez est un facteur crucial. Vos chances de succès ou d'échec dépendent en grande partie du contexte dans lequel vous situerez vos efforts.

Simon, âgé de vingt ans, étudie pour décrocher son baccalauréat. Il s'est fixé comme objectif de comportement la rédaction d'un travail de fin de session en littérature. Comme première étape, il a décidé de lire le roman qu'il avait à étudier entre 21 et 22 h le lendemain soir. Jusque là, tout va bien. Il compte lire dans la chambre qu'il occupe dans la résidence universitaire: un premier faux pas. L'atmosphère de la résidence favorise les rapports sociaux et les distractions. Il est presque 21 h, mais Simon n'arrive pas à quitter ses amis, en compagnie desquels il s'amuse, pour aller s'isoler dans sa chambre. De demi-heure en demi-heure, Simon remet sa lecture jusqu'à ce qu'il soit 22 h 30, heure à laquelle il décide de laisser tomber, vu «qu'il est trop tard, c'est plus la peine». Simon s'est imposé des limites en ne se plaçant pas dans une situation idéale pour franchir sa première étape. Il se croyait capable — et tenu — de surmonter les tentations de divertissement qui s'offriraient à lui, alors qu'en réalité il s'exposait au danger.

Le lendemain, Simon a modifié son projet; il a décidé d'aller lire son roman à la bibliothèque. Et pour mettre toutes les chances de son côté, il a invité Patrick, un camarade de classe très studieux, à l'accompagner. Au lieu de s'installer à la bibliothèque de la faculté de Lettres, où Simon risquait de rencontrer des amis et de céder encore une fois à la tentation, ils se sont rendus à la bibliothèque de Droit, là où «les étudiants sont sérieux». Simon n'a donc rien changé à sa première étape, mais il en a modifié le contexte pour mettre de son côté toutes les chances de la franchir.

En prenant le temps d'y réfléchir, vous verrez que vous pouvez modifier presque à votre gré le contexte dans lequel vous travaillez. Choisissez une heure, un lieu, une personne qui vous soient *favorables* et non *nuisibles*.

Respectez une limite de temps. Ne dépassez pas le temps que vous avez décidé de consacrer à votre objectif. Si, par exemple, vous avez décidé d'accorder trente minutes à votre projet et que vous avez respecté cette décision, vous avez alors réussi, peu importe la quantité ou la qualité du travail accompli. Car la réussite se définit en fonction du temps que vous consacrez à votre projet. Il ne s'agit pas de travailler de façon *productive* pendant trente minutes, mais simplement de passer une demi-heure à travailler. Plus la période de temps sera courte et plus vous trouverez facile de vous mettre à la tâche. Selon notre expérience, une durée initiale de quinze à trente minutes est celle qui convient le mieux à la plupart des retardataires. Si vous vous sentez incapable d'affronter même une durée d'un quart d'heure, alors fixez-vous une limite de dix ou même de cinq minutes. À force, vous finirez par trouver quelle durée vous convient le mieux.

Il est essentiel qu'au début *vous vous arrêtiez lorsque vous avez atteint la limite de temps prévu.* Vous vous direz peut-être: «Je suis lancé et ça va bien; profitons-en.»

Mais si vous prenez le mors aux dents et travaillez deux heures le premier jour, débordant ainsi largement le cadre des limites prévues, vous vous attendrez le jour suivant à travailler aussi longtemps. Vous vous préparez ainsi à être déçu.

De plus, il est préférable à long terme de respecter vos limites, car vous honorez alors un engagement pris avec vous-même. En faisant ce que vous avez convenu de faire — ni plus ni moins —, vous acquerrez confiance et assurance, deux précieux sentiments que de nombreux retardataires ont perdu de vue.

N'attendez pas de vous sentir d'attaque. Si vous attendez, pour entreprendre un projet, de vous sentir en parfaite condition, vous risquez de ne jamais vous y mettre. Beaucoup de retardataires s'attendent à n'éprouver ni craintes, ni doutes, ni incertitudes au moment de commencer leur projet. Ainsi, Christiane, une infirmière âgée de trente-trois ans, déclarait: «Je ne peux m'empêcher de penser que je devrais me sentir parfaitement *prête* avant de me remettre aux études. Je devrais être calme, en pleine possession de mes moyens, et n'éprouver aucun doute en ce qui concerne mes aptitudes. Je pourrai reprendre mes études dès que j'aurai vaincu mes peurs.» Christiane attend depuis trois ans de se sentir «en pleine possession de ses moyens». Il y a très longtemps qu'elle a cessé d'étudier: comment pourrait-elle ne pas avoir peur?

D'autres s'imaginent qu'ils doivent avoir *envie* de commencer pour faire quelque chose et attendent que le miracle se produise. Pourtant, la caractéristique première de certaines activités est leur côté ennuyeux, désagréable ou fastidieux. Vos impôts, par exemple. Nous ne connaissons personne qui se plaise à remplir une déclaration de revenus. Pouvez-vous imaginer quelqu'un sauter de joie à l'idée d'entreprendre un tel travail? Qui s'écrierait: «Mince, alors, j'ai hâte de recevoir mes formulaires! Vite! Où sont mes reçus?» Connaissez-vous quelqu'un qui adore aller chez son dentiste ou laver le plancher de sa cuisine? Si vous attendez d'avoir *envie* de vous acquitter de telles tâches, vous devrez probablement attendre la semaine des quatre jeudis — ou du moins le 30 avril, la rage de dent ou de ne plus pouvoir décoller vos pieds du plancher de la cuisine.

Si vous croyez que vous devez attendre d'être dans un certain état d'esprit avant d'entreprendre un projet, vous risquez d'attendre longtemps. Vous *pouvez* commencer, même si votre humeur ou vos dispositions laissent à désirer.

Allez jusqu'au bout

Une fois lancé, comment ferez-vous pour aller au-delà de votre première étape et mener votre projet à terme? Les retardataires ne sont que trop accoutumés au sempiternel départ à zéro: ils font des efforts au début, puis ralentissent ou abandonnent complètement. Vous êtes peut-être de ceux qui rayonnent d'optimisme le premier jour, puis s'enlisent à un moment donné et restent coincés là.

Comment éviter d'être déçu une fois de plus par un autre projet inachevé? Voici quelques conseils qui vous aideront à ne pas renoncer et à continuer jusqu'au bout.

Méfiez-vous de vos prétextes. Au cours de ces deux semaines, vous serez inévitablement tenté d'invoquer plusieurs des prétextes que nous avons énumérés au chapitre sept. Si, par exemple, votre prochaine étape consiste à téléphoner à un client pour prendre rendez-vous avec lui, vous vous prendrez peut-être à penser: «Il a probablement déjà quitté le bureau. J'appellerai demain.»

N'oubliez pas qu'un prétexte constitue en quelque sorte un drapeau rouge; il vous signale que vous êtes à la croisée des chemins: vous choisirez d'agir ou de remettre à plus tard. Posez-vous les questions suivantes: «Ai-je vraiment envie maintenant de remettre cette tâche?»; «Est-ce vraiment la meilleure chose à faire?»

Avancez étape par étape. Pendant la rédaction du présent ouvrage, nous avons souvent succombé à des réflexions déprimantes du genre: «Il y a encore tant à faire» ou «Nous n'aurons jamais fini en temps» ou encore «Et si ce livre était décevant?» Nous étions accablées par ce travail qui nous paraissait interminable. L'une de nous deux déclarait alors à l'autre: «Ne vois pas si loin. Contente-toi d'avancer d'un pas à la fois.» Ces remarques détournaient notre attention de la crainte d'une catastrophe et nous ramenaient à la réalité du travail à planifier dans l'immédiat.

Bon nombre de retardataires nous ont confié que ce genre de remarques les rassérénaient, comme s'ils se disaient: «Tout ira très bien tu verras.» Ils les entendent, ils y croient, ils sont rassurés et se sentent donc mieux en mesure de continuer.

Surmontez le premier obstacle. Au début, vous avancez probablement sans effort. Vous avez peut-être franchi aisément les premières étapes vous rapprochant de votre but. Il est toutefois presque certain que vous allez rencontrer, à un moment donné, un obstacle quelconque. La personne que vous désirez consulter est peut-être absente du bureau au moment où vous l'appelez, ou bien vous n'arrivez pas à résoudre un problème de mathématiques, ou encore il pleut à verse le jour où vous voulez commencer votre nouveau programme de jogging. Vous vous trouverez alors dans une situation délicate: celle de la première difficulté.

Les retardataires sont facilement perturbés lorsqu'un obstacle ne tombe pas immédiatement ou promet d'être difficile à surmonter. Ils se sentent frustrés dès la première difficulté et se disent: «C'est trop pour moi.» Ou l'obstacle constitue selon eux une remise en question de leur compétence: ils sont découragés si la bonne solution ne leur vient pas rapidement à l'esprit. La première difficulté — peu importe son importance — provoque chez eux un sentiment de frustration et d'humiliation.

Le danger, pour le retardataire, n'est pas d'interrompre ses efforts pour chercher une solution au problème qui se présente. D'ailleurs, il serait sage, dans certains cas, de prendre le temps de faire le point. Non, ce qui est dangereux, c'est qu'il décide de renoncer à tout effort et d'abandonner. Les difficultés démoralisent les retardataires au point qu'ils ont peine à recommencer plusieurs fois, comme cela s'avère parfois nécessaire pour résoudre certains problèmes. Malheureusement, les difficultés sont inévitables et si vous n'essayez pas de les surmonter, vos travaux ne progresseront jamais.

Lorsque vous êtes confronté à un obstacle, surtout la première fois, rappelez-vous ceci: *ce n'est qu'un obstacle.* N'y voyez pas la preuve de votre stupidité ou de votre incompétence, ne vous laissez pas gagner par le sentiment d'être indésirable. Si vous décidez de marquer un temps d'arrêt, sachez précisément où et quand vous reprendrez votre démarche et ce que vous ferez alors. N'oubliez pas que vous n'êtes pas forcé de résoudre le problème dans son ensemble du premier coup. Vous avez droit à autant de tentatives que nécessaire. Et si vous laissez le problème de côté temporairement, ne pourriez-vous pas entreprendre une autre partie de votre projet entre temps? S'il pleut, vous pourriez peut-être faire de la culture physique dans un gymnase? Si la personne que vous cherchez n'est pas à son bureau, ne pourriez-vous pas passer d'autres coups de téléphone? Il est possible de marquer une pause sans s'immobiliser complètement.

Offrez-vous une récompense. Les retardataires, qui sont des individus portés à s'adresser plus de reproches que de louanges, trouveront peut-être curieuse l'idée de se récompenser. C'est triste à dire, mais, hormis quelques rares exceptions, les retardataires sont passés maîtres dans l'art de se fustiger et n'ont jamais appris à se traiter avec la générosité qu'ils méritent parfois.

Prenons l'exemple de Roger, furieux contre lui-même à l'issue de son expérience de deux semaines. Son objectif était de régler trois comptes en souffrance, dont la seule pensée le torturait depuis de longs mois. La voix chargée d'amertume, il nous déclara n'en avoir payé qu'un seul: ses contraventions, ce qui lui permit enfin de faire immatriculer sa voiture. Mais il n'avait rien fait pour régler sa note de dentiste ni celle de sa carte de crédit. «Je croyais que cette fois j'allais enfin me tirer du chaos, mais c'est raté.»

Roger n'arrivait pas à saisir les mérites de ce qu'il avait accompli. Libéré de ses contraventions, il pouvait désormais circuler avec sa voiture immatriculée sans paniquer chaque fois qu'il croisait une voiture de police. Mais, comme la plupart des retardataires, Roger n'a pas même songé qu'il pouvait se féliciter de ce qu'il avait accompli.

Peu importe la distance qui les sépare de leur objectif, les retardataires ne veulent s'accorder de mérite ou de récompense qu'une fois leur but atteint. Et même à ce stade, leur exploit peut ne leur apporter aucun plaisir s'ils s'en veulent d'avoir reporté quelque chose en cours de route.

Chaque fois que vous accomplissez une tâche qui vous rapproche de votre but, même si vous estimez que vos progrès sont en deçà de vos espérances, accordez-vous une récompense qui renforcera votre volonté de continuer. Il peut s'agir de n'importe quoi, à condition que cela vous procure une certaine satisfaction: un dîner dans votre restaurant préféré, une soirée à regarder la télé, un week-end à la campagne, une partie de tennis, une sortie avec un ami, un bon livre. D'autres se sentiront récompensés par des félicitations, reçues d'autrui ou d'eux-mêmes.

L'efficacité d'une récompense atteint son summum lorsqu'elle suit de près l'accomplissement d'une tâche. La récompense sert d'«incitation positive», augmentant les chances qu'une telle situation se répète. Autrement dit, il est moins efficace d'aller au cinéma pour se mettre ensuite au travail que de faire le contraire.

Nous vous proposons de réfléchir à ce qui constitue pour vous des récompenses; de la sorte, au fur et à mesure que vous avancerez vers votre but, vous serez prêt à récompenser vos comportements méritoires sans tarder. Il vaut toujours mieux s'accorder une récompense que de s'adresser des reproches!

Soyez disposé à modifier votre objectif. Au fur et à mesure que vous vous rapprochez de votre objectif, vous constaterez peut-être que vous avez manqué de réalisme. Peut-être aurez-vous omis de prévoir du temps pour des engagements importants, tel un metteur en scène de nos clients qui s'était fixé un ambitieux programme de deux semaines, mais avait oublié qu'une vieille amie devait lui rendre visite à ce moment-là précisément. Ou alors, vous vous apercevez que votre projet est plus compliqué ou plus long à terminer que vous ne l'aviez escompté. Vous serez peut-être dérangé par des événements imprévus: un enfant malade, votre voiture qui tombe en panne. En pareil cas, vous serez peut-être forcé de modifier votre objectif.

Le fait de réviser votre objectif ne signifie pas nécessairement que vous avez échoué. Au contraire, il arrive qu'en acceptant ainsi de tenir compte des contraintes objectives, vous manifestiez votre capacité d'évaluer de façon réaliste ce qu'il est possible d'accomplir et de vous ajuster en conséquence, plutôt que de vous accrocher à un idéal hors de portée.

Ne visez pas la perfection. Si vous êtes perfectionniste, vous vous acharnerez peut-être à tout exécuter à la perfection, même lorsqu'il n'y aura pas lieu de viser si haut. À Noël, il est plus important d'envoyer vos cartes de voeux à temps que d'écrire dans chacune d'elles un mot original et bien rédigé faisant le point de vos occupations, de vos états d'âme et de vos pensées philosophiques.

Vous serez beaucoup plus productif, au bout du compte, si vous pouvez ne pas vous astreindre à la perfection à chaque étape. Lorsque votre perfectionnisme vous réduit à l'immobilisme, rappelez-vous: «Ne visons pas la perfection. Contentons-nous d'atteindre notre but!»

Faire le point

Une fois que vous aurez terminé votre expérience de deux semaines, revoyez mentalement comment les choses se sont déroulées. Ce retour ne se fera pas sans peine pour beaucoup de retardataires, qui détestent qu'on leur rappelle ce qu'ils ont fait — ou n'ont pas fait. Certains considèrent qu'il s'agit là d'une perte de temps. Dan, un ingénieur de quarante-sept ans, exprimait ainsi son point de vue: «Ce qui est fait est fait. C'est du passé, je ne peux rien y changer, alors pourquoi perdre du temps à y penser?»

Si vous avez pu atteindre votre objectif, vous éprouverez peut-être une certaine réticence à examiner de près les moyens que vous avez employés. Certains évitent d'analyser leurs attitudes comme par superstition, craignant d'y découvrir on ne sait quels vices cachés qui leur gâcheraient tout leur plaisir. «J'ai effectivement terminé mon projet, nous déclarait une comptable, mais j'ai tiré au flanc si souvent durant ces deux semaines que je préfère ne plus y penser. Sinon, je serais moins fière de moi.» Elle semblait prête à laisser les remords, nés des obstacles qu'elle avait dû surmonter, prendre le pas sur la fierté de la réussite.

Si votre objectif est resté hors de votre portée, vos réticences seront probablement d'autant plus grandes. Vous craindrez peut-être que cet examen de conscience n'alimente vos reproches et ne génère de nouvelles raisons de vous en vouloir de ne pas avoir mené à bien ce projet.

Cet examen de conscience se fera plus facilement si vous gardez l'esprit ouvert, si vous tâchez de faire le point d'un oeil *curieux et intéressé* plutôt que de vous juger et de vous critiquer. Que vous ayez atteint ou non votre but compte moins que votre façon de voir les choses. Si vous vous efforcez de comprendre pourquoi vous avez réussi ou échoué, vous préparez le terrain pour agir en conséquence au prochain essai.

Examinons d'abord les étapes que vous avez réussi à franchir. Dans quelle mesure vous êtes-vous rapproché de votre but? Avez-vous franchi la première étape? Jusqu'où vous êtes-vous rendu? À mi-chemin? Aux trois-quarts? Jusqu'au bout?

Une mise en garde: nombre de retardataires tendent à sous-estimer leurs efforts. Vous avez peut-être franchi des étapes qui ne figuraient pas initialement au programme? Tenez-en compte. Peut-être croyez-vous que certains efforts ne valent pas la peine d'être remarqués tant ils vous paraissent anodins? Tenez-en compte aussi. Si vous avez l'impression de n'avoir presque rien fait, ce retour en arrière vous réserve peut-être d'agréables surprises (ou des surprises désagréables si, en analysant le travail réellement exécuté, vous vous rendez compte que vous avez surestimé les tâches accomplies; mais cette constatation est tout aussi importante).

Les retardataires que nous avons interrogés à l'issue de leur expérience de deux semaines nous ont relaté des réactions très diverses. «Je suis soulagé d'avoir au moins accompli quelque chose, mais je suis déçu de ne pas m'être rendu jusqu'au bout.» «J'ai été beaucoup plus productif que je ne l'escomptais.» «J'ai rusé. J'ai réalisé mon objectif mais pas comme je l'avais prévu. J'ai pris des raccourcis et je suis mécontent de ne pas avoir respecté mon plan de travail.» «J'ai échoué de nouveau. Je n'arriverai jamais à surmonter ce problème.» «J'avais mal planifié le travail.»

«J'ai enfin le sentiment d'avoir accompli quelque chose. Pour la première fois, j'ai tenu mes promesses.»

Quels sentiments vous habitent lorsque vous passez en revue votre expérience personnelle? Dans l'ensemble, êtes-vous satisfait ou plutôt déçu? (La réaction première de la majorité des retardataires, vous l'avez probablement deviné, est la déception, nonobstant tout ce qu'ils peuvent avoir accompli.) Réfléchissez aux événements qui ont provoqué votre réaction. Êtes-vous déçu de n'avoir rien fait, ou déçu de ne pas avoir tout fait? Ce projet que vous vous reprochez de ne pas avoir mené à terme, peut-être était-il trop ambitieux? Peut-être vous sentez-vous soulagé d'avoir appris à procéder étape par étape?

Par le passé, vous décidiez peut-être de prendre du retard machinalement, sans même en être conscient. Vous ne remettiez peut-être jamais vos prétextes en question, vous vous dérobiez impulsivement. Nous espérons qu'au cours de cette expérience, vous aurez pris conscience des mécanismes de votre comportement. Ce serait déjà un pas en avant. Vous avez sans doute été tenté parfois d'ajourner une tâche, hésitant devant les deux possibilités qui s'offraient: agir ou attendre. Ces «moments de vérité», où vous pouviez soit faire un pas vers votre objectif, soit reculer, sont importants. Les décisions prises dans ces moments affectent non seulement notre productivité, mais aussi l'opinion que nous avons de nous-même.

Tentez de vous remémorer un «moment de vérité» survenu au cours de votre expérience. Si vous pouvez retrouver une étape où, après avoir hésité, vous avez décidé d'*agir*, tentez de savoir ce qui vous a motivé à vous lancer. Quel geste ou quelle pensée vous ont aidé à progresser?

Marc, ingénieur en systèmes informatiques, est féru de romans de science-fiction. Au moment précis où il s'était promis de réorganiser le rangement de ses outils, il entreprit la lecture d'un roman fascinant. Bien qu'envouté par ce monde de l'avenir, un sentiment de culpabilité le tiraillait. «J'ai fini par m'apercevoir que ce conflit me gâchait mon plaisir de lire. J'ai donc décidé de descendre à mon atelier pour dix minutes, avec l'intention de reprendre ma lecture ensuite. J'ai été alors surpris de constater que ce travail de réorganisation me plaisait bien et je suis resté plus longtemps que prévu dans mon atelier. Lorsque j'ai retrouvé mon livre, j'avais l'impression de l'avoir vraiment mérité.» Deux facteurs ont aidé Marc à progresser. Tout d'abord, s'étant fixé une première étape modeste, il ne s'est pas senti emprisonné dans son atelier. Ensuite, le plaisir véritable qu'il a tiré de sa lecture l'a récompensé de ses efforts.

Vous vous souvenez peut-être d'une occasion moins heureuse, un «moment de vérité» où vous avez choisi de reculer. Dans quelles circonstances cela s'est-il produit? Quelles pensées, quels sentiments ou quelles images ont entravé vos progrès?

Prenons le cas d'Élizabeth, une journaliste à la pige qui avait choisi d'aller au cinéma au lieu de rédiger l'article qu'attendait son chef de bureau. Elle s'en expliqua ainsi: «Je me sentais agitée, je ne savais pas trop quoi faire de mes dix doigts. Il fallait absolument que je sorte de chez moi.» Après mûre réflexion, Élizabeth s'aperçut qu'elle se sentait un peu seule, qu'elle ne voulait pas rester enfermée chez elle. «Au cinéma j'étais entourée des autres spectateurs; cela m'a fait du bien.» Pourquoi ce sentiment de solitude? elle se rappela qu'elle devait rencontrer un ami pour déjeuner ce jour-là, mais qu'il avait annulé leur rendez-vous. «Je me réjouissais à l'idée de le voir et ce faux-bond m'a laissé un sentiment d'isolement. Je me suis sentie réellement seule.» Elle avait dû y réfléchir longtemps, mais Élizabeth avait fini par prendre conscience que son retard avait en fait servi à compenser le contact social qu'elle n'avait pu avoir. Si elle l'avait compris ce jour-là, elle aurait pu combler ce besoin de compagnie en invitant quelqu'un à venir travailler chez elle.

Il n'est pas toujours simple de saisir quelles pensées, quelles émotions, quelles réactions vous habitent au moment où vous remettez quelque chose à plus tard. Si, comme Élizabeth, vous y réfléchissez sérieusement, en vous interrogeant tel un détective à l'affût d'indices, vos raisons d'ajourner l'exécution d'un projet deviendront peut-être plus évidentes.

Passez mentalement en revue la manière dont vous avez progressé vers votre objectif, votre façon de définir, d'entreprendre et de mener à terme votre projet. Si vous deviez changer *un* élément, lequel choisiriez-vous? À l'instar de Simon qui, sentant qu'il n'arrivait pas à étudier dans sa chambre, décida alors de se rendre à la bibliothèque, comment voudriez-vous changer votre façon de faire afin d'augmenter à l'avenir vos chances de réussite?

Chapitre 9

Apprendre à gérer son temps

De prime abord, la procrastination semble n'être qu'un simple problème de gestion du temps. Si vous organisiez mieux votre emploi du temps et le suiviez plus assidûment, vous ne seriez jamais en retard. De nombreux retardataires s'adressent d'ailleurs à des experts-conseils de la gestion du temps. Vous avez peut-être déjà consulté un ou plusieurs des nombreux ouvrages publiés sur le sujet, et peut-être même constaté le bien-fondé de leurs conseils, sans pour autant réussir à les mettre en pratique. Vous le feriez si vous le pouviez. Pourquoi n'y arrivez-vous pas?

Le temps est l'une des grandes énigmes qui se pose aux retardataires. Voilà qui peut paraître paradoxal — après tout, les questions de temps les préoccupent beaucoup: ils sont toujours à vérifier de combien de temps ils disposent pour achever leurs travaux. Ils essaient constamment de déjouer les horloges: «Je vais au cinéma ce soir; mon rapport sera quand même terminé à temps pour la réunion de demain à midi»; «Je peux flâner maintenant, je rattraperai le temps perdu plus tard, c'est tout.»

Néanmoins, bien qu'ils ne soient plus des novices dans l'art de contourner les contraintes du temps qui s'écoule, les retardataires ont une notion du temps très peu réaliste. En matière d'heures, ils sont portés à prendre leurs désirs pour des réalités, espérant qu'elles se multiplieront par magie, comme s'ils oubliaient qu'il n'y a que vingt-quatre heures dans une journée.

En général, les retardataires n'arrivent précisément que très difficilement à accepter le fait suivant: le temps est une quantité mesurable, fixe et limitée. Ils préfèrent, nous l'avons vu, se cantonner dans les domaines vagues du possible et du potentiel et rechignent devant le concret, le mesuré, le restreint. Lorsqu'ils finissent par être pris de court, ils sont surpris, déçus, parfois même offensés. Pour être en mesure d'utiliser les techniques de gestion du temps présentées ici et ailleurs, vous serez peut-être forcé de reconnaître que votre notion du temps est irréaliste. Demandez-vous si vous savez vraiment mesurer le temps. La plupart des retardataires en sont incapables.

Arrivez-vous à évaluer correctement le temps qu'il vous faudra pour accomplir une tâche? Les gens sous-estiment parfois la durée d'un travail, se disant: «Cette année, cela ne devrait pas me prendre plus de deux ou trois heures pour terminer ma déclaration de revenus puisque les formulaires ont été simplifiés.» Pourtant les années précédentes, ils n'en sont jamais venus à bout en moins de deux jours. Il arrive aussi que les retardataires surestiment le temps exigé pour terminer un projet, tel que nettoyer le sous-sol par exemple, parce qu'ils tiennent le raisonnement suivant: «Je n'ai pas le temps de faire ça maintenant, cela va me prendre une éternité.» Dans les deux cas, le résultat est le même: ils ne font rien.

Savez-vous de combien de temps vous disposez? «Je remets à samedi la rédaction du plan de mon exposé de ventes, se disait un représentant de ventes. Je le finirai pendant le week-end.» Il oubliait cependant le temps qu'il comptait consacrer à sa famille.

Arrivez-vous à rendre compte de votre temps? «Les heures me filent entre les doigts, et je ne sais ni où elles vont ni ce que j'en fais«, se plaignait une femme qui n'arrivait pas à s'expliquer son manque de productivité.

Dans ce chapitre, nous vous exposerons différentes façons d'améliorer votre notion et votre utilisation du temps. Nous avons choisi de présenter certaines techniques de gestion du temps particulièrement utiles pour les retardataires, choix dont nous vous donnerons les raisons. Ayant également prévu les difficultés que vous éprouverez peut-être à les mettre en pratique, nous vous offrirons des conseils, ou des points de vue à adopter, afin de vous faciliter la tâche.

«L'anti-agenda»

Le psychologue Neil Fiore a mis au point une méthode pour suivre le fil du temps, conçue à l'intention des retardataires. Il a en effet observé que bien des gens se dressent un horaire qu'ils ne respectent pas, ce qui les déçoit et les conduit au bout du compte à y renoncer. Le Dr Fiore recommande donc aux retardataires de tenir non pas un agenda de ce qu'ils *doivent* faire, mais plutôt un «anti-agenda».

Cet «anti-agenda» est un calendrier hebdomadaire où figurent toutes vos activités prévisibles; il peut vous aider à atteindre votre objectif de deux manières. Tout d'abord, puisqu'il vous permet de récapituler vos périodes d'occupation, vous pouvez mesurer le temps dont vous disposez pour réaliser votre objectif. Dans un second temps, vous n'avez qu'à le consulter à la fin de la semaine pour savoir de quelle manière vous avez occupé votre temps.

Pensez à la semaine qui vient, à partir de demain. Servez-vous de l'agenda vierge qui figure sur les pages 196 et 197 comme modèle, et inscrivez toutes les activités que vous prévoyez accomplir au cours de cette semaine, sans tenir compte de leur importance relative. Indiquez toutes les heures où vous serez probablement occupé à une activité prévisible. Si vous savez l'heure exacte d'une occupation, notez-la dans la case appropriée; par exemple: Réunion mardi 12-13 h. Si vous ignorez encore à quelle heure se déroulera une activité, évaluez le temps que vous prévoyez y consacrer, puis choisissez la journée qui s'y prêterait le mieux. Notez aussi tous les engagements exceptionnels prévus pour cette semaine: conférences ou soirée au théâtre, par exemple. Les heures consacrées aux tâches routinières, telles que la lessive, devraient aussi figurer dans votre «anti-agenda».

Revoyez toute la gamme des activités qui vous occupent: travail, réunions et rendez-vous habituels; cours et activités sociales; activités physiques; repas, y compris le temps de préparation et de rangement; tâches domestiques, telles que la lessive, les courses, le ménage; famille et amis; sommeil. Si vous écoutez régulièrement les informations, les sports ou votre émission de télé préférée, notez-le également. Prévoyez le temps

Agenda hebdomadaire **Semaine du:** ____________

	Lundi	Mardi	Mercredi	Jeudi	Vendredi	Samedi	Dimanche
7							
8							
9							
10							
11							
Midi							
13							
14							
15							

16							
17							
18							
19							
20							
21							
22							
23							
24							
Heures							

Nombre d'heures
consacrées à mon objectif: ____________________

Agenda hebdomadaire **Semaine du:** 11 au 18 septembre

	Lundi	Mardi	Mercredi	Jeudi	Vendredi	Samedi	Dimanche
7	Lever, douche petit déjeuner en famille	→	→	→	→	Dormir	Dormir
8		Aller chez le dentiste		Aller à l'école		↓	↓
9	Aller à l'école	Rendez-vous dentiste	Aller à l'école	Heures de bureau	Aller à l'école	Douche, petit déjeuner	Douche, petit déjeuner
10	Préparation de cours	↓	Préparation de cours	↓	Préparation de cours		Lire le Journal
11	Cours		Cours		Cours		↓
Midi	Déjeuner	Préparation de cours	Déjeuner	Déjeuner avec Janice	Courses: banque, nettoyeur épicerie		
13	rencontre avec directeur	Cours	Heures de bureau	Cours	↓	Ménage maison	Jardinage
14		↓	↓			↓	↓
15		HEURES DE BUREAU		Rentrer à la maison Conduire Élise à son cours piano			

16		Assemblée départementale	Rentrer à la maison	→	Ranger épicerie / Relaxer		
17	Jogging	Rentrer à la maison / Informations à la télé	Jogging	Préparer le dîner	Informations à la télé		Dîner Barbecue
18	Préparer le dîner	Préparer le dîner	Préparer le dîner	Dîner / Aller au cours	Préparer le dîner		
19	Dîner en famille	→	→	Cours de céramique	Dîner en famille	Rendez-vous dîner avec Cath. et Pierre	Télé
20	Passer du temps avec Maurice et les enfants	→	→	↓	↓	↓	
21				Rentrer à la maison	Regarder "DALLAS"	↓	
22						↓	
23	Informations à la télé	→	→	→		↓	
24	Dormir	→	→	→	→	↓	
Heures							

Nombre d'heures
consacrées à mon objectif: ______________

supplémentaire que vous passez à lire le journal du samedi. N'oubliez pas de compter vos heures de déplacement. Consultez s'il le faut votre carnet de rendez-vous ou votre calendrier pour vous remémorer vos rendez-vous. (Et si vous n'en possédez pas, vous êtes mal parti — achetez-en un!) Vous trouverez, aux pages 198 et 199, l'«anti-agenda» de Marsha, une enseignante qui prend toujours du retard pour corriger les travaux de mi-session de ses élèves.

N'oubliez pas que nous ne vous demandons pas de noter les tâches que vous pensez *devoir* accomplir. N'indiquez pas le jour où vous espérez entreprendre votre objectif de comportement ni celui où vous aimeriez écrire une lettre à un vieil ami.

Si vous êtes étudiant(e), n'inscrivez pas les heures que vous comptez consacrer à vos devoirs. Il ne s'agit pas ici de vous engager à effectuer des tâches supplémentaires; nous vous demandons seulement de récapituler les heures d'occupation *déjà prévues* pour cette semaine.

Lorsque vous aurez rempli votre «anti-agenda», examinez-le: il représente une semaine de votre vie. Que ressentez-vous à la pensée de vivre ces sept prochains jours? Un sentiment d'accablement à la vue de tout ce qui vous attend? De l'anxiété à l'idée de devoir meubler tout ce temps libre? Êtes-vous déprimé d'avoir si peu de temps à vous? Examinez ce que vous ressentez en traversant mentalement cette semaine et demandez-vous quels éléments de votre horaire vous font réagir ainsi.

L'«anti-agenda» peut vous renseigner sur le temps dont vous disposez pour vos projets. Les cases restées vides correspondant à tous vos moments libres, vous savez maintenant le nombre *maximum* d'heures que vous pouvez consacrer à vos projets. Il est entendu que personne n'affecte tout son temps libre à un seul projet, mais l'«anti-agenda» vous renseigne quant au temps potentiellement disponible.

Un dessinateur industriel avait décidé de terminer en une semaine un dessin commandé par un client: c'était l'objectif de comportement qu'il s'était fixé. Il comptait consacrer trois heures par jour à ce projet. Une fois son «anti-agenda» rempli, force lui fut de constater qu'il ne lui restait pas trois heures de libres par jour! Compte tenu de son actuel emploi du temps, il lui était impossible d'atteindre son objectif. En sous-estimant la quantité de temps déjà réservé à d'autres activités, il se vouait à l'échec. Il lui faudrait soit modifier son objectif, soit reformuler son emploi du temps.

Peut-être faites-vous partie de ces gens qui disposent d'un grand nombre d'heures libres. Nombreux sont ceux qui, parce qu'ils ne travaillent qu'à mi-temps, sont au chômage ou travaillent pour leur propre compte, disposent de longs moments de «liberté». Les retardataires peuvent se sentir très angoissés par tout ce «temps libre», car ils doivent alors structurer eux-mêmes leur emploi du temps s'ils veulent être productifs.

L'«anti-agenda» peut être révélateur sur la façon dont vous gérez votre temps. Ce n'est qu'au moment de remplir son «anti-agenda» qu'un étudiant de maîtrise, pourtant très intelligent, constata qu'il s'imaginait qu'il pouvait se lever à 8 h 50 un matin où il avait cours à 9 h. Il oubliait systématiquement, autant dans son «anti-agenda» que durant la journée, de prévoir du temps pour ses déplacements. Il arrivait évidemment en retard partout!

En examinant leurs engagements, certains s'aperçoivent parfois combien ils consacrent d'heures à des activités sociales et récréatives. Ayant préparé d'avance leurs prétextes, ces retardataires croient honorer des engagements quand vient le moment où ils ajournent, peut-être même inconsciemment, un projet ou une obligation. «J'inscris tellement d'activités sociales sur mon agenda qu'après le travail, je n'ai même pas le temps de me demander si oui ou non je commencerai à écrire mon livre, nous confiait la rédactrice d'une revue. J'ai tout juste le temps de me rendre à mes rendez-vous.»

Établissez judicieusement votre «anti-agenda»: votre emploi du temps est-il bien équilibré? Certains retardataires omettent de s'accorder des moments de détente. Anita, courtière en immobilier, s'en était rendu compte. «J'ai oublié les distractions! Tout ce travail qui m'attend me culpabilise tellement que je crois ne pas avoir droit au moindre plaisir. Par étonnant que je sois tendue en permanence.»

Certains retardataires prévoient trop d'activités mondaines et

Agenda hebdomadaire **Semaine du:** 11 au 18 septembre

	Lundi	Mardi	Mercredi	Jeudi	Vendredi	Samedi	Dimanche
7	Lever, douche petit déjeuner en famille	→	→	→	→	Dormir	Dormir
8		Aller chez le dentiste		Aller à l'école		↓	↓
9	Aller à l'école	Rendez-vous dentiste	Aller à l'école	Heures de bureau	Aller à l'école	Douche, petit déjeuner	Douche, petit déjeuner
10	Préparation de cours	↓	Préparation de cours	↓	Préparation de cours		Lire le journal
11	Cours		Cours	↓	Cours		↓
Midi	Déjeuner	Préparation de cours	Déjeuner	Déjeuner avec Janice			
13	Rencontre avec directeur	Cours	Heures	Cours	Courses: banque, nettoyeur épicerie	Ménage maison	Jardinage
14	Rentrer à la maison		de	↓ Rentrer à la maison	↓	↓	↓
15		Heures de bureau	bureau ↓	Conduire Elise à son cours piano	↓		

16		Assemblée départementale	Rentrer à la maison	↓	Ranger épicerie Relaxer	Jouer au tennis	
17	Jogging	Rentrer à la maison Informations à la télé	Jogging	Préparer le dîner	Informations à la télé	↓	Dîner barbecue
18	Préparer le dîner	Préparer le dîner	Préparer le dîner	Dîner Aller au cours	Préparer le dîner		↓
19	Dîner en famille	→	→	Cours de céramique	Dîner en famille	Rendez-vous avec Cath. et Pierre	Télé
20	Passer du temps avec Maurice et les enfants			↓		↓	
21				Rentrer à la maison	Regarder "DALLAS"		
22							
23	Informations à la télé	→	→	→			
24	Dormir	→	→	→	→	↓	Dormir
Heures	1	0	½	0	0	2	2

Nombre d'heures consacrées à mon objectif: 5 ½ hres

ne s'accordent aucun moment de solitude. D'autres se détournent des gens et s'organisent une existence trop retirée. Qu'avez-vous omis dans votre emploi du temps? Des moments à passer en famille? Des activités physiques? Du temps pour lire tranquillement? La plupart des retardataires sont portés à s'interdire tous les plaisirs. Même ceux qui passent sans relâche d'une activité récréative à une autre ne trouvent pas toujours d'agrément à cette ronde frénétique. «J'ai fini par arrêter de courir après ma queue et, pour la première fois depuis longtemps, j'ai regardé le soleil se coucher un soir. J'ai retrouvé le plaisir que me procure ce moment de la journée, et j'espère bien renouveler l'expérience. Cela m'apaise, ce ciel qui change de couleur, puis qui s'assombrit. Je me retrouve», nous a dit un journaliste à la pige.

Vous pouvez utiliser votre «anti-agenda» pour noter les progrès que vous faites vers votre objectif de comportement ou tout autre projet. Chaque fois que vous y aurez consacré une demi-heure, noircissez la moitié de la case correspondante de votre «anti-agenda». Si vous avez travaillé pendant une heure, noircissez la case entière. (Certaines personnes se prennent au jeu et se servent d'une couleur différente pour chaque activité.) En totalisant les cases à la fin de la semaine, vous obtiendrez le nombre d'heures consacrées à votre objectif. Ainsi, Marsha a réservé à son objectif une heure le lundi, trente minutes le mercredi, deux heures le samedi et deux heures le dimanche, pour un total de cinq heures et demie. (L'«anti-agenda» complet de Marsha figure aux pages 202 et 203.)

Rappelez-vous de ne noter vos progrès *qu'après* les avoir accomplis car votre semaine ne suivra pas toujours le cours que vous pensiez lui donner. Vous noirciriez peut-être ainsi des cases correspondant à des heures que vous n'aviez pas prévu de consacrer à votre objectif.

Ce moyen très simple de suivre votre progression vers votre but offre plusieurs avantages. En enregistrant vos progrès *après* les avoir réalisés, vous fixez votre attention sur ce que vous avez effectivement accompli. Au lieu de vous faire des promesses sur le moment et la durée de temps que vous allez consacrer à votre travail — promesses qui risquent, si vous ne les respectez pas, de vous laisser sur un échec —, vous noterez de véritables accomplissements, plus aptes à vous donner le goût de la réussite. Cette façon d'observer vos progrès vous apprendra à voir votre bouteille comme étant à moitié pleine plutôt qu'à demi-vide.

D'autre part, les cases noircies sont la *récompense* de votre comportement productif. Moins vous tarderez à indiquer dans votre «anti-agenda» les progrès que vous venez d'accomplir, plus ces cases noircies vous stimuleront. La vue du nombre de cases noircies croissant au fil des jours vous motivera peut-être à continuer. «Ces cases me font le même effet que les étoiles dans mes cahiers d'écolier», faisait remarquer un retardataire qui avait trouvé l'«anti-agenda» particulièrement utile. «Chaque case noircie me procure un sentiment de satisfacton et me donne le goût d'aller de l'avant.»

Récompenser les progrès accomplis après trente minutes de travail est également un bon moyen d'admettre que même des efforts d'une demi-heure sont valables. L'«anti-agenda» vous indique les courts moments où vous pouvez vous adonner à votre objectif et vous aide à vous récompenser pour chaque demi-heure que vous y avez consacrée.

En enregistrant le nombre d'heures où vous avez travaillé en vue d'atteindre votre objectif, vous pratiquez ce que l'on appelle l'«autocontrôle». Des recherches en psychologie ont montré que le simple fait d'observer vos faits et gestes vous encourage à redoubler vos efforts.

Grâce à cette méthode d'autocontrôle, les retardataires apprennent aussi à être plus réalistes. Le décompte du nombre d'heures consacrées à votre objectif est une activité très concrète. Impossible de vous persuader que vous avez abattu une besogne énorme si vous constatez que vous n'avez passé qu'une demi-heure dans la semaine à travailler sur votre projet. De la même manière, si votre «anti-agenda» indique dix heures de travail, vous ne pouvez vous accuser d'oisiveté. Vous remarquerez peut-être que vos impressions et ce que les chiffres vous rapportent ne correspondront pas: malgré dix heures de travail, vous vous sentirez imparfait ou mécontent. Néanmoins, en ayant pris soin de noter ces dix heures vous vous serez donné un moyen concret de réfuter ces sentiments de déception. Suivre le fil de vos efforts est une réponse objective et réaliste à l'habituelle attitude, vague et subjective, des retardataires. Selon nous, l'«anti-agenda» vous sera d'un grand secours pour acquérir la notion du temps, en vous permettant de contrôler régulièrement vos projets et vos activités.

Comment améliorer votre emploi du temps

L'entraînement. «J'aurai lu *Guerre et paix* en deux soirées.» «Cet après-midi, je prends congé et je me trouve un appartement.» «Je devrais pouvoir expédier mon rapport annuel en une heure.» Vous constatez probablement que ces prévisions manquent de réalisme. Il va sans dire qu'aucun de ces projets ne peut être terminé en si peu de temps. Néanmoins, aux yeux d'un étudiant qui n'arrive plus à fournir les efforts nécessaires pour son cours de littérature russe, d'une enseignante débordée qui ne pense qu'à quitter le foyer familial, d'un gérant des ventes qui n'a toujours pas compilé ses statistiques annuelles, ces évaluations paraissent justes. Des prévisions aussi absurdes, il vous est probablement déjà arrivé d'en formuler et de vous convaincre de leur réalisme.

Vous pouvez arriver à ne plus prendre vos rêves pour des réalités en comparant vos estimations avec le temps que vous mettez réellement à faire quelque chose. Vous pourriez, par exemple, évaluer le temps qu'il vous faut pour quitter la maison le matin, en chronométrant à partir du moment où sonne votre réveil, jusqu'à ce que vous fermiez la porte de la maison. Ou bien comparez le nombre de pages que vous lisez en une heure selon qu'il s'agit d'un ouvrage sérieux et difficile ou d'un roman divertissant. Ou encore, minutez le temps requis pour traverser la ville en voiture. Un homme d'affaires de Montréal, retardataire chronique, mesurait ainsi le temps dont il avait besoin pour se rendre à Laval: «Trente minutes s'il n'y a pas trop de circulation.» Très juste, sauf qu'il s'y rendait toujours à l'heure des embouteillages.

Mettre tout votre temps à profit. Les retardataires pourraient tirer grand profit de la méthode qu'a décrite Alan Lakein dans son livre intitulé *How to Get Control of Your Time and Your Life* (Comment prendre le contrôle de votre temps et de votre vie). Il suggère de venir à bout des travaux d'envergure par petites étapes, c'est-à-dire de ne pas attendre de pouvoir y consacrer plusieurs heures, mais d'utiliser tous vos petits moments libres. Il sera peut-être beaucoup plus facile d'entreprendre vos projets, ou de maintenir votre élan une fois parti, si vous appliquez cette méthode.

Selon cette méthode — et c'est là qu'elle prend tout son sens —, chaque instant, aussi court soit-il, mérite d'être utilisé. Vous ne pouvez terminer votre rapport en moins de dix heures, mais vous pouvez néanmoins le commencer, même si vous n'avez pas dix heures consécutives à y consacrer. Vous pouvez franchir beaucoup d'étapes essentielles en ne travaillant qu'un quart d'heure. Si vous vous sentez débordé, vous pourriez dresser une liste. Si vous avez jusqu'à présent évité d'entrer dans la pièce où vous attendent vos projets inachevés, vous pourriez aller vous y asseoir pendant quinze minutes, histoire de vous y habituer.

Il arrivera parfois que des petits moments que vous aviez cru réservés se libèrent. Un collègue annule un rendez-vous qui devait durer une demi-heure? Voilà trente minutes. Vous terminez tous vos appels dix minutes avant la fermeture des bureaux? Ce sont dix minutes que vous pouvez consacrer à votre projet.

Il vous sera aussi moins pénible de travailler pendant un court laps de temps. Bien que votre tâche puisse vous paraître difficile, déplaisante ou fastidieuse, vous êtes probablement capable de supporter n'importe quoi pendant un quart d'heure. L'intolérable s'adoucit quand vous savez que vous ne vous êtes pas attaqué à une tâche sans fin. Et vous serez certainement fier de vous si vous parvenez à abattre même une infime partie du travail. Vos progrès vous procureront un sentiment de satisfaction qui pourra servir de récompense. Croyez-le ou non, vous serez peut-être tenté ensuite de vous remettre à la tâche afin d'éprouver à nouveau ce sentiment de bien-être.

Les retardataires découvriront que cette méthode offre de

nombreux avantages. D'abord, elle est réaliste. Vous avez plus de chances de pouvoir disposer de quinze ou de trente minutes par-ci par-là, que de plusieurs heures consécutives. «J'avais accumulé tellement de paperasserie, nous confiait une travailleuse sociale, que je pensais devoir consacrer une journée entière exclusivement au classement. Comme de raison, je ne disposais jamais d'une pleine journée libre, donc je ne m'y mettais jamais et les dossiers continuaient à s'entasser.» Si vous attendez d'avoir de longues périodes de temps libre, vous risquez d'attendre longtemps.

De plus, apprendre à limiter la durée de leurs périodes de travail est un bon exercice pour les retardataires. Cela les aide à combattre l'illusion de devoir attendre le jour où ils disposeront de tout leur temps pour que leurs forces se décuplent et leur permettent d'abattre tout le travail d'un seul trait. Très rares sont ceux qui peuvent disposer d'autant de temps et d'énergie, surtout en même temps.

Voilà qui contraste profondément avec l'habitude que vous avez probablement de considérer votre travail comme une punition. Il vous est peut-être arrivé de vous condamner à une fin de semaine de travaux forcés, pour rattraper le temps perdu sur une tâche ajournée. Mais ces deux jours de consigne vous donnent le sentiment d'être prisonnier dans votre bureau alors qu'autour de vous, on joue au football et on va à la plage. L'idée de passer un dimanche solitaire et fatigant n'a rien de très séduisant, alors vous évitez d'y penser. L'expérience confirme les données de la recherche: on ne motive pas en punissant. Mieux vaut se tendre une petite carotte que de se frapper à coups de bâton.

Si votre comportement de retardataire est le fruit d'un conflit de volontés, comme nous l'expliquons au chapitre trois, travailler pendant de brèves périodes vous sera particulièrement bénéfique. Si vous reportez à plus tard parce que vous n'aimez pas vous sentir dominé ou recevoir des ordres, vous signalez par votre comportement que «personne ne peut vous contraindre à accomplir cette tâche». Vous mettre au travail équivaut d'une certaine manière à renoncer à votre liberté et à votre autonomie. Mais si vous décidez d'établir *vos* propres limites de temps, de ne travailler que dix, ou cinq minutes, *et pas une minute de plus*, vous aurez alors de nouveau l'impression, primordiale pour vous, de maîtriser la situation, sans pour autant vous être immobilisé.

Utiliser de brefs moments libres est une méthode efficace. Un professeur d'université particulièrement satisfait de cette méthode nous confiait: «Chaque fois que j'entreprends une tâche, qu'il s'agisse de corriger des travaux ou de ranger mes placards, je règle mon réveil pour qu'il sonne dans une heure. Ça m'aide à démarrer, et je sais que je verrai mon travail achevé!» Tous ne s'y résignent pas aussi facilement. Si vos efforts ne donnent pas immédiatement des résultats tangibles, vous ne vous accorderez peut-être pas plus de mérite que si vous étiez resté inactif. Vous trouverez peut-être déshonorant d'avancer à petits pas. Ce n'est pas aussi exaltant que de pouvoir attaquer et réussir d'un seul coup, comme nous disait un avocat qui n'arrivait pas à appliquer cette méthode: «Je n'ai pas plus envie d'entreprendre un travail si je n'ai pas le temps de le terminer. Ça ne donne rien de viser trop haut, j'en suis conscient, mais c'est ma façon de fonctionner.» Vouloir faire «tout ou rien» est un risque que courent en permanence les retardataires, risque qu'ils peuvent toutefois éluder en mettant à profit leurs petits moments libres.

S'attendre aux interruptions et aux dérangements. La règle de Murphy dit: *Ce qui peut faire défaut fera défaut.* Mais nombre de retardataires croient que le jour où ils décideront enfin de se mettre au travail, cette règle empirique ne les concernera pas.

Lucien devait se présenter pour une entrevue à 10 h un lundi matin. On lui avait demandé d'apporter un curriculum vitae qu'il comptait mettre à jour durant la fin de semaine. Ayant reporté cette tâche deux jours de suite, il finit par l'entreprendre le dimanche soir. À 21 h, il était prêt à dactylographier le document.

Au bout d'à peine deux lignes, il s'aperçut avec consternation qu'il discernait à peine les mots sur la feuille. Il lui faudrait acheter un ruban neuf. Mais où en trouver un à une heure si tardive un dimanche soir? S'il attendait le lendemain matin, parviendrait-il à taper le document sans arriver en retard à son entrevue? Pris de panique, il feuilleta en vain l'annuaire dans l'espoir de trouver un magasin ouvert à cette heure.

Très contrarié et furieux contre lui-même, Lucien entreprit d'appeler ses amis pour les supplier de lui prêter une machine. Ayant fini par en trouver une, il dut alors sauter dans sa voiture pour se rendre chez son ami, puis taper son curriculum sur une machine qu'il connaissait mal. Cumulant les fautes, poussant des jurons contre la maudite machine, il s'énervait de plus en plus. Ce n'est qu'à 1 h du matin que Lucien rentra enfin chez lui, son curriculum légèrement taché entre les mains. Épuisé, il savait bien qu'il ne serait pas en forme pour son entrevue le lendemain.

Vous êtes probablement nombreux à avoir vécu des incidents semblables, où vos retards vous ont mis dans l'embarras, à cause d'un pépin survenu à la dernière minute. Des obstacles imprévus, un coup de téléphone oublié ou un document perdu peuvent vous faire perdre tous vos moyens. Pourquoi ne pas avoir prévu ces complications «éventuelles»? Pourquoi croire que vos efforts sont seuls à peser dans la balance? Une fois que *vous* avez surmonté vos réticences, que vous êtes prêt à travailler, vous attendez du reste du monde qu'il emboîte le pas.

Malheureusement, votre résolution soudaine passe souvent inaperçue, et les choses continuent à se compliquer selon leur habitude. Vous ne pouvez pas *tout* maîtriser. Vous n'arriverez pas à l'heure à l'aéroport s'il y a un embouteillage. Vous ne pourrez pas soumettre votre rapport au conseil d'administration si la photocopieuse tombe en panne. Vous étudierez mal le soir si vous êtes enrhumé. Sachez au départ que des ennuis imprévus peuvent se produire; vous les accepterez ainsi plus facilement, au lieu de vous énerver ou de vous affoler.

Déléguer. En déléguant une part de votre travail à quelqu'un, vous améliorez votre efficacité. Si vous déplacez une partie de votre fardeau sur les épaules d'un tiers, vous pouvez vous concentrer sur des tâches plus importantes. Pour cela, vous devez d'abord déterminer les tâches qui peuvent être exécutées par quelqu'un d'autre, puis trouver les personnes aptes à s'en charger, définir les tâches avec précision et enfin surveiller la bonne marche des travaux.

Voilà qui paraît sensé et intéressant. On serait porté à croire que les retardataires sauteront sur l'occasion pour se libérer de leur fardeau. Pourtant, lorsque nous invitons les gens à nommer un projet qu'ils pourraient déléguer à une tierce personne, ils soulèvent généralement des objections au lieu de se montrer soulagés. Pourquoi?

«Je devrais pouvoir m'en sortir tout seul.» Votre quête de la perfection vous porte peut-être à croire que vous ne devez jamais chercher de l'aide. Ainsi, si vous vous faites aider, vous aurez l'impression de ne pas assumer vos responsabilités ou d'être moins compétent. «J'ai songé à retenir les services d'une bonne pour s'occuper de la maison advenant le cas où je devrais me charger d'une cause importante, nous racontait une avocate, mais je connais des femmes qui réussissent à s'organiser toutes seules et il me semble que je devrais y arriver moi aussi.»

Selon nous, déléguer ne signifie pas faillir. C'est une habileté. Le véritable échec est en réalité de vous agripper à toutes vos tâches sans réussir à en accomplir la moitié.

«Personne d'autre que moi ne peut le faire correctement.» Voilà un autre des pièges du perfectionnisme. Bien sûr il existe des tâches dont vous seul pouvez vous acquitter, mais est-ce le cas de toutes celles qui figurent sur votre liste de tâches inachevées? Même si le résultat final s'avère quelque peu différent de ce que vous aviez prévu, il vaut tout de même mieux voir un travail terminé, même si c'est par quelqu'un d'autre, que de le reporter indéfiniment. La délégation entraîne certes une perte d'emprise, mais vous devrez peut-être vous y résigner afin de terminer un projet.

«Déléguer une part de son travail, c'est se défiler.» Vous avez peut-être honte de demander de l'aide. Vous croyez sans doute que vous devez jouer le martyr pour racheter vos péchés de retardataire. Vous croyant indigne d'être aidé, vous vous refusez le droit de vous décharger d'un peu de travail ou de compter sur autrui.

Refuser toute aide peut vous conduire à l'«immolation». «J'étais le seul membre du comité qui ne s'était pas préparé pour la réunion», déclarait un membre du conseil d'administration d'un organisme de charité. «J'ai éprouvé une telle honte que j'ai refusé d'en parler à quiconque. Ils avaient tous fait leur travail; de quel droit pouvais-je leur demander de me prêter main-forte? Je m'étais promis d'être fin prêt pour la prochaine réunion, mais comme ce ne fut pas le cas, je n'y suis pas allé. J'ai fini par démissionner.»

Une telle attitude stoïque et punitive ne vous rend pas plus productif; elle augmente au contraire la tension et, par conséquent, vient s'ajouter à vos tourments. Accroître la tension, nous le répétons, signifie multiplier vos problèmes.

«Et si je ne confiais pas le travail à la bonne personne?» Même si vous admettez qu'en théorie certaines tâches peuvent être confiées à quelqu'un d'autre, vous remettrez peut-être à plus tard le choix de la tâche et de la personne. Il est préférable de choisir une personne capable de vous aider, qui n'ait pas de grief contre vous et qui ne soit ni perfectionniste ni retardataire. Il vaut également mieux déléguer des tâches dont vous n'êtes pas obligé de surveiller l'exécution du début à la fin, à défaut de quoi vous irez à l'encontre de votre but. Mais si vous tenez pour acquis qu'il n'y a qu'une seule bonne façon de vous faire aider, vous serez tellement bloqué par le désir de trouver la solution parfaite et d'examiner toutes les facettes du problème, que vous serez incapable de prendre une décision. Peu importe la tâche dont vous vous déchargez, qu'elle soit banale ou essentielle, vous allégerez votre fardeau.

«Je n'aurai plus d'échappatoires.» Imaginez qu'on vienne vous prêter main-forte pour vous décharger de toutes ces responsabilités qui vous écrasent. Qu'arriverait-il alors? Délivré de toutes vos obligations pressantes, il vous serait moins facile de ne pas affronter les tâches réellement importantes que vous aviez jusqu'alors évitées. Vous seriez forcé d'affronter vos peurs. Vous devez donc vous attendre à éprouver au départ plus d'angoisse que de soulagement si vous réussissez à réduire votre liste de travaux inachevés. Mais si vous persistez, l'angoisse finira par céder le pas à l'apaisement.

Ne gaspillez pas votre énergie. Nous avons connu un étudiant, Gilles, qui s'était inscrit à six cours, jouait de la trompette dans la fanfare du collège, faisait partie d'une équipe intercollégiale de football et qui rendait souvent visite à sa petite amie. Il trouvait à peine le temps d'étudier durant ses déplacements ou entre une répétition de fanfare et une partie de football. Bien qu'il affirmât placer ses études en priorité, Gilles agissait comme si ces dernières représentaient le dernier de ses soucis.

De toute évidence, il aurait dû renoncer à une activité quelconque s'il voulait améliorer ses résultats scolaires, réduire par exemple son nombre de cours ou abandonner le sport ou la fanfare. Mais Gilles refusait d'écouter ce conseil, car il voulait tout faire en même temps.

Peut-on relier le fait de se surcharger et celui de tout remettre au lendemain? Oui, si, comme dans le cas de Gilles, votre frénésie vous sert à éviter des choses plus importantes. En vous surchargeant d'obligations, vous montez le décor de vos retards et de plus, vous préparez vos prétextes: «Ce n'est pas que je remets à plus tard. Je n'ai pas le temps de tout faire, c'est tout.»

Examinez bien vos engagements (vous pouvez utiliser votre «anti-agenda»): Vos activités sont-elles trop dispersées? Vous êtes-vous arrangé pour remettre à plus tard des tâches importantes? Ne pourriez-vous pas abandonner quelque chose? Vous devrez peut-être renoncer à votre sport favori, par exemple, mais ne pensez-vous pas que cela serait au profit de votre objectif principal?

Nous avons appris cette leçon à nos dépens. Nous avions tenté de concilier un emploi à plein temps et la rédaction de ce livre. Vous devinez ce qui s'est produit? Nous n'y sommes évidemment pas parvenues. Non seulement nos proches nous taquinaient sans relâche dès que nous remettions quelque chose au lendemain, mais nous étions aussi très mécontentes de la lenteur de notre progression. En fin de compte, nous avons décidé, avec beaucoup de réticence, d'essayer la formule à mi-temps: travail à mi-temps, écriture à mi-temps. Ce fut une réussite totale. Bien que nos collègues nous manquassent et que nos salaires en eussent subi le choc, les pages commencèrent enfin à s'empiler.

Trouver le bon moment. Si vous vous engagez à faire trente minutes de culture physique tous les matins, alors que vous détestez vous lever tôt et que déjà vous arrivez tout juste à l'heure au travail, c'est l'échec garanti. Les journées s'écoulent suivant un rythme naturel qui varie pour chacun. Essayez d'identifier les moments où votre énergie mentale, votre énergie physique, votre sociabilité atteignent leur degré maximal. Quand vous sentez-vous le plus las? À quoi bon envisager de consacrer vos soirées à écrire si vous rentrez épuisé du travail, n'ayant plus que la force de vous servir un verre et d'allumer la télé? Bref, vous avez probablement compris où se situe le problème: pour qu'un retardataire puisse trouver le moment idéal pour agir, il doit reconnaître qu'à certains moments il est moins efficace. Vous devez admettre que vous ne pouvez donner votre plein rendement vingt-quatre heures sur vingt-quatre, ni chaque fois que vous vous y sentez tenu. Vous devez reconnaître vos limites.

Jouir de ses moments de liberté. Aussi ironique que cela puisse paraître, les retardataires ne travaillent pas, mais ne se détendent pas non plus. Si vous avez dû reporter quelque chose à plus tard pour pouvoir vous distraire, le fait d'utiliser une distraction pour fuir une obligation vous empêche probablement d'en tirer pleinement satisfaction. Vous vous refusez peut-être même toute distraction si votre improductivité vous porte à croire que vous n'y avez pas droit. Quoi qu'il en soit, vous ne vous amuserez pas.

Le plaisir est très important dans la vie. Essayez de l'inclure dans votre existence et de vous y adonner sans honte ni frénésie. Tout le monde a besoin de se distraire, même si vous vous croyez trop déchu pour y avoir droit. Si vous ne vous accordez pas de véritables moments de détente, vous tomberez en panne d'énergie tout comme une voiture tombe en panne d'essence. Vous ne devez pas laisser votre procrastination vous priver de vos heures de détente.

Chapitre 10

Comment s'assurer le concours d'autrui

Si nous vous suggérons de demander qu'on vous prête main-forte dans la lutte que vous menez pour venir à bout de votre comportement de retardataire, comment réagirez-vous? Croyez-vous que cette solution est uniquement valable pour les faibles qui ne peuvent se passer d'une béquille ou, au contraire, nourrissez-vous à cette idée l'espoir d'être secouru?

Denis fut choqué lorsque nous lui avons suggéré d'avoir recours à d'autres personnes pour l'aider à se corriger. Bibliothécaire en chef dans une banque importante, son emploi faisait appel, selon lui, à son sens de l'organisation et de l'efficacité. «Je ne veux pas qu'on m'aide ni même qu'on sache que je suis débordé.»

La réaction d'Annie fut très différente. «Je pourrais demander à mon mari de m'aider. J'ai les données informatiques d'un sondage de marketing à analyser et à résumer pour la prochaine réunion hebdomadaire et cela m'épouvante. En me voyant me débattre, il aura peut-être pitié de moi et s'en chargera à ma place. D'abord, il comprend mieux les statistiques que moi et il n'aime pas me voir passer des nuits blanches.» Sans perdre de temps, Annie était passée de l'idée de s'assurer un concours à celle de se sortir d'un mauvais pas.

Trouver des moyens imaginatifs de faire appel à autrui n'équivaut pas à afficher votre faiblesse ou votre incompétence, comme le redoute Denis, ni à démissionner en vous déchargeant de vos obligations sur autrui comme voudrait le faire Annie. La notion de «concours» est souvent mal comprise, tant par les retardataires que par les autres.

Ainsi, ceux qui vous enjoignent de vous ressaisir et de vous mettre au travail cherchent peut-être à vous aider, mais ils n'ont manifestement rien compris à votre situation. Si vous étiez *capable* de simplement vous «ressaisir», *vous le feriez.* Pour vous aider, il faut être de votre bord et essayer d'adopter votre point de vue. Les conseils vraiment utiles vous permettent de vous mettre à l'action et d'avancer vers le but que vous vous êtes fixé.

Les juges et les critiques ne vous sont d'aucun secours. Ils renforcent votre perception négative de vous-même et vous enfoncent au lieu de vous remonter le moral. Une réflexion du genre «Ce travail est mal fait» est purement critique et ne vous est d'aucun secours; si, au contraire, on vous dit: «Je te crois capable de faire mieux; que s'est-il passé?», on manifeste une certaine confiance en votre potentiel, ainsi que le souci de comprendre votre situation.

Un compliment n'est pas toujours réconfortant. Imaginez que vous entriez dans de nouvelles fonctions et que votre supérieur vous dise: «Vos références sont excellentes; nous comptons bien être impressionnés par votre travail. Montrez-nous de quoi vous êtes capable.» Seriez-vous stimulé par un discours si élogieux ou déconcerté par tant d'attentes? L'estime ainsi témoignée à votre égard susciterait-elle orgueil et assurance ou l'envie de détaler pour ne pas prendre le risque de ternir une si belle réputation? Devoir satisfaire des espérances trop considérables est souvent plus angoissant que motivant.

Se faire chanter ses louanges aveuglément n'est pas non plus toujours encourageant. Vous risquez de vous faire une idée irréaliste de vos aptitudes, vous croyant capable et tenu d'atteindre l'excellence sans jamais défaillir. N'entendre que des éloges ne vous aide pas à reconnaître vos limites, quelles qu'elles soient, ni à accepter les critiques qu'on vous adressera éventuellement.

Certains retardataires prétendent savoir s'assurer le concours d'autrui. Quand vient la panique de dernière minute, ils accaparent tous ceux qui peuvent leur prêter main-forte. «Au dernier moment, je me tourne vers mon entourage», déclarait Denis, administrateur dans une société pharmaceutique. «La fin de semaine précédant la présentation de mon rapport annuel, ma secrétaire et ma femme sont au bureau en train de taper à la machine à écrire; mon personnel de vente reste à la maison pour répondre à mes éventuelles questions; un ami, dessinateur industriel professionnel, vient m'aider à tracer mes plans et mes graphiques; j'expédie même mes enfants chez leur grand-mère pour que rien n'interrompe mon travail ni mon équipe.» Denis a peut-être l'impression d'être soutenu, mais il finira par se repentir de sa façon d'agir, car tous ces gens lui en veulent d'hypothéquer leur fin de semaine pour que lui finisse son rapport. Tout le monde y gagnera si vous vous assurez leur concours *avant* l'énervement de dernière minute; ainsi, vous pourrez collaborer sans abuser de la bienveillance d'autrui.

Mettre sur pied un réseau de soutien

Choisir les personnes appropriées

Au moment de vous assurer le concours d'autrui, réfléchissez sérieusement pour savoir qui saura vous aider et dans quelles circonstances. Pour notre part, nous exposons tous nos projets, une fois définis, à une amie qui par son esprit très rigoureux et ses questions exigeantes nous aide à préciser notre pensée. Si nous devions la consulter alors que nous commençons juste de formuler nos idées, nous serions probablement découragées par son scepticisme et son habileté à déceler les contradictions.

Un autre de nos amis, en revanche, est toujours prêt à s'amuser. Il sait trouver, à toute heure du jour et de la nuit, les divertissements les plus drôles, le concert gratuit, le film intéressant. C'est la personne idéale quand vient le moment de nous récompenser de nos efforts, mais il est par contre un mauvais compagnon de travail, car il ne tient jamais en place assez longtemps pour mener un projet jusqu'au bout.

Vous devez aussi savoir à tout prix trouver les personnes qui sauront vous aider parce qu'elles prennent vos intérêts à coeur et éviter celles qui ne peuvent vous témoigner leur appui sans réserve. Il nous arrive malheureusement de désirer l'aide des personnes les moins capables de nous l'apporter. Vous désirez intensément être appuyé et encouragé par vos parents, votre conjoint, votre supérieur ou vos enfants, mais vous espérez peut-être en vain. «Dès que j'ai un problème, j'appelle papa», nous confiait une femme d'affaires qui avait toujours été très liée avec son père. «Si j'ai des difficultés avec mon travail, je crois toujours qu'il m'aidera à m'en sortir. Mais il me reproche à chaque fois le fait même d'éprouver ces difficultés. Je devrais probablement cesser de l'appeler, mais j'espère toujours que cette fois-là sera la bonne.»

Certaines personnes ne vous seront d'aucun secours pour différentes raisons: elles vous font compétition, vous sont indifférentes ou se sentent menacées, par exemple; leurs réactions risquent de vous empêcher de faire des progrès et d'augmenter vos chances de tomber dans le piège de la procrastination. Vous devrez donc apprendre à discerner qui peut vous aider de qui en est incapable.

Établissez la communication

Une fois que vous aurez trouvé les personnes dignes de confiance sur qui vous pouvez compter, la prochaine étape pourrait se résumer à parler de votre problème avec elles. En effet, le simple fait de pouvoir exprimer votre point de vue peut vous être d'un grand secours, à condition de choisir judicieusement votre interlocuteur et le moment de vous adresser à lui. Vous disposerez alors de plusieurs cordes à votre arc pour modifier votre comportement.

Faites connaître vos intentions. Mettez quelqu'un au courant du travail que vous effectuez et de l'échéance que vous vous êtes fixée. Le fait de parler d'un engagement avec autrui aura peut-être plus de poids que le simple désir de vouloir faire quelque chose. C'est comme si vous entrepreniez un régime et que vous en informiez un ami; vous serez moins tenté de manger une pâtisserie au vu et au su de quelqu'un s'il sait que vous êtes censé vous en abstenir. De cette façon, vous aurez certainement beaucoup de mal à vous dérober en secret si vos intentions sont connues.

Discutez de vos projets. Le fait d'exprimer vos pensées vous oblige à les formuler concrètement et clairement et laisse la porte ouverte à des commentaires parfois nécessaires. Annoncer votre objectif peut vous faire prendre conscience de son caractère irréaliste; inversement, un projet dont la perspective vous accablait vous paraîtra peut-être plus réalisable si vous en faites part à quelqu'un.

Un tiers peut aussi vous faire tirer profit de son expérience, ayant peut-être déjà été confronté lui-même aux mêmes difficultés que vous. Ainsi, ayant eu l'occasion de nous entretenir avec un écrivain très prolifique, nous avions échangé avec lui des idées sur la façon d'intégrer l'écriture à l'ensemble de nos activités. «Mon travail d'écrivain passe en premier. Je m'y consacre tous les jours de 9 à 12 h et ne tolère aucune interruptiopn. Je ne réponds même pas au téléphone», nous racontait-il, ce qui contrastait avec notre façon de donner la priorité à nos autres activités. Cette manière de procéder nous a consternées. Ne pas répondre au téléphone? Le laisser sonner même si à l'autre bout du fil quelqu'un voulait peut-être faire un brin de causette, nous proposer une échappatoire ou nous prévenir d'une grave urgence? Devant sa détermination, nous avons compris que nous devions réajuster notre tir.

Pour vous aider à tirer certaines situations au clair, vous pouvez aussi solliciter des commentaires constructifs de personnes dont les points forts pourront combler vos lacunes. Si vous êtes doué pour mettre au point tous les détails d'un projet, mais qu'une vue d'ensemble vous échappe, discutez-en avec quelqu'un qui a le sens de la perspective. Si vous trouvez aisément plusieurs solutions à un problème, mais que vous ne parvenez pas à en choisir une, consultez une personne capable de prendre rapidement des décisions.

N'oubliez pas que rien ne vous oblige à mettre en pratique les conseils qu'on vous donne et ne vous laissez pas intimider par la facilité qu'auront parfois les gens à voir ce qui vous échappe. On est généralement plus clairvoyant quand il ne s'agit pas de ses propres problèmes. Lorsque nous rencontrons des groupes de retardataires, nous les invitons à formuler des objectifs individuels, puis à en discuter avec deux personnes. Fréquemment, des retardataires qui perçoivent de façon confuse et irréaliste leurs propres objectifs peuvent faire preuve de bon sens et de réalisme lorsqu'il s'agit d'analyser les projets d'autrui. Aider quelqu'un à planifier un projet peut également vous permettre de découvrir certaines de vos capacités en matière de gestion du temps et de planification.

Demandez de l'aide quand rien ne va plus. Lorsque vos retards vous ont mis au pied du mur, vous ne trouvez probablement pas d'issue. Découragé, ne sachant plus que faire, vous laissez tout tomber. C'est le moment tout indiqué pour demander de l'aide, mais probablement aussi le moment où, rongé par la honte, vous croyez ne pas y avoir droit. «Quand je me retrouve dans une impasse, je m'en veux tellement que je ne désire plus voir personne et encore moins leur demander de l'aide», nous expliquait un retardataire. C'est justement lorsque vous êtes descendu dans les abysses du dégoût de soi qu'un appui peut vous apporter le plus grand réconfort. Voilà qu'on vous manifeste de la générosité, alors que vous vous refusiez tout pardon. Plus concrètement, le fait de révéler votre dilemme peut vous faire prendre conscience que tout n'est pas perdu et vous trouverez peut-être alors la force d'avancer encore d'un pas.

Le travail d'équipe

Parler, c'est bien mais ce n'est pas suffisant. Pour progresser, vous devez aussi *faire* quelque chose. Vous pouvez opter pour l'une des nombreuses façons de travailler en équipe; cela vous aidera à venir à bout de vos tâches. L'idéal consiste à vous adjoindre un partenaire.

Nous doutions toutes deux de pouvoir, seules, écrire ce livre, mais l'idée de collaborer nous a rendues plus optimistes. Si deux personnes visent un objectif commun, chacune se trouve plus motivée à respecter ses engagements; dans le cas contraire, en plus de se nuire, elles font aussi du tort à leur partenaire.

Ne pas éprouver seul les privations et les déchirements du labeur est aussi source de réconfort. Les attraits de la procrastination auraient été beaucoup moins faciles à repousser si nous avions travaillé seules durant ces belles journées de soleil que nous passions cloîtrées dans nos bureaux à écrire ou à réviser. Nous savions qu'au moins une autre personne renonçait aux plaisirs du tennis et du bronzage!

Un autre des avantages du travail d'équipe réside dans le fait qu'en travaillant de la sorte vous pouvez établir des échéances intermédiaires. Si vous convenez de rencontrer votre partenaire à intervalles réguliers, cela vous aidera à vous mettre à la tâche — même si vous attendez pour ce faire la veille de votre rendez-vous. Vouloir achever un chapitre pour la rencontre de jeudi incite plus à se rendre à la bibliothèque que la pensée de devoir le finir «un jour ou l'autre».

Vous pouvez travailler sur un pied d'égalité avec votre partenaire, comme nous qui collaborions à l'élaboration de ce livre, ou vous adjoindre un partenaire dont la seule tâche sera de «contrôler» vos progrès. Un écrivain qui se débattait pour finir son premier roman avait retenu les services d'un ami à titre de réviseur. Il avait prévu des rencontres hebdomadaires pour s'encourager à écrire, sachant que son «réviseur» s'attendrait à ce qu'il lui remette des pages à corriger. Vous pourriez confier ce rôle de contrôleur à votre patron ou à votre chef de service en convenant d'examiner ensemble régulièrement les progrès que vous aurez accomplis. Peu importe l'ampleur du travail exécuté, ces rencontres auront toujours le mérite de vous rappeler à vos engagements. Vous serez au moins tenu de réfléchir à votre projet si vous désirez ne pas perdre la face au cours d'une réunion!

Jeux parallèles. Durant la petite enfance, les enfants traversent une période où ils s'amusent à des jeux parallèles. Plus précisément, ils jouent *côte à côte* avec leur propres jouets au lieu de jouer *avec eux*. Pareillement, vous pouvez décider de travailler en compagnie de quelqu'un, chacun s'occupant à sa propre tâche. Ainsi, nous connaissons un groupe de personnes qui se réunissent chaque année pour préparer ensemble leurs déclarations de revenus; elles désignent ces soirées par le nom de «l'enfer des impôts». Chacun apporte sa valise bourrée de formulaires, de reçus, de talons de chèques et divers autres papiers nécessaires. Installés tous à la même table, ils entament le concert de cris et de grincements de dents qui accompagne chaque année ce pénible labeur qu'ils finissent toutefois par maîtriser.

Vous pouvez vous organiser pour accomplir, chacun chez soi ou ensemble, toute une gamme de tâches que vous avez toujours reportées. Une femme apportait son repassage, corvée qu'elle déteste, chez une amie qui en profitait pour écrire des cartes de remerciement pour ses cadeaux de mariage, cartes qui auraient dû être envoyées depuis belle lurette. Un comptable avait convenu avec un ami de se rencontrer à la bibliothèque municipale chaque samedi matin. Ils en profitaient tous deux pour mettre de l'ordre dans leurs papiers, sachant que ni l'un ni l'autre n'en viendrait à bout au bureau ou à la maison.

Les récompenses sociales. Les progrès se récompensent parfois d'eux-mêmes, mais le plus souvent, ce sont les contacts humains qui couronnent le mieux les efforts déployés. Une femme qui travaillait chez elle avait demandé à son mari de l'appeler une heure avant la fermeture des bureaux. Ils avaient convenu d'aller dîner ensemble au restaurant si elle réussissait à mettre à jour une partie de la paperasserie avant qu'il n'arrive. Elle passa l'heure qui suivit son coup de téléphone à lire des dossiers quelque peu ennuyeux envoyés par son employeur. La perspective d'une sortie lui insufflait assez d'énergie pour s'atteler à cette corvée.

Vous pouvez vous récompenser par un contact humain chaque fois que vous vous rapprochez de votre objectif. Appelez un ami pour qu'il vous encourage à poursuivre; faites une promenade en compagnie d'une amie quand le besoin d'une pause se fait sentir; allez au cinéma après une longue journée de travail; prévoyez des vacances au terme d'un ambitieux projet.

Les retardataires peuvent tirer grand profit des avantages du travail d'équipe: vous vous engagez à travailler à des moments précis; vous justifiez la nécessité de rassembler le matériel nécessaire; vous associez un compagnon à vos supplices et à vos détentes.

Cependant, en dépit des bénéfices considérables qui en découlent, compter sur le soutien d'autrui comporte aussi des risques éventuels. Certains utilisent les contacts humains non pas pour récompenser le travail accompli, mais comme prétexte pour remettre ce travail à plus tard. Ils vont de mondanité en mondanité, évitant de penser aux tâches qui les attendent. Ce n'est plus une récompense, c'est une ruse. De plus, ces contacts peuvent être insatisfaisants lorsque cette ronde frénétique d'activités sociales est mue par un sentiment d'urgence: il faut s'amuser à tout prix pour étouffer les remords et le sentiment de culpabilité. Même entouré et occupé, le retardataire peut se sentir esseulé et se reprocher son inactivité.

Mettre votre travail sur les épaules de quelqu'un d'autre n'est pas non plus une solution valable même si cela vous libère à court terme. Il est peut-être déjà arrivé que vos parents se chargent de faire vos devoirs ou un rapport de lecture à votre place. On vous a peut-être déjà tiré d'une impasse financière. Peut-être a-t-on reporté une échéance que vous aviez crue immuable. Dans tous ces cas, vous avez probablement éprouvé, sur le coup, une sensation d'extrême bien-être. Mais vous n'avez pas pour autant arrêté de remettre au lendemain. En fin de compte, ces sauvetages accentuent votre sentiment d'impuissance. En vous fiant à quelqu'un d'autre pour accomplir votre travail, vous ne pouvez pas savoir si vous auriez été capable d'en venir à bout tout seul.

Chapitre 11

Le retardataire et le stress

Le problème du stress est important pour les retardataires. Contrairement au mythe voulant qu'ils soient détendus, insouciants et paresseux, les retardataires, nous l'avons vu, sont plus suceptibles d'être aux prises avec l'inquiétude, la peur et la tension. Par exemple, on s'imagine aisément le stress inhérent aux efforts fournis pour terminer une tâche à la dernière minute. Quand ils ne peuvent plus ignorer l'échéance qui arrive à grands pas, les retardataires se «gonflent» d'énergie et travaillent sans relâche pendant plusieurs jours consécutifs, consumés par l'intensité de leur course contre la montre. Devant la tension qui continue de monter, ils peuvent cependant devenir irascibles, explosant pour un rien et s'obligeant sans pitié à travailler toujours plus vite, toujours plus fort. Néanmoins, le stress ne se manifeste pas seulement dans des cas aussi extrêmes. Prenons les exemples suivants:

> Julie ne parle à personne du retard énorme qu'elle a pris dans ses cours. Voulant masquer cette «faiblesse honteuse», elle se sert de sa grande facilité d'élocution pour projeter une impression d'assurance et paraître bien connaître la matière. S'efforçant d'avoir l'air détendue, elle s'acharne à sourire, à rire, à se montrer à l'aise. Cependant, la femme terrée derrière ce masque est crispée: l'estomac noué, les épaules tendues, les muscles du visage fréquemment endoloris à la fin de la journée. Elle redoute en son for intérieur qu'on perce son secret d'un instant à l'autre et croit donc devoir ne pas montrer le moindre signe d'angoisse, d'incertitude ou de peur.

André remet des petits travaux domestiques à plus tard. Agnès, avec qui il est marié depuis trente-cinq ans, lui rappelle sans cesse les travaux ou les corvées qui l'attendent. Bien qu'il lui promette de s'y mettre, André finit toujours, sans trop savoir pourquoi, par ne rien faire. Au bout de plusieurs rappels, Agnès finit par se cantonner dans un silence irrité, qu'elle ponctue occasionnellement de blagues acerbes et de piques visant la paresse d'André. À chacune de ces remarques, l'estomac d'André se noue, sa mâchoire se crispe, il serre les poings. Il suffit parfois d'un simple coup d'oeil d'Agnès, ou de la vue d'une réparation laissée en plan, pour que son sang se mette à bouillir. Mais André reste en apparence calme et serein, et peu de gens se doutent que cet homme doux et paisible est souvent furibond.

Louis est journaliste mais doit travailler d'arrache-pied pour rédiger le moindre paragraphe. Par conséquent, il cumule les retards et risque de perdre son poste. Chaque fois qu'il s'installe pour travailler, il a peine à respirer tant sa poitrine se contracte. Il souffre de fréquents maux d'estomac, n'arrive pas à se concentrer et s'inquiète sans cesse de l'opinion qu'ont de son talent ses lecteurs et ses rédacteurs. Pour conjurer la panique qui s'empare de lui, il se prépare des petits gueuletons, arpente son bureau ou essaie de regarder la télé. Peu à peu, son inquiétude se transforme en aversion. Il s'adresse reproches et réprimandes, révolté par son incapacité d'écrire, s'insultant souvent à haute voix. «Imbécile» est son épithète préférée. Il voudrait pouvoir frapper quelqu'un ou briser quelque chose.

Bien qu'elles évoluent chacune dans un contexte différent et qu'elles ne ressentent pas les mêmes émotions, toutes les personnes décrites ci-dessus souffrent profondément du stress découlant de leur comportement de retardataire. Bien avant une échéance, leur existence est sérieusement perturbée par la tension qui grandit en elles. Les retards peuvent augmenter le stress, le stress peut aggraver les retards. Il n'est pas toujours facile d'échapper à ce cercle vicieux qui peut non seulement entraver votre rendement, mais aussi nuire à votre santé. Vous pouvez cependant briser ce cercle en vous remettant à avancer vers votre but, ce qui calmera aussi votre nervosité et vous remontera le moral. Par ailleurs, en apprenant à maîtriser le stress, vous réussirez plus facilement à vous mettre en train. Pour mieux savoir comment échapper à ce cercle vicieux, il convient donc d'abord d'examiner les symptômes du stress.

Les symptômes du stress

Revivez par la pensée une période d'extrême tension que vous avez déjà vécue, les circonstances qui l'entouraient et vos sentiments à ce moment. Sauriez-vous identifier les signes indiquant que vous étiez victime d'un certain stress? Votre comportement, votre attitude étaient-ils différents de l'ordinaire? La tension que vous ressentiez se manifestait-elle physiquement?

Des retardataires nous ont décrit un certain nombre de signes qu'ils considèrent comme des symptômes de stress. Certains sont d'abord physiques. D'autres relèvent des émotions ou des comportements. Vous trouverez ci-dessous la liste des symptômes les plus communs.

Symptômes physiques

- Noeuds ou «papillons» dans l'estomac, douleurs;
- palpitations, «le coeur qui cogne»;
- mains moites ou glacées;
- maux de tête;
- essouflement, souffle court;
- cou ou épaules crispés;
- mâchoire crispée (serrer ou grincer des dents);
- poitrine serrée, poids sur la poitrine;
- maux de reins;
- prédisposition aux maladies (grippes, rhumes).

Émotions, comportements

- Irascibilité;
- fatigue, épuisement (même au lever);

- difficulté à se concentrer, parfois même sur des tâches routinières;
- sautes d'humeur;
- consommation accrue d'alcool ou de drogues;
- modification des habitudes de sommeil, alimentaires, sexuelles (baisse ou augmentation marquée d'appétit sexuel);
- incapacité de se détendre ou de rester en place;
- incapacité à trouver du plaisir à des activités antérieurement agréables;
- apathie, léthargie;
- distraction.

N'importe lequel de ces symptômes peut résulter de facteurs autres que le stress. Néanmoins, pris séparément ou en groupe, ils donnent quand même une idée générale des effets du stress sur les retardataires. Reconnaître les symptômes du stress, c'est déjà commencer à le réduire.

La réaction d'alarme

Dans le monde où nous vivons, les facteurs de stress abondent. Le stress est présent chaque fois que, pour survivre, nous devons nous adapter et savoir faire face à toutes sortes de situations. Nous vivons une époque de compétition fébrile, de promiscuité urbaine, d'embouteillages d'heures de pointe. Le stress plane sur nos têtes sans répit: nous devons perpétuellement réagir et nous ajuster aux changements et aux exigences de notre milieu de vie. Le problème revêt une double ampleur pour les retardataires, car ils doivent non seulement s'accommoder des pressions issues de leur environnement, mais aussi supporter l'angoisse que leurs retards font naître en eux. Face à ces facteurs d'agression internes et externes, qui ne vont selon toute vraisemblance pas disparaître du jour au lendemain, il importe de rester en permanence en mesure de réagir.

Les spécialistes du stress insistent sur le fait que la réaction d'alarme est un mécanisme d'adaptation essentiel, élaboré il y a très longtemps par l'organisme humain et animal pour se protéger du danger. Ils soulignent que nos ancêtres troglodytes devaient pouvoir réagir énergiquement à toute menace, qu'il s'agît d'un ours ou d'un tigre rôdant autour de leur caverne, d'un arbre qui s'abattait sur le sol ou d'une avalanche qu'il fallait fuir. Leur survie dépendait de leur habileté à passer rapidement de la détente à l'action. Ils devaient être prêts à combattre le danger ou à fuir sans hésiter. De nos jours, nous réagissons de la même façon lorsqu'une voiture nous fait une queue de poisson ou que des bruits suspects nous tirent brusquement d'un profond sommeil. C'est une réaction qui nous prépare à combattre ou à fuir.

Dès que nous nous sentons menacés, notre corps effectue *automatiquement* des ajustements qui maximisent notre capacité d'autoprotection face au danger. La capacité de réflexion de l'être humain comptant parmi ses principaux moyens de survie, il faut d'abord et avant tout que le cerveau s'alimente en sang et en oxygène. L'adrénaline se répand dans le système sanguin, notre rythme cardiaque s'accélère et s'intensifie et la tension s'élève afin d'augmenter le plus rapidement possible l'afflux sanguin dans le cerveau. Nos extrémités reçoivent alors moins de sang, ce qui abaisse la température des mains et des pieds, et le fonctionnement de nos organes digestifs ralentit tandis que celui du cerveau et des organes vitaux augmente. Notre respiration s'accélère pour accroître l'arrivée d'oxygène dans notre système. Nos muscles se tendent et se préparent à l'action. Des agents de coagulation se répandent dans le sang pour prévenir l'hémorragie en cas de blessures.

Cette réaction de l'organisme face au danger est générale et se répercute sur notre physiologie toute entière. Les systèmes cardio-vasculaire, gastro-intestinal, squeletto-musculaire et immunitaire effectuent des ajustements qui vont de l'augmentation des sécrétions digestives et des stirides à l'érection des follicules pileux qui produit la «chair de poule».

L'éminent chercheur Hans Selye, spécialiste du stress, a découvert que notre organisme répond de la sorte non seulement aux menaces de danger ou aux désagréments, mais aussi à des événements désirés ou agréables: une promotion, un nouvel amour, un déménagement. À un niveau strictement *physiologique*, nos états de colère ou de peur sont pratiquement similaires à nos états d'allégresse ou d'excitation. Dans tous les cas, l'adrénaline se répand dans le sang, et la réaction d'alarme généralisée que nous venons de décrire se déclenche.

Ce qui différencie les situations que nous vivons, c'est l'*étiquette* que nous collons à nos sensations. Selon le contexte, votre état sera perçu en termes de peur, de plaisir, d'angoisse ou de colère. Si votre coeur se met à battre la chamade, vous l'interpréterez de manière différente si vous pensez à l'exposé que vous devez préparer que si votre équipe préférée s'apprête à marquer le point gagnant au cours de la dernière minute d'un match de championnat.

Nous n'avons parlé jusqu'ici que des réactions de notre organisme à des stimuli extérieurs. Mais l'être humain n'est pas qu'un simple organisme passif réagissant aux seuls événements extérieurs. Nous sommes des êtres pensants, capables de revivre le passé et d'entrevoir l'avenir. Grâce à notre imagination, nous pouvons bâtir des mondes subjectifs, des univers intimes où nos rêves et fantasmes peuvent se réaliser. Certaines de ces réflexions nous incitent à concrétiser nos entreprises, d'autres nous détendent et d'autres encore n'ont d'autre utilité que le plaisir qu'elles nous procurent. Mais il arrive aussi que nous nous imaginions confrontés à des menaces ou à des dangers même si, en toute objectivité, nous ne courons absolument aucun risque «réel». En quoi est-il menaçant d'écrire à un vieil ami? Pourquoi être traumatisé à l'idée de s'inscrire à des cours de conditionnement physique ou de tondre la pelouse? Quel danger court-on en se rendant à une entrevue?

De toute évidence, aucune de ces activités n'est dangereuse au même titre qu'affronter un puma ou une personne qui brandit un revolver, dangers qui eux menacent réellement votre existence. Pour certains, écrire une lettre ou tondre le gazon sont des activités agréables, relaxantes, ou simplement des corvées ennuyeuses. C'est avant tout une question d'interprétation et il faut ensuite tenir compte des dangers qu'à vos yeux, ces activités vous font courir.

Ainsi, en tant que retardataire, vous croyez peut-être qu'une lettre confirme ou infirme vos talents d'écrivain (et, par conséquent, votre valeur en tant qu'ami et être humain). Vous vous sentirez donc tenu de produire une missive spirituelle et poétique, rédigée avec soin et truffée de tournures élégantes et originales. Ou encore, cette lettre vous rappelant combien vous avez négligé cette amitié, vous y voyez la preuve de votre manque de fidélité et d'intérêt. Dans un cas comme dans l'autre, vous croyez vous exposer à des critiques dévastatrices qui, si elles ne sont pas émises par autrui, viendront de vous. Peut-être que l'on vous a harcelé pour que vous fassiez de l'exercice ou pour que vous tondiez la pelouse, et vous sentez que le fait de vous adonner à ces activités équivaudrait à une capitulation. Vous auriez l'impression d'avoir perdu la partie, d'avoir renoncé à toute volonté d'autonomie et d'indépendance, perspective effectivement très menaçante.

Nos corps ne savent pas distinguer une menace «réelle» d'une situation en réalité inoffensive, mais perçue comme dangereuse. Si votre évaluation annuelle par votre supérieur représente pour vous une remise en question de votre amour-propre ou de votre bien-être, elle sera en effet tout aussi menaçante qu'un puma surgissant dans votre salon: votre corps ne percevra aucune différence. Quand vous vous attendez à des remarques de votre patron au sujet de vos retards et de la qualité de votre travail et que vous craignez le congédiement, votre corps déclenche une réaction d'alarme pour se préparer à affronter ce danger. Vos muscles se tendent, votre rythme cardiaque s'accélère et votre tension artérielle s'élève. Peut-être qu'un mal de tête surgit ou que votre ulcère vous tiraille. Peu importe que cette évaluation se fasse demain ou dans six mois, que votre patron soit plutôt une lavette qu'un tyran, si vous vous croyez menacé, votre corps ne fera pas la différence.

Les effets du stress

Manifestement, la réaction d'alarme joue un rôle vital dans notre instinct de survie et notre capacité de réagir au danger. Pourquoi tant d'auteurs parlent-ils alors des méfaits du stress? On répète sans arrêt que le stress peut causer des déficiences professionnelles. On nous dit que les «personnalités de type A» sont plus sujettes aux troubles cardiaques et qu'il existe un lien entre le stress et la maladie. Les problèmes cardiaques, mais aussi l'arthrite, la colite, les ulcères, le cancer et certaines déficiences immunitaires seraient dus au stress. On affirme que le stress est devenu l'une des principales causes de décès. Comment peut-il à la fois nous être bénéfique et nuisible?

En fait, cette réaction d'alarme que nous venons de décrire nous aide à mobiliser rapidement nos défenses quand survient une situation d'urgence. Son rôle est de nous aider à vaincre l'élément menaçant soit par la fuite, soit par le combat, pour que nous puissions ensuite reprendre notre existence normale. En principe, cette réaction ne devrait pas se prolonger au point de devenir partie intégrante de notre existence. Il faut donner à notre corps le temps de se remettre de cet effort de protection, lui permettre de se reposer et de récupérer, tout comme une bonne nuit de sommeil nous aide à récupérer l'énergie dépensée pendant la journée et nous prépare à affronter la suivante.

Cependant, nous nous refusons le plus souvent cette période de repos. Par exemple, au terme d'une longue journée de travail, vous montez dans votre voiture, l'esprit préoccupé par ce rapport encore inachevé que vous devez présenter demain, et vous vous engagez dans la circulation à l'heure de pointe. Réfléchir à ce rapport rend plus stressante encore cette situation déjà pénible. Ou encore, après avoir enfin entrepris une tâche que vous remettiez depuis longtemps, vous ne cessez de penser que votre travail sera mauvais, inadéquat ou futile. Vous croyez qu'on vous reprochera votre stupidité ou votre paresse, et votre corps se maintient en état d'alerte, prêt à livrer ce combat que vous continuez d'anticiper. La réaction d'alarme n'est donc plus réservée aux moments précis où vous faites face au danger. Les défenses de votre organisme sont constamment mobilisées, la réaction est chronique. C'est la *répétition* et la *fréquence* de cet état de défense qui, à la longue, vous use et vous détruit*.

---

* Hans Selye a émis l'hypothèse que chacun d'entre nous est doté d'une capacité limitée d'adaptation, capacité qu'il désigne par le terme d'«énergie d'adaptation». Selon lui, nous héritons à la naissance d'une capacité d'adap-

La durée de la réaction d'alarme n'est pas le seul facteur important qui diminue notre capacité de fonctionner efficacement. *L'intensité* du stress joue également un rôle important. Bon nombre de gens croient que la qualité de leur travail dépend de l'intensité de tension nerveuse qu'ils accumulent avant de l'exécuter. Plus ils sont tendus, et plus ils pensent être psychologiquement préparés à travailler. Pour beaucoup de retardataires, une telle conviction est suffisante pour les convaincre d'agir à la dernière minute. Ils s'imaginent que si la contrainte objective d'une échéance n'existait pas, ou s'ils n'accumulaient pas d'angoisse et de pression intérieure pendant un certain temps, ils ne feraient rien. Et ils ont raison, mais seulement en partie.

Pour agir, l'être humain doit ressentir une *certaine* dose d'anxiété ou de tension physiologique: l'absence complète de stress entraînerait la mort. En périodes d'extrême détente ou de sommeil, nous sommes soumis à un niveau minime de stress. Il faut être alerte pour lire un livre, ranger un bureau ou écrire une lettre. Vous devez pouvoir penser vite et bien quand vous négociez avec un client important ou rencontrez votre patron. En bref, vos performances sont directement proportionnelles à votre niveau de tension.

Toutefois, ce rapport ne se maintient pas indéfiniment. Les résultats de nombreuses études démontrent qu'après un certain temps, si le niveau de tension continue de s'accroître, vos performances diminuent graduellement. Vous montrez alors des signes d'agitation: vous ne tenez plus en place, vos idées s'embrouillent,

---

tation donnée, transmise génétiquement, afin de faire face au stress. Les capacités de certains étant plus grandes, leur corps peut tolérer plus de stress avant de s'épuiser. Selye compare cette énergie à un héritage financier que nous pouvons choisir de dilapider avec insouciance ou d'investir prudemment. Si nous dissipons cet héritage en nous poussant à bout sans relâche, en «brûlant la chandelle par les deux bouts», il n'en restera bientôt plus rien et nous nous retrouverons vidés de toutes ressources. Bien planifier nos dépenses d'énergie et prévoir des remises en forme périodiques (se réserver des moments de détente, prendre des vacances reposantes, etc.) nous permet de disposer pendant plus longtemps de nos réserves. Bien qu'il soit possible de se remettre de petites dépenses d'énergie par le repos ou la détente, selon Selye nous ne recouvrons jamais notre capital initial. La seule chose qui dépende de nous, c'est le rythme auquel nous le dépensons.

vous avez le souffle court ou mal à la tête. Vous n'arrivez pas à vous concentrer sur votre manuel même si vous savez que vous avez un examen à passer le lendemain ou encore, vous êtes si nerveux, tendu et guindé lorsque vous rencontrez ce client important que le contenu de son discours vous échappe et vous ne savez plus comment le convaincre.

Le graphique ci-dessous illustre sommairement le rapport existant entre la tension nerveuse et les performances.

Il existe pour chacun de nous un degré idéal de tension nerveuse, une zone où nous donnons le meilleur de nous-même et où nos performances sont optimales. Cette zone varie en fonction de l'individu et de la tâche à exécuter. Ainsi, les tâches simples et routinières s'accomplissent mieux si elles s'accompagnent d'un degré élevé de tension nerveuse, alors qu'il vaut mieux maintenir la tension à un niveau moyen pour entreprendre des travaux plus complexes. Le défi consiste évidemment à ne pas déborder du cadre de votre zone optimale.

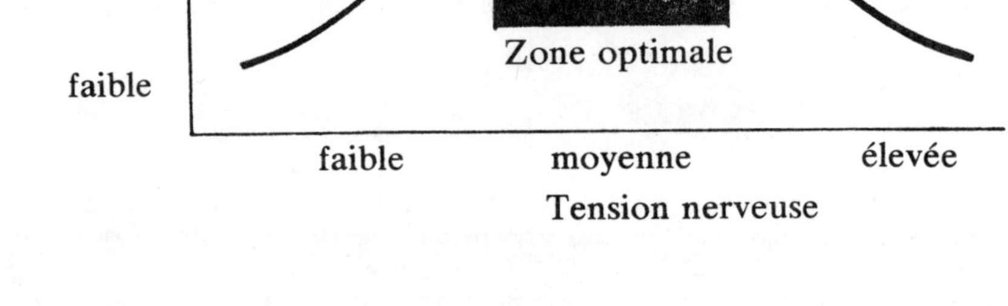

Le stress et le retardataire

Il existe différentes sources de stress particulières aux retardataires. La course contre la montre, si fréquente chez les retardataires qui attendent le dernier moment pour agir, est une situation très caractéristique de grande tension. Que vous soyez alors saisi de peur et d'inquiétude ou au contraire exalté d'affronter dangers et risques, votre corps mobilise toute son énergie pour que vous vous dépassiez. Vous roulez en quatrième vitesse, espérant produire le maximum dans un temps minimum. Vous êtes alors stressé. Vous éprouverez parfois un tel degré de tension que vous agirez maladroitement ou inefficacement. En d'autres occasions, cette énergie de dernière minute vous permettra d'éviter de justesse la catastrophe. Mais lorsque ces situations alarmantes se reproduisent trop souvent, vous risquez, à long terme, de vous miner et d'épuiser vos ressources physiques.

Souvent, le fait de remettre au lendemain entraîne également une accumulation de pression et de tension internes. La première fois que vous ajournez une tâche, cela vous laisse probablement indifférent. Mais à mesure que les jours passent et que vous n'avez toujours rien fait, votre calme commence à disparaître. Vous êtes hanté par la pensée de cette tâche qui vous attend, les moments de répit se font de plus en plus rares; plus le temps passe, plus le travail paraît gigantesque et impossible à accomplir. Vous risquez aussi de vous reprocher votre inaction, comme Louis, ce journaliste que nous avons évoqué précédemment. Au fur et à mesure que la pression augmente, votre organisme répond également par une réaction d'alarme, quoique cette réaction soit probablement moins intense que lors d'un déchaînement de dernière minute. Plus vous attendez, plus vous êtes perturbé, nerveux ou fâché, et plus vous êtes soumis à un niveau élevé de stress chronique et quotidien.

Il arrivera également qu'une tâche ou une activité que vous reportez constamment soit elle-même source de tension nerveuse: rendre un service à quelqu'un qui vous déplaît, remplir votre déclaration de revenus, vous attaquer à cette thèse de doctorat ou de maîtrise qui vous effraie. Comme nous l'avons vu, la menace ne réside pas nécessairement dans la tâche elle-même; c'est le sens que lui donne le retardataire, ou la perception qu'il en a, qui la rend désagréable ou menaçante. Cette tâche provoque alors en lui un degré considérable d'anxiété et il lui suffit d'y songer pour que tout son organisme soit saisi de panique.

Le quatrième facteur d'agression typique chez les retardataires réside dans leurs relations avec autrui. Tout comme Julie, l'étudiante qui avait pris du retard dans ses cours, certains retardataires s'inquiètent de l'image qu'ils projettent et essaient de paraître insouciants et sûrs d'eux, en masquant leurs craintes et leurs incertitudes. Ce genre d'autosurveillance est extrêmement stressant, car il faut exercer une vigilance constante, observer attentivement les réactions d'autrui et analyser sans cesse ses propres agissements.

Une relation peut aussi devenir source de tension nerveuse si l'entourage du retardataire encourage d'une façon ou d'une autre son comportement. Un tiers peut, au départ, tenter de soutenir le retardataire et de l'aider à se mettre à la tâche, mais la situation se dégrade souvent pour se transformer en conflit personnel lorsque tous les moyens sont bons pour sauver le naufragé: pressions, flatteries, ruses, moqueries. Ce dernier cherche alors à éviter son «sauveteur» ou, tout au moins, à se défendre. Avec le temps, la pression grimpe comme ce fut le cas entre André et son épouse Agnès, et la relation devient une source additionnelle de stress, le retardataire éprouvant de la crainte, du ressentiment et se sentant menacé. (Nous verrons au chapitre 12 comment s'y prendre pour vivre en harmonie avec les retardataires.)

En dernier lieu, certaines personnes utilisent la procrastination lorsqu'elles n'arrivent plus à supporter le stress engendré par certains aspects de leur existence. Une jeune professionnelle, qui en règle générale s'acquittait avec sérieux et ponctualité de ses obligations financières, remarqua que, de temps à autre, elle reportait certaines tâches: ses factures restaient impayées, elle ne faisait pas sa lessive ou négligeait l'entretien de sa voiture. Intriguée par sa façon d'agir, elle se demanda à quels moments ce comportement se manifestait et s'aperçut qu'elle agissait de la sorte lorsque son travail professionnel devenait particulièrement exigeant et qu'elle arrivait au bout de ses forces. «J'en ai assez d'être responsable, s'écria-t-elle. J'ai envie qu'on prenne ma place, je veux me reposer!» On citera également le cas d'un vendeur qui réussissait bien dans sa profession, mais remettait à plus tard des obligations personnelles: tâches domestiques, travaux nécessaires à son bien-être, activités qui lui auraient été agréables. Son épouse venait de le quitter et s'apprêtait à demander le divorce. Il se sentait, du fait de cette séparation, fortement en proie au stress, quoiqu'il se montrât toujours de bonne humeur face à ses amis et à ses collègues. Ses sentiments dépressifs et la tension causée par la séparation se manifestaient par son incapacité à prendre soin de lui-même.

Afin de savoir quels aspects de votre vie peuvent engendrer du stress, nous vous invitons à vous livrer à un bref exercice. Faites le bilan des changements, tant négatifs que positifs, qui se sont produits dans votre vie durant les six ou douze derniers mois. Rappelez-vous à quelles situations vous avez dû faire face à la maison, au travail, avec vos amis et votre famille. Étiez-vous très occupé? Ou bien aviez-vous beaucoup de temps libre à combler? Avez-vous dû vous adapter à de nouveaux événements: l'arrivée d'un enfant, un changement d'emploi, un déménagement, un nouvel amour, une réorientation scolaire? Avez-vous subi des coups durs: la mort ou la maladie d'un être cher, une séparation ou un divorce, des enfants qui ont quitté le foyer familial, une mutation dans une ville inconnue?

Maintenant, reportez-vous aux symptômes du stress énumérés au début de ce chapitre. Combien de ces symptômes se sont manifestés en vous au cours des six derniers mois? Avec quelle fréquence et quel degré d'intensité? Remarquez-vous un ou deux symptômes qui, lorsqu'ils apparaissent, sont des signes certains de stress? Sauriez-vous identifier le premier symptôme de tension nerveuse? Existe-t-il des situations qui vous stressent immanquablement? Lesquelles? Qu'ont-elles de si stressant?

Vous avez intérêt à vous poser toutes ces questions pour les deux raisons suivantes. En premier lieu, vous prendrez connaissance des situations ou des événements qui sont, pour *vous*, des facteurs d'agression. En second lieu, vous apprendrez à comprendre comment se déclenche votre réaction d'alarme. Il vous arrivera parfois d'apprécier l'énergie et la vivacité que cette réaction vous procure, mais vous aurez peut-être envie, en d'autres occasions, de réduire votre niveau de stress.

Réduire la tension physique

Les retardataires doivent à tout prix apprendre à se détendre. Il est impossible d'éprouver tension nerveuse et angoisse si le corps est détendu. Si vos muscles sont décontractés, votre esprit est incapable d'être tendu. Pour vous détendre, vous pouvez par exemple vous concentrer sur votre respiration. Quand nous sommes stressés, nos muscles se contractent et notre respiration devient rapide et peu profonde. Il nous arrive même parfois *d'oublier* de respirer pendant une ou deux secondes, ou de prendre tout à coup conscience que, l'espace d'un instant, la tension nous a fait retenir notre respiration. Mais en respirant à un rythme volontairement lent et profond, les muscles qui étaient crispés vont se détendre et s'amollir. Vous serez peut-être surpris de constater, lorsque vous êtes affolé, coléreux ou nerveux, combien deux ou trois respirations mesurées et profondes peuvent vous soulager.

Si cela vous tente, imaginez, pendant que vous rythmez votre respiration, que vous vous trouvez dans un endroit apaisant. De nombreuses personnes s'imaginent au bord de la mer, «écoutant» le bruit des vagues qui viennent se briser sur la plage et «humant» l'air marin. D'autres aiment se transporter à la montagne, à des lieues des exigences domestiques et professionnelles, et s'imaginer qu'elles se promènent au bord d'une cascade ou s'enfoncent dans la forêt. Certaines personnes se souviennent d'endroits qui sont pour elles de véritables havres de réconfort: un hamac tendu entre les piliers d'un balcon, l'arbre sous lequel elles aimaient s'asseoir dans leur enfance. Laissez-vous porter par votre imagination et profitez-en pleinement, pendant que la tension se dissipe graduellement et disparaît.

Ces techniques respiratoires peuvent être pratiquées en tout temps. Elles peuvent vous permettre de vous détendre à des moments d'extrême tension et également de réduire le stress dans votre vie de tous les jours.

Une autre façon de détendre votre corps est de vous concentrer sur chacune de ses parties, une à une; vous la contractez d'abord au maximum, puis la laissez se détendre. Élaborée durant les années 20 par Edmund Jacobsen, cette technique s'appelle la relaxation progressive. Jacobsen avait remarqué que les gens pouvaient augmenter leur degré de relaxation musculaire profonde s'ils contractaient d'abord un muscle *avant* de le détendre. Quoique cette méthode exige un certain entraînement ainsi qu'une période d'apprentissage, la plupart des gens parviennent à se détendre assez rapidement au bout de quelques semaines.

Voici comment procéder:

> Asseyez-vous confortablement, sans croiser les jambes.
> Accordez-vous, au départ, une période de silence de dix à quinze minutes; au bout d'un certain temps, il ne vous en faudra que trois à cinq.
> Pour commencer, fermez les yeux et respirez régulièrement.
> Contractez la partie du corps désirée (voir la liste plus loin); maintenez la tension pendant cinq à dix secondes.
> Détendez la partie du corps que vous venez de contracter pendant dix à quinze secondes. Laissez ces muscles devenir chauds, mous, lourds et détendus. Respirez lentement et calmement.

Passez lentement d'un groupe de muscles à l'autre, et répétez une seconde fois la séquence contraction-détente pour tout muscle qui vous semble particulièrement crispé.

Liste des parties du corps et suggestions pour les contracter.

1. Main et avant-bras droits (serrer fortement le poing).

2. Bras droit (presser le bras contre le torse).

3. Main et avant-bras gauches.

4. Bras gauche.

5. Front (froncer très fort les sourcils ou les hausser le plus loin possible).

6. Yeux et nez (plisser très fort les yeux et froncer le nez).

7. Bouche et mâchoire (serrer les dents; retrousser très loin les lèvres ou les serrer très fort).

8. Cou (enfoncer le menton au creux de la gorge et forcer).

9. Épaules et poitrine (respirer profondément et retenir son souffle; pousser les omoplates vers le bas et le centre du dos, ou hausser les épaules jusqu'aux oreilles).

10. Organes internes (contracter l'estomac comme pour se protéger d'un coup de poing à l'estomac; contracter aussi la région pelvienne en serrant très fort les fesses).

11. Cuisse droite (contracter les muscles de la cuisse).

12. Jambe droite (pointer les orteils en direction de la tête).

13. Pied droit et orteils (contracter les orteils et plier le pied à la cheville).

14. Cuisse, jambe et pied gauches.

En plus de vous détendre physiquement, vous pouvez atténuer la tension en réorientant vos pensées. S'adresser des reproches, s'attendre à une catastrophe et concentrer son attention sur les défauts, les manques et les retards ne sont probablement pas de bons moyens de s'inciter à agir; cela risque au contraire d'élever votre niveau de stress. Lorsque vous vous prenez à avoir des pensées stressantes, essayez de vous détendre. Par exemple, supposons que vous vous dites: «Je dois faire vite, je n'ai plus grand temps. Je n'y arriverai jamais!», vous pourriez vous interrompre pour vous rassurer: «Calme-toi. Fais ce que tu peux.»

Pratiquer régulièrement une activité physique est aussi une bonne façon d'enrayer la tension nerveuse. (Si l'exercice fait partie des activités que vous avez l'habitude de reporter, vous n'y arriverez pas sans mal.) L'activité physique favorise la production par le cerveau de l'endorphine, une substance associée aux sensations de bien-être et de calme. Les gens qui font régulièrement de l'exercice se sentent mieux dans leur peau. Il s'agit là d'une excellente façon de se débarrasser de la tension et des frustrations accumulées. Une partie de tennis ou de racquetball bien défendue, faire des longueurs à la piscine du quartier, ou même une promenade à pas énergiques autour du pâté de maisons, voilà des activités qui peuvent faire des miracles pour vous détendre l'esprit et les muscles.

Accordez-vous des périodes de solitude. Rester pendant quinze ou vingt minutes sans distraction et sans occupation peut vous faire beaucoup de bien. Si vous disposez de peu de temps libre ou de détente, ou si vous vous occupez de travaux ou de corvées dès que vous vous retrouvez seul, tâchez de vous accorder un quart d'heure de temps à autre pour ne rien faire. Vous trouverez peut-être cela difficile au début, mais une fois que vous aurez compris qu'il est permis d'être oisif, vous prendrez probablement goût à ces moments de paisible solitude et de contemplation, et votre corps vous en sera reconnaissant.

S'activer

Il vous arrivera de vouloir *augmenter* la pression et la tension nerveuse que vous ressentez, et non la réduire: si, par exemple, la fatigue vous prend quand vous ouvrez votre manuel pour étudier et que vous êtes sur le point de vous endormir, ou quand votre corps est tout engourdi et que toute votre énergie suffit à peine pour allumer votre téléviseur.

En pareil cas, l'essentiel est de vous procurer une stimulation de courte durée afin de vous mettre en train ou de vous motiver à entreprendre, de bon ou de mauvais gré, votre travail. Vous ne le trouverez pas nécessairement plus agréable, et il ne parviendra peut-être pas à vous absorber, mais le fait d'être plus alerte vous permettra au moins de vous y mettre.

Pour activer votre esprit, le meilleur moyen que nous connaissions est de réveiller votre corps. Si vous vous trouvez trop à l'aise en position assise ou allongée pour vouloir bouger, déplacez-vous. Levez-vous et faites des exercices d'étirement pendant quelques minutes: essayez de toucher le plafond du bout des doigts, puis de toucher le plancher. Balancez vos bras en décrivant de grands cercles, tournez le torse d'un côté à l'autre. Secouez les mains comme pour asperger quelqu'un d'eau. Courez sur place, allez faire un tour en marchant vite. L'important est de bouger. Votre but n'est pas de faire travailler vos muscles, mais d'activer votre circulation sanguine pour oxygéner votre cerveau au maximum. Deux ou trois minutes devraient suffire pour vous remettre en forme.

Certaines personnes aiment prendre une bonne douche pour s'activer et se sentir plus énergiques. Si vous n'avez pas envie de prendre une douche, vous pourriez vous asperger le visage d'eau fraîche, vous brosser les dents, vous masser le cuir chevelu ou vous tapoter le corps jusqu'à ce que la peau vous picote.

Une fois plus réveillé, vous serez en mesure d'entreprendre le travail qui vous attend. Si vous tendez ensuite à vous engourdir en travaillant, vous gagneriez peut-être à prendre de courtes «pauses-réveil» tous les quarts d'heure ou toutes les demi-heures, pour vous stimuler de nouveau.

Chapitre 12

Vivre et travailler avec les retardataires

Ce chapitre est destiné aux personnes dont l'existence est affectée par le comportement d'un retardataire, ainsi qu'aux retardataires désireux de connaître les retombées de leur comportement sur autrui. Que vous ayez ou non vous-même l'habitude de tout remettre au lendemain, vous êtes peut-être aux prises avec une personne qui est dans ce cas; vous essayez vainement de l'inciter à agir et devenez jour après jour de plus en plus exaspéré et découragé. Ou peut-être livrez-vous un combat intérieur, douloureusement conscient qu'une personne chère est en train de gâcher sa vie, mais ne sachant que faire pour l'aider. Si nous ne pouvons proposer dans ce livre de remède miracle pour guérir les retardataires, nous n'avons pas non plus de solution toute faite à vous offrir, vous qui vivez et travaillez avec eux. Mais nous pouvons toutefois vous indiquer ce que, selon nous, il convient de faire et de ne pas faire.

Le mouvement d'exaspération réciproque

«J'en ai assez de Pierrot qui refuse de faire ses devoirs. J'ai tout essayé et je suis vraiment rendue au bout du rouleau. Il gâche son avenir! Je m'en rends bien compte mais pas lui, et il refuse de m'écouter.»

«Le niveau de rendement de mon entreprise baisse, parce que les échéances ne sont jamais respectées. J'en ai parlé à ceux qui en sont responsables; si ça ne change pas, leur ai-je dit, ça va aller mal. Mais rien n'y fait, ils continuent de traîner de la patte. Engager et former des remplaçants ferait perdre de l'argent à l'entreprise, alors je dois essayer de corriger la situation avant de prendre la décision de congédier ces employés. Je ne sais plus quoi faire.»

Vous savez probablement qu'il est souvent exaspérant de vivre ou de travailler avec un retardataire. Il n'est pas toujours facile de comprendre ses retards continuels, son oisiveté, le non-respect de ses engagements si vous êtes une personne ponctuelle qui remplit généralement ses obligations dans les délais prévus. Et si vous êtes une personne superorganisée, qui assume ses responsabilités avec un maximum de minutie et d'efficacité, ce comportement vous excède probablement au plus haut point. Si vous êtes de ceux qui se débattent eux-mêmes avec ce problème, vous ne trouvez pas nécessairement facile d'aider vos semblables.

Dans ses rapports avec un retardataire, on peut très facilement se retrouver enfermé dans un cercle vicieux qui ne peut être qu'une source de frustration et ce, sans qu'on puisse jamais se rendre compte de la tournure que prennent les événements. Étant donné que les retardataires évitent si souvent d'expliquer directement ce qu'ils sont en train de faire ou de ne pas faire, vous risquez de vous leurrer, de mal évaluer la situation, la croyant pire ou meilleure qu'elle ne l'est en réalité et de prendre pour parole d'évangile les prétextes qu'ils invoquent pour justifier leurs retards, prétextes qui ne sont souvent que partiellement vrais. Il peut être pratiquement impossible de se faire une idée juste de la situation, le retardataire étant réticent ou impuissant à vous l'expliquer. Quoi qu'il en soit, il ne vous reste plus qu'à agir à l'aveuglette.

Ce mouvement d'exaspération réciproque peut prendre des formes très diverses. Néanmoins, le même problème essentiel se retrouve au coeur de chaque lutte: vous voulez que le retardataire accomplisse une tâche et, lui, il se défile. Examinons ce qui se produit souvent.

Première étape: les encouragements

La première fois que l'on s'aperçoit qu'un retardataire n'arrive pas à s'exécuter, on tente généralement de le rassurer et de le motiver par des paroles du genre: «Ne t'en fais pas, tu as encore le temps»; «Tu imagines le pire; une fois commencé, ça ira très bien, tu verras.» Si vous êtes ponctuel, vous avez probablement compris que l'oisiveté ne mène à rien. Vous savez que pour démarrer, il faut *faire quelque chose*, même si cela paraît désagréable, insuffisant ou effrayant au départ. Vous pouvez être porté à croire que pour aider un retardataire qui piétine devant une tâche à accomplir, il suffit de lui exposer les choses rationnellement et de l'encourager, la logique de vos arguments devant le convaincre de se mettre au travail.

Malheureusement, en général le retardataire ne considère pas vos encouragements comme un soutien, mais plutôt comme une pression. Si vous lui répétez cent fois que le travail qu'il a à faire n'est sûrement pas si pénible que ça, il pensera peut-être que vous tentez de lui enlever les rênes et de le forcer à agir. Un retardataire estimant que vous piétinez ses plates-bandes risque d'en éprouver du ressentiment et de ralentir encore son rythme afin de montrer qu'il résiste. Ou peut-être lira-t-il dans vos paroles encourageantes des attentes excessives, ce qui arrive surtout s'il s'agit de commentaires favorables ayant trait à son intelligence, à sa compétence, à ses habiletés et ainsi de suite: «Tu es si intelligent, je sais que tu peux faire un excellent travail.» En son for intérieur, même le plus doué craint peut-être de ne pas être à la hauteur. Se croyant mal compris, le retardataire pourra *donner l'apparence* d'être rassuré et encouragé, mais il se sentira intérieurement plus craintif que jamais, sachant que vos bonnes paroles ne sont pas fondées. À ses yeux, vous n'êtes qu'une personne dupe de plus.

Prenons l'exemple de Charles qui, à l'âge de vingt-six ans, a repris pour la troisième fois des études universitaires et arrive tant bien que mal à terminer sa deuxième année. «J'essaie continuellement de croire ce qu'on me dit, nous expliqua-t-il. Tout le monde affirme que je suis assez intelligent pour décrocher mon diplôme, que si je m'applique, je devrais bien réussir. Mais je n'y crois pas vraiment. Ils semblent tous avoir oublié que j'ai déjà deux échecs derrière moi. Ils ne savent pas ce que c'est.»

D'autres retardataires refuseront immédiatement d'accepter vos encouragements. Ils invoqueront peut-être les «Tu as raison, mais...», reconnaissant la justesse de vos paroles, mais soulevant ensuite une demi-douzaine d'objections pour prouver que vos suggestions ne s'appliquent pas à leur cas: «Tu as raison, je devrais commencer à préparer mes déclarations de revenus, mais j'ai beaucoup d'autres priorités» ou «Tu as raison, probablement que ce rapport serait effectivement plus facile à préparer si j'en limitais la portée. Mais il faudrait alors que j'omette une foule de renseignements importants, et il ne serait plus aussi intéressant.» Souvent, le retardataire refusera ouvertement de reconnaître le bien-fondé de vos encouragements et les réfutera d'emblée: «Tu ne sembles pas te rendre compte que ce projet est très compliqué. C'est facile de parler!»

Ainsi, que le retardataire accueille vos paroles par des expressions de feinte assurance, qu'il vous barre la route par des «Tu as raison, mais...» ou qu'il rejette tout simplement la main secourable que vous lui tendez, vous découvrirez qu'en fin de compte, il ne suffit pas de l'encourager pour qu'il se mette à la tâche.

Deuxième étape: la déception

Vous pouvez facilement éprouver de la déception lorsque vous vous rendez compte que vos premiers efforts pour aider et encourager le retardataire n'ont rien donné. Il y aura peut-être, à la base de ce sentiment, l'impression que le retardataire s'est mal conduit avec vous. *Vous*, vous avez fait tout ce que vous pouviez pour l'aider, et, lui, il n'a pas voulu tenir compte de vos conseils. À vos yeux, le retardataire n'a pas respecté l'engagement que sous-entendait votre offre de secours: «Moi, je t'aide et, toi, tu changes. Si tu suis mes conseils, tu te mettras à agir.» Ce quiproquo masqué vous laissera peut-être l'impression de vous être démené pendant que le retardataire se prélassait.

Vous ne serez peut-être pas satisfait non plus de vous-même, pensant que si le retardataire ne fait pas de progrès, c'est votre aide qui doit être mise en cause: vous auriez pu être plus prodigue en encouragements et offrir de meilleurs conseils ou être plus disponible. Vous assumez l'entière responsabilité du piétinement du retardataire.

Qu'ils soient déçus de leur attitude, de celle du retardataire ou des deux à la fois, la plupart des gens tentent de remédier à la situation en redoublant leurs efforts. Ils proposent des encouragements *supplémentaires* et «améliorés», espérant de la sorte pousser le retardataire à bouger et atténuer leur sentiment de déception.

C'est hélas peine perdue.

Le retardataire, hypersensible aux réactions d'autrui, notera votre déception et se sentira deux fois plus mal. Non seulement doit-il se préoccuper de la tâche qu'il a à accomplir, mais également ne pas décevoir vos attentes. Bientôt, le retardataire commencera à nourrir un ressentiment caché face à l'importance que vous accordez à ses projets: vous représentez à présent une exigence supplémentaire à satisfaire, une autre personne à éviter. Petit à petit, il prendra ses distances, s'efforçant d'ignorer d'une part votre déception et, d'autre part, vos efforts redoublés pour l'aider.

Troisième étape: l'irritation

La déception est souvent suivie de près par l'irritation. Vous vous mettez à croire que l'inaction du retardataire est volontaire et peut-être même teintée de malice. Ne comprenant peut-être pas les fondements de cette passivité, vous ne savez plus par quel bout le prendre.

L'irritation peut provenir de différentes causes. Vous serez peut-être excédé parce que le retardataire, qui a refusé, l'une après l'autre, toutes les perches que vous lui avez tendues, piétine toujours, continuant de réciter sa même litanie de malheurs; rien de ce que vous lui avez proposé n'a été accepté, tous les efforts que vous avez faits en son nom n'ont mené à rien et il ne vous témoigne aucune reconnaissance. Il commence peut-être même à se retourner contre vous, vous laissant entendre, clairement ou non, qu'il aimerait bien que «vous lui fichiez la paix». Vous vous sentirez également de plus en plus exaspéré lorsque vous vous efforcerez de faire entreprendre à un retardataire un projet qui affecte également votre bien-être personnel: par exemple, un projet professionnel sur lequel vous collaborez. Malgré la patience dont vous faites preuve au début et la délicatesse initiale de vos rappels à l'ordre, il continue d'accumuler des retards, ce qui provoque chez vous un ressentiment bien légitime. Enfin, votre irritation proviendra peut-être du sentiment d'impuissance qui vous envahit lorsque vous voyez le retardataire courir volontairement à sa perte. Vous avez tout fait pour le secourir et pourtant il continue à tout remettre à plus tard, risquant d'échouer à ses examens, de perdre son emploi, d'être ruiné, de s'exposer à des poursuites judiciaires ou de compromettre sa santé. Vous serez parfois tenté de le sermonner, de l'assommer de reproches moralisateurs, ayant ainsi au moins le sentiment d'*agir*, même si vous ne réussissez qu'à empirer la situation.

Quatrième étape: le match nul

Arrivés à ce stade, le retardataire et vous êtes enlisés dans un cercle vicieux. Vous restez fermement sur vos positions, cherchant à le faire agir; le retardataire est pour sa part tout aussi fermement décidé à contrer tous vos efforts. La tension est peut-être à couper au couteau, chacun rongeant son frein de son côté.

À long terme, une telle situation, où il n'y a ni gagnant ni perdant, peut briser une relation antérieurement satisfaisante et entraîner la rupture d'un mariage, d'une amitié ou d'une association professionnelle, ou encore venir hanter la relation pour longtemps, refaisant surface aux moments de tension ou de discorde. La relation peut parfois être sauvée: soit le retardataire finit par s'exécuter, soit vous laissez tomber. Vous avez pour cette fois réussi à «sauver les meubles», mais au prix de souffrance et d'amertume.

«Négocier» avec un retardataire

Comment pouvez-vous «négocier» avec un retardataire tout en évitant d'engendrer, ou tout au moins en l'atténuant, ce sentiment d'exaspération réciproque? Comment faire pour que cela ne cause pas la dégradation de votre relation, pour que vous continuiez tous deux d'en tirer satisfaction?

La réponse dépend en partie du lien qui vous unit au retardataire. Vos préoccupations seront très différentes selon qu'il s'agit d'un employé, d'un supérieur, d'un enfant, d'un conjoint, d'un ami intime ou d'une simple connaissance. Mais certaines remarques d'ordre général peuvent vous faciliter à tous deux l'existence. Nous allons d'abord mentionner quelques tactiques qui ne réussissent *jamais* avec *aucun* retardataire.

Ce qui ne réussit pas

Dire: «*Fais-le donc!*» Cette phrase est la hantise des retardataires. Quand on la prononce, ils manifestent généralement du ressentiment, de l'exaspération, de la tension nerveuse ou du mépris de soi. En disant «Fais-le donc», vous soulignez leur incapacité manifeste à faire ce qui semble être si facile pour les autres, c'est-à-dire assumer les responsabilités de l'existence. Le retardataire n'y trouvera qu'une raison de plus de se sentir humilié et effrayé; cette incapacité le plongeant déjà dans le marasme, il sera d'autant moins capable d'agir.

Harceler, surveiller. Cette tactique, qui donne naissance à un sentiment d'exaspération réciproque, est vouée à l'échec. Lorsque vous contrôlez sans arrêt les progrès accomplis par le retardataire, ou que vous lui rappelez sans cesse ce qu'il a à faire, vous serez à tout coup perçu comme un chien de garde, et le retardataire vous en voudra d'agir ainsi. Plus vous le talonnerez et moins il travaillera. Il vous fera peut-être des promesses rassurantes, mais il vous reprochera tellement votre surveillance (peu importe vos justifications altruistes) qu'il ralentira encore plus son rythme dans le seul but de vous rendre la monnaie de votre pièce.

Critiquer, ridiculiser ou menacer des pires châtiments. Cette stratégie est fondée sur le raisonnement suivant: à force d'humiliations, surtout si elles sont publiques, le retardataire cessera de se défiler et se mettra au travail. Nous avons entendu d'innombrables anecdotes racontant comment les parents ou les professeurs de retardataires avaient déclaré, en classe ou devant des amis, des choses du genre: «C'est ridicule de reporter quelque chose d'aussi simple. Pense avec ta tête, pas avec tes pieds!» De telles remarques, blessantes pour n'importe qui, le sont doublement pour un retardataire. Bien que, sur le coup, la honte que vous lui causez le fera peut-être effectivement réagir, cet élan sera de courte durée car l'humiliation lui aura laissé un goût d'amertume qui colorera tous vos rapports futurs.

De la même façon, menacer le retardataire de représailles démesurées l'amènera peut-être à se conformer pour un temps à vos attentes, mais, en fin de compte, vous l'aurez éloigné de vous et accentué son immobilisme. Le père d'un retardataire ne cessait pas de mettre ce dernier en garde: «Si tu ne commences pas bientôt à t'appliquer dans tes études, tu ne trouveras jamais de travail. Et sans travail tu ne pourras pas fonder un foyer. Personne n'aime les incapables, et c'est le sort qui t'attend.» Le père avait commencé à proférer ces menaces alors que son fils était en quatrième année de cours élémentaire. Le garçon obéissait et restait plus longtemps devant ses cahiers, mais il ne lisait pas. Il fulminait intérieurement, ressassant la haine que lui inspirait son père et imaginant différentes tactiques pour se venger. Il commençait aussi à se demander si au fond son père n'avait pas raison, s'il n'était pas effectivement un incapable qui ne réussirait jamais dans la vie. Il se mit donc à refuser complètement d'ouvrir ses livres.

Le faire vous-même. Comme nous l'avons mentionné au chapitre 10, vous ne devriez jamais, sauf dans quelques cas tout à fait exceptionnels, venir à la rescousse d'un retardataire en vous chargeant de son travail. Vous serez peut-être tenté de tout prendre en main, surtout si vous prévoyez des répercussions sérieuses à son oisiveté. Mais en jouant le rôle de «sauveteur», vous perpétuez le problème du retardataire. À l'avenir, il continuera peut-être d'ajourner ses obligations, s'imaginant de façon utopiste qu'il y aura toujours quelqu'un pour le sauver de la catastrophe. Les retardataires ont au contraire besoin d'apprendre à se tirer d'affaire tous seuls.

Dire: «*Je t'avais prévenu!*» En supposant que les choses prennent la tournure que vous aviez prévue, vous serez peut-être tenté de faire remarquer au retardataire que vous aviez raison. Vous voudrez dire: «Je t'avais prévenu.» Mais si vous agissez ainsi, que se passera-t-il? Le retardataire en tirera-t-il profit? Probablement pas. Qu'il veuille se l'avouer ou non, il sait probablement déjà que vous aviez raison et cela le perturbe. Déclarer «Je t'avais prévenu» ne fait qu'empirer son état. Vous serez peut-être heureux que les événements vous aient donné raison, mais l'affirmer ne servirait qu'à vous aliéner encore davantage le retardataire.

Quelques attitudes favorables

Nous l'avons dit déjà, il n'existe pas de manière infaillible de «négocier» avec un retardataire. Nous vous proposons néanmoins des attitudes générales à adopter et des façons spécifiques de réagir, qui devraient vous simplifier l'existence à vous et à votre retardataire.

Rester détaché. Il est facile d'oublier que le retardataire et vous-même êtes deux personnes distinctes. Avec le temps, vous serez peut-être porté à vous identifier à ses problèmes. Vous attacherez personnellement beaucoup d'importance à ses réussites, comme si vous comptiez sur ses performances pour nourrir votre amour-propre. S'il ne réussit pas, vous vous sentirez diminué et, pour finir, irrité et furieux.

Carole, à bout de ressources vis-à-vis de son fils Pierrot, avait perdu de vue le fait qu'ils étaient deux êtres distincts. Elle se sentait entièrement responsable de son comportement. S'il n'obtenait pas de bons résultats scolaires, elle avait l'impression d'avoir failli dans son rôle de mère et d'avoir mal éduqué son fils. Cette façon de voir les choses avait été renforcée par les réunions de parents d'élèves où Carole avait pu entendre les remarques d'enseignants qui associaient l'indiscipline de certains enfants à la négligence de leurs parents. Elle craignait que les autres parents ne la considérassent comme irresponsable si elle ne forçait pas Pierrot à faire ses devoirs.

Malheureusement, la situation ne fera que s'aggraver pour vous deux si vous vous identifiez à ce point. Même si Carole avait pu contraindre Pierrot à rester assis pendant une heure devant ses livres, rien ne pouvait l'obliger à lire les mots écrits sur ces pages ni à assimiler les informations qu'ils contenaient. Vous devez, vous aussi, vous rappeler qu'il y a des limites aux pressions que vous pouvez exercer sur un retardataire. Vous pouvez tenter de l'influencer pour qu'il se conforme à vos attentes, mais vous ne pourrez jamais l'obliger à agir. Ainsi, si tous vos efforts visaient jusqu'à maintenant à le forcer à travailler, vous serez plus efficace si vous abandonnez l'idée que vous pouvez (ou devriez pouvoir) le contraindre et si vous essayez de voir les choses sous un autre angle.

Faire preuve de souplesse. Il s'agit d'une règle fondamentale à respecter dans tous vos rapports. Quand une stratégie ne donne pas les résultats escomptés, il arrive trop souvent que les gens se bornent à la répéter avec de plus en plus d'insistance. Employer des moyens diamétralement opposés aux premiers donnerait probablement des résultats plus heureux.

Carole a essayé par divers moyens d'inviter Pierrot à se mettre au travail. Au début, elle le harcelait constamment: «N'oublie pas que tu as un examen de biologie vendredi, Pierrot»; «Tu ferais mieux de ne pas trop attendre pour entreprendre ton rapport de lecture.» Le plus souvent, la réponse de Pierrot était de bouder ou simplement de ne prêter aucune attention aux remarques de sa mère. S'apercevant que le harcèlement ne produisait pas l'effet escompté, Carole eut recours au chantage. «Je t'achète un poste de radio si tu travailles une heure chaque soir pendant un mois.» «Écoute, finis tes problèmes de maths avant le dîner et tu n'auras pas à faire la vaisselle.» En vain. Elle tenta alors de le motiver en le culpabilisant. «Après tout ce que ton père et moi avons fait pour toi, tu ne veux même pas prendre la peine de faire tes devoirs. Ce que tu peux être ingrat!» Toujours en vain. Pour finir Carole en arriva à menacer Pierrot des pires châtiments: «Tu dois apprendre à te discipliner, Pierrot, moralisait-elle. Tu n'arriveras jamais à rien si tu ne peux même pas résoudre des problèmes de calcul élémentaires.»

Ce qui échappait à Carole, c'est que ses tactiques «différentes» n'étaient en fait que les variations d'un même thème: pousser coûte que coûte Pierrot à agir, que ce soit en le harcelant, en le menaçant ou en lui faisant du chantage. Il lui a fallu du temps pour s'apercevoir que toutes ses tentatives visaient à convaincre Pierrot, d'une manière ou d'une autre, de se mettre au travail et qu'elles avaient eu pour seul résultat de susciter conflit et ressentiment. Pour Carole et son fils, c'était match nul.

Carole finit par décider d'innover totalement et de cesser de pousser Pierrot à étudier. Au lieu de faire pression sur lui, elle lui dit: «Pour devenir adulte, on doit apprendre à prendre ses propres décisions. C'est à toi de voir quelle importance tu veux accorder à tes études.» Stratégiquement, Carole ne parlait plus de devoirs à Pierrot et avait cessé de lui dresser des portraits sombres de l'avenir qui l'attendait s'il ne se mettait pas au travail. Elle fit le serment de tenir sa langue et de ne plus exercer de pressions sur son fils, même si elle devait voir se réaliser ses pires craintes et qu'il n'ouvre plus ses livres.

Fini le harcèlement, les menaces, le chantage: Carole avait adopté une attitude radicalement différente. En agissant ainsi, elle évitait un affrontement voué à l'échec et laissait Pierrot libre d'agir à sa guise. Ayant modifié sa propre attitude, elle se réjouit de constater que sa relation avec son fils devenait beaucoup plus amicale. Et de son propre gré, Pierrot se mit petit à petit à faire ses devoirs!

Si, comme Carole, vous aimeriez apporter des modifications fondamentales à vos interactions avec un retardataire, voici quelques conseils à suivre:

Examinez quels moyens vous avez employés jusqu'à présent pour tenter d'influencer votre retardataire (harcèlement, chantage, supplications, menaces, etc.).

Identifiez le message de base que sous-entendent toutes vos remarques («Fais tes devoirs!»). Vous saurez mieux ainsi quel est le but principal de vos tactiques, lequel est probablement d'inciter le retardataire à agir.

Si votre stratégie de base n'a rien donné, innovez, même si vos conseils vous ont toujours paru pleins de bon sens (les retardataires ne sont pas toujours logiques!). Modifiez radicalement l'attitude que vous aviez adoptée pour amener le retardataire à agir et renoncez à exercer des pressions *sous quelque forme que ce soit.*

N'abandonnez pas vos nouvelles tactiques. Vous aurez parfois peine à tenir votre langue, mais vous devez être conséquent si vous voulez que la situation change. Rappelez-vous qu'au départ, le retardataire opposera peut-être une résistance à votre nouvelle stratégie: on ne perd pas ses vieilles habitudes du jour au lendemain.

Restez aux aguets. Si vous entrez encore en conflit avec le retardataire, c'est que votre nouvelle stratégie n'est toujours pas la bonne. Analysez ce que vous faites: peut-être est-ce «bonnet blanc et blanc bonnet»? Le cas échéant, arrêtez-vous et cherchez de nouvelles façons de vous comporter avec votre retardataire.

Techniques particulières

Ayant posé ces quelques idées directrices, nous allons maintenant vous proposer des façons précises de vous comporter avec un retardataire, qui vous aideront à éviter les conflits d'intérêt et les matchs nuls.

Posez clairement vos limites, les échéances et les répercussions. Invitez le retardataire à prendre le temps de discuter avec vous des tâches à accomplir et des échéances à respecter. Abordez aussi les conséquences du non-respect de ces échéances. Soyez *précis* et *concret*, de sorte que vous sachiez tous deux où vous voulez en arriver. Vous voudrez peut-être même mettre votre entente par écrit afin de vous assurer qu'il ne subsiste aucun malentendu. Dans la mesure du possible, laissez le retardataire participer activement à la formulation de l'objectif, de l'échéance et des conséquences d'un éventuel retard. Il aura ainsi l'impression de dominer la situation, au moins en partie, ce qui pourra éventuellement l'aider à cesser d'ajourner des tâches parce qu'il se sent impuissant. L'entente que vous cherchez à établir doit être réciproque.

Michel et sa femme, Thérèse, avaient discuté de la construction d'une clôture à l'arrière de leur maison, projet que Michel remettait depuis trois ans. La clôture actuelle, qui tombait en ruine, leur gâchait le paysage et Michel avait prévu de la démolir et d'en ériger une nouvelle en bois neuf. Ils convinrent ensemble d'un délai de trois mois qui leur paraissait raisonnable et encerclèrent le 17 juin sur leur calendrier pour se rappeler qu'à cette date Michel devait avoir terminé la clôture. Ils formulèrent ensuite, d'un commun accord, les conditions suivantes: si Michel n'avait pas terminé son travail à la date prévue, Thérèse était libre de faire venir un ouvrier pour le finir et de le payer avec l'argent réservé aux dépenses de Michel. Celui-ci aimant bien ajouter de nouvelles pièces à son équipement de pêche, cela impliquait qu'il ne pourrait s'acheter ni lignes ni autre matériel tant qu'il n'aurait pas fini de régler le coût de la clôture.

Une fois le marché conclu et les récompenses et punitions formulées, vous devez laisser le retardataire s'organiser seul pour respecter ses engagements. S'il se défile, vous pouvez alors appliquer le plan convenu. Cette façon d'agir a le mérite d'être plus claire et de vous empêcher de jouer au chien de garde. Ayant conclu une entente avec Michel, Thérèse disposait d'un moyen concret pour réagir s'il ne respectait pas sa promesse. Sachant que d'une manière ou d'une autre la clôture finirait par être construite, elle se sentait moins anxieuse. Pour sa part, Michel était plus disposé à se mettre au travail depuis qu'il n'était plus talonné par son épouse.

Si votre partenaire refuse catégoriquement de discuter, ou si vous n'arrivez pas à vous entendre, vous pouvez alors choisir de formuler seul vos propres plans. Soyez alors certain d'avoir les moyens de les appliquer, d'une part, et veillez d'autre part à aller au bout de vos promesses si le retardataire se défile. Ainsi, si Michel n'avait pas accepté de conclure un marché à propos de la clôture, Thérèse aurait pu l'avertir qu'elle engagerait elle-même quelqu'un pour le faire si la clôture n'était pas prête à une certaine date. Et si le cas s'était effectivement posé, elle aurait dû alors tenir ses promesses et faire venir un ouvrier, sans se préoccuper des objections de Michel, aussi véhémentes fussent-elles. Il lui aurait peut-être reproché de chercher à le punir ou de gaspiller leur argent. Mais il faut être prêt à tolérer ces remarques si vous voulez mettre un terme au mouvement d'exaspération réciproque. Si Thérèse avait cédé et accordé un nouveau délai à Michel, il aurait su que ses limites n'étaient pas fermes. Ils seraient parvenus tôt ou tard à une situation de match nul. Dans certains cas, il faut malheureusement que quelqu'un souffre; vous ou le retardataire.

Aidez le retardataire à se fixer des objectifs intermédiaires réalisables. Comme nous l'avons déjà indiqué, les retardataires concentrent toute leur attention sur l'aspect final de leur objectif et tendent à perdre de vue les étapes à franchir pour l'atteindre. De plus, ils se trouvent souvent à court de temps, étant portés à le mesurer vaguement et à manquer de réalisme dans leurs évaluations. Ce n'est que lorsqu'ils se déchaînent pour tout finir à la dernière minute qu'ils réalisent l'ampleur du travail à accomplir: les choses se compliquent, des étapes qu'ils avaient oubliées doivent être achevées avant qu'ils ne puissent aller de l'avant.

Vous pouvez contribuer à atténuer cette frénésie de dernière minute en aidant le retardataire à se fixer des minibuts, c'est-à-dire une série d'étapes à franchir pour atteindre l'objectif final plus ambitieux. Ainsi, Michel et Thérèse avaient établi quatre buts intermédiaires: démolir la vieille clôture; s'en débarrasser; se procurer des matériaux neufs; entreprendre les travaux de construction. Ils avaient convenu de dates précises auxquelles Michel devait avoir terminé chaque étape. S'il ne respectait pas une échéance, Thérèse pouvait engager un ouvrier pour se charger de cette étape et le payer également avec l'argent de poche de Michel.

Aidez le retardataire à se faire une idée concrète et réaliste du travail à accomplir. Les retardataires détestent la précision sous toutes ses formes. Ils se fixent par conséquent des buts souvent extrêmement irréalistes. Ils pensent à ce qu'ils *voudraient* accomplir plutôt qu'à ce qui est réalisable, compte tenu du temps et de l'énergie dont ils disposent et des interruptions éventuelles. Ils se découragent donc dès qu'ils se croient incapables d'atteindre leur but.

Au départ, Michel avait dit à son épouse: «J'aurai terminé la clôture d'ici dimanche.» Mais il n'avait pas tenu compte du fait qu'il allait être débordé de travail au bureau durant les jours à venir et qu'il devrait probablement faire des heures supplémentaires. Il avait aussi oublié qu'il devait acompagner un ami à une partie de base-ball le samedi. Bref, Michel n'avait simplement pas pris le temps de penser aux efforts qu'allait exiger ce travail de construction. Ce n'est qu'au moment d'en discuter avec Thérèse qu'il se rendit compte du caractère utopique de son évaluation initiale. En fin de compte, il jugea que trois mois seraient plus réalistes qu'une semaine.

Si vous espérez aider un retardataire à être plus concret et réaliste dans ses évaluations, vous devez avant tout prévoir sa tendance à voir les choses de façon trop optimiste ou trop pessimiste, ainsi que son manque de précision. Soyez attentif à ses propos s'il affirme par exemple: «Pas de problème, j'aurai fini en deux temps trois mouvements» ou «C'est bien trop compliqué, je n'y arriverai jamais, même pas d'ici dix ans!» Posez ensuite des questions pour aller à l'encontre de ces tendances. «Comment comptes-tu procéder pour refaire la clôture, Michel? Est-ce juste une question de construire du neuf?» ou «As-tu beaucoup de temps libre cette semaine? Je croyais que tu devais donner un exposé lundi?» Vos questions inciteront au moins le retardataire à s'arrêter pour réfléchir à la justesse de son évaluation.

Lors de vos discussions avec un retardataire, tâchez d'agir en *consultant* et non en dirigeant. En d'autres termes, soyez prêt à le soutenir, à écouter et commenter ses idées, aidez-le à être réaliste, mais ne cherchez pas à prendre les décisions à sa place et évitez de porter des jugements sur son manque éventuel de volonté.

Récompensez les progrès accomplis. Tant qu'ils n'ont pas atteint leur objectif final, les retardataires ont généralement l'impression de n'avoir rien accompli; ils ne tirent donc aucune satisfaction de leurs progrès. Ils songent avant tout au travail qu'il leur reste à faire. Vous imaginez facilement combien cet état d'esprit peut être décourageant.

Tout progrès mérite d'être souligné et récompensé. Vous pouvez être encourageant, sans toutefois trop exagérer, car cela risquerait fort de sonner faux à l'oreille du retardataire qui pourrait imaginer que vous le flattez pour mieux le manipuler. Il vaut mieux dire: «Tiens, tu t'y es mis. Voilà un bon pas de fait» que de s'écrier: «Magnifique! Tu t'y es mis! Maintenant, tout devrait marcher comme sur des roulettes!»

Vous pouvez aussi, de temps à autre, vous associer aux récompenses que s'accorde le retardataire. Emmenez-le déjeuner ou dîner au restaurant lorsqu'il vient de franchir une étape difficile; prévoyez une soirée de cinéma *après* qu'il a travaillé une heure ou deux; suggérez-lui de prendre une pause et allez faire une promenade ensemble (mais ne laissez tout de même pas la pause s'éterniser!). Vous lui apprendrez ainsi à apprécier le travail qu'il a accompli, même s'il est toujours loin de son objectif ultime. Cette leçon n'a pas de prix, car le retardataire apprend à se valoriser des efforts qu'il a fournis pour se rapprocher de son but, plutôt que de continuer d'y voir un processus démoralisant empreint d'exaspération et de désespoir.

Exprimez franchement vos colères éventuelles. Il vous arrivera probablement d'être agacé ou déçu par le comportement du retardataire. Informez-le des gestes précis qu'il a posés pour vous mettre dans cet état et expliquez-lui comment son retard vous a affecté. Vous devez vous exprimer clairement sans être toutefois trop sévère ou brutal. Par exemple, vous pourriez dire: «Monique, tu m'avais promis de dresser la liste des personnes à contacter et de l'apporter à cette réunion. Tu ne l'as pas fait et cela nous retarde tous dans notre travail. Tu n'as pas fait ta part et j'en suis très irrité.»

Tâchez de ne pas exprimer votre colère indirectement, soit par des remarques sarcastiques, par de la froideur ou par des gestes «qui en disent long» (grimaces, soupirs, ton réprobateur). Le retardataire risquerait alors de croire au pire, ce qui le conduirait à s'éloigner encore plus de vous et à multiplier les retards.

Faites comprendre au retardataire qu'à vos yeux, il compte

plus que ses performances. Si vous voulez vraiment aider un retardataire, montrez-lui que vous ne l'appréciez pas que pour son rendement. Signalez sa générosité sans bornes, son sens de l'humour contagieux ou l'attention qu'il porte aux problèmes d'autrui. Peut-être qu'il cuisine divinement, qu'il a des talents de décorateur ou le tour de réparer tout ce qui tombe en panne.

Les retardataires savent apprécier les qualités des autres, mais ont peine à voir qu'ils en possèdent aussi. Ils croient *être* ce qu'ils *font*. Leur valeur en tant qu'*être humain* ne dépend que de leurs performances. Vous devez leur montrer qu'ils peuvent être aimés et respectés en dehors de leurs réussites et de leurs échecs. Ils mettront peut-être du temps à le comprendre, mais ce message est le plus important que vous puissiez leur faire passer.

Veillez sur vos intérêts. Que risque-t-il de *vous* arriver si le retardataire ne fait pas ce que vous attendez de lui? Cette question est importante. Ses retards auront-ils vraiment des répercussions sérieuses, ou courez-vous simplement le risque d'être déçu?

Il arrivera parfois que l'oisiveté du retardataire ait des retombées très significatives sur votre bien-être personnel. Si, par exemple, il s'agit d'un associé, vous vous exposez à d'éventuelles pertes financières, à des défections de clients, à des poursuites judiciaires ou à la mise en péril de votre réputation professionnelle. Si le retardataire est votre conjoint et qu'il néglige de faire d'importantes réparations sur la voiture familiale, vous mettez peut-être votre existence et celles des vôtres en danger chaque fois que vous l'utilisez. En pareils cas, vous devez veiller sur vos intérêts. Commencez par discuter de la situation avec le retardataire: vous pourrez peut-être trouver une solution. Dans le cas contraire, vous serez peut-être forcé d'agir *unilatéralement*: ou vous effectuerez vous-même le travail en question, ou vous engagerez quelqu'un pour le faire, ou encore, dans les cas très graves, vous romprez carrément la relation. Si le retardataire ne vous inspire plus aucune confiance, vous pourrez prendre la décision de désormais travailler seul s'il s'agit d'un associé, ou de le congédier s'il s'agit d'un employé. Si son comportement vous a poussé à bout, vous déciderez peut-être de quitter votre conjoint ou de rompre une amitié.

Dans d'autres cas, l'oisiveté du retardataire vous ennuiera, sans pour autant qu'elle ait des conséquences véritablement néfastes. Ces retards vous gênent peut-être ou, comme Carole, vous craignez que les gens vous jugent en fonction des agissements du retardataire. Vous voulez qu'il réussisse pour que l'on ait de vous une opinion favorable. Ou encore, vous portez un jugement moral sur ces retards, vous sentant trahi par le retardataire qui refuse de se conformer à vos exigences et à vos normes. Vous n'accepterez pas toujours facilement qu'il ne partage pas vos valeurs et ne se sente donc pas tenu de s'y conformer.

Les retardataires de votre entourage

Les retardataires que vous connaissez occupent probablement une place bien définie dans votre existence: un enfant, un conjoint, votre patron ou votre employé. Ces relations étant très différentes les unes des autres, chacune soulève des problèmes différents qu'il importe d'examiner pour compléter les conseils que nous venons de formuler.

Votre enfant

Il est parfois désespérant d'élever un enfant qui est continuellement en retard. vous aimeriez peut-être, comme Carole, qu'il améliore ses résultats scolaires. Ou encore, son habitude de reporter ses travaux et ses responsabilités domestiques vous exaspère. Vous avez peut-être l'impression que vos enfants adultes gâchent leur vie en ne s'appliquant à rien qui vous paraisse valable. Ce sont là les doléances les plus fréquentes chez les parents de retardataires.

L'erreur principale commise par la plupart des parents est de harceler leurs enfants. Si votre enfant accumule des retards parce qu'il craint de ne pas être à la hauteur de ses obligations, votre harcèlement ne fera qu'accentuer son insécurité. Il n'apprendra pas ainsi à admettre ses limites, à faire face aux déceptions ni à agir de façon plus réaliste. Être talonné sans arrêt ne l'aidera pas à savoir s'accommoder des conséquences de la réussite, à rester humain même dans l'excellence, à se prémunir contre la jalousie que provoque la compétition ni à s'opposer à des attentes démesurées. Si votre enfant accumule des retards pour se rebeller contre l'autorité, votre harcèlement le poussera à se révolter encore davantage et ne l'encouragera pas à se sentir rassuré dans son indépendance. Il n'aura pas l'occasion d'apprendre qu'il est possible de faire des compromis sans sacrifier son amour-propre.

Animé par le souci d'aider votre enfant, vous serez peut-être porté à oublier une vérité essentielle: la leçon principale que tout enfant doit apprendre en grandissant est comment devenir un *adulte autonome.* Pour ce faire, l'enfant doit se détacher de ses parents et trouver le moyen de se définir et de se distinguer des autres adultes. Par ses retards, votre enfant s'efforce peut-être de se détacher de vous. Si vous accordez beaucoup d'importance à la réussite scolaire ou aux responsabilités domestiques, votre enfant se défile peut-être justement parce que ces tâches sont importantes pour vous. Par ses retards, il vous transmet le message suivant: «Je n'ai pas à reprendre tes valeurs à mon compte.» Même si, au départ, son comportement s'expliquait autrement, votre harcèlement subséquent l'a peut-être poussé à continuer d'ajourner ses obligations pour vous contrarier, mécanisme que l'on rencontre fréquemment chez les adolescents. Votre impuissance à le diriger lui confère un sentiment de puissance; plus vous cherchez à le faire agir et plus il résiste, accumulant des retards pour prouver qu'il échappe à votre domination. C'est l'identité de votre enfant qui est en jeu; si vous faites marche arrière et le laissez plus libre de prendre des décisions, il cessera peut-être d'avoir recours à la procrastination pour affirmer son indépendance.

Revoyez les tactiques générales que nous venons d'exposer. Pour les parents, deux d'entre elles sont très importantes et pourtant très difficiles à mettre en pratique: faire savoir au retardataire qu'il n'y a pas que ses *performances* qui comptent, et se percevoir comme distincts de lui. La difficulté provient notamment des liens uniques et complexes qui unissent parents et enfants. C'est la seule relation qui soit caractérisée par autant d'attentes et d'espérances, la seule où l'on soit aussi responsable du bien-être d'autrui.

Vous souvenez-vous des rêves et des espoirs que vous nourrissiez à la naissance de votre enfant? Vous avez peut-être entrevu pour lui un avenir glorieux: il serait l'avocat que vous n'avez pu devenir, ou un pianiste renommé, ou médecin comme son oncle Jacques. Responsable et obéissant. Studieux, sportif, sociable, bien marié et même entouré un jour de petits-enfants. Vous comptiez lui donner tout ce que la vie peut offrir: une excellente éducation, un milieu épanouissant, richesse et confort matériel, tout l'amour et toute l'attention que vous n'aviez peut-être pas reçus dans votre jeunesse ou des règles et des limites que vous auriez aimé qu'on vous impose.

Ayant tant investi émotionnellement dans son enfant, il n'est pas facile de prendre ses distances par rapport au retardataire qu'il est devenu. Comment renoncer à ces projets d'avenir, au désir d'être satisfait de l'existence que mène votre enfant? Mais ce devoir est pourtant extrêmement important. Il faut veiller au bien-être et à l'éducation de votre enfant, puis le laisser, peu à peu, faire des erreurs et apprendre à en assumer les conséquences. Les enfants ont besoin d'apprendre où leurs retards les conduiront et de décider d'eux-mêmes si les avantages de la procrastination compensent ses inconvénients.

Il ne faut pas croire qu'en vous conseillant de vous détacher du retardataire, nous vous enjoignons de couper tous les liens affectifs qui vous unissent. Quelle que soit la nature de votre relation, vous occuperez toujours une place unique dans la vie de votre enfant. L'amour et les encouragements que vous lui témoignerez (ou pas) joueront toujours un rôle significatif et irremplaçable. C'est pour cette raison qu'il est si important de lui faire comprendre que vos sentiments ne dépendent pas de ses performances, que vous l'aimerez même s'il n'arrive pas premier, même si son quotient intellectuel n'atteint pas 150 et même s'il accumule des retards. Votre enfant ne montrera pas nécessairement qu'il compte sur vos encouragements; mais, en notre for intérieur, nous aspirons tous à être aimés et acceptés tels que nous sommes. Et pour votre enfant, ce qui compte par-dessus tout est d'être accepté par *vous*.

Votre conjoint

Dans un mariage, les retards peuvent avoir toutes sortes de conséquences, allant de l'irritation mineure à la tension et au conflit sérieux. Vous avez peut-être pris votre parti des retards de votre conjoint, les classant parmi ces imperfections qu'il faut accepter chez tout être humain, au même titre que lui ou elle s'accommode de vos ronflements, de votre habitude de ne jamais refermer le tube de dentifrice ou de votre envie de jouer de la cornemuse dans le salon.

Il est cependant fort probable que les retards de votre conjoint aient des retombées nuisibles sur vos relations et sur votre bien-être personnel. Ses retards ont peut-être transformé en ronchonneur anxieux un partenaire toujours joyeux autrefois. Votre existence est peut-être devenue chaotique si, par exemple, la banque refuse vos chèques, car votre conjoint n'a pas mis le carnet à jour depuis trois mois, ou si vous devez annuler vos projets de vacances parce qu'il a trop attendu pour faire les réservations d'hôtel. Si ce comportement a nui à une carrière, entraîné des pertes financières ou retardé la prise de décision importantes, vous êtes peut-être déçu et excédé. Le plus grave, c'est que la confiance et le respect que vous témoigniez à votre conjoint tend peut-être à s'estomper. Quel que soit le cas, vous risquez de vous sentir privé du plaisir que vous espériez partager ensemble et de l'appui que vous attendiez de lui.

En plus de vos propres déceptions, il est parfois très pénible d'assister au combat que se livre le retardataire. Témoin quotidien de ses agissements, vous êtes bien placé pour savoir ce qu'il lui en coûte d'accumuler des retards: les nuits agitées, la crainte de répondre au téléphone ou d'ouvrir le courrier, les excuses et les mensonges, l'orgueil blessé, le besoin d'exercer ailleurs sa domination (sur vous, peut-être). Vous êtes peut-être la seule personne capable d'en mesurer les conséquences réelles, en particulier si votre partenaire s'arrange pour ne rien montrer en public.

Vous cherchez donc une solution à ce problème, dans votre intérêt comme dans le sien.

Nous avons formulé précédemment deux conseils qui revêtent une importance particulière quand il s'agit de «négocier» avec un conjoint retardataire. D'abord, l'informer clairement et sans perdre de temps s'il vous a contrarié ou blessé par son comportement. Ainsi, Bruno avait décidé d'abandonner son emploi d'agent d'assurances pour essayer de gagner sa vie comme photographe à la pige. Émilie, son épouse, était d'accord pour une période d'essai d'un an pendant laquelle Bruno tâcherait de faire fructifier ce qui avait été jusque-là un passe-temps. Mais comme Bruno hésitait sans cesse à prendre les contacts requis, à présenter ses clichés à des acheteurs éventuels et à retenir les services d'un représentant, elle devenait de plus en plus excédée.

«J'aurais simplement dû lui dire que son attitude m'inquiétait, m'irritait et finalement m'avait rendue furieuse. Au contraire, je n'ai rien dit jusqu'au jour où j'ai éclaté. Bruno travaillait dans sa chambre noire et j'ai pensé: «Ça y est, encore des clichés que personne ne verra.» J'ai fait alors irruption dans la chambre, laissant entrer la lumière et gâchant ses photos. Il ne m'a pas adressé la parole pendant une semaine.» Au lieu de faire du tort à Bruno et à elle-même, Émilie aurait probablement pu aider son mari en lui faisant part, dès le début, de l'inquiétude qu'elle éprouvait. Et si Bruno avait pu lui parler de la peur qui le tenaillait, de sa conviction de courir de gros risques en montrant ses clichés à des professionnels, Émilie aurait peut-être manifesté plus de compréhension.

Se plaindre, exploser de colère, adopter une attitude condescendante ou paternaliste, voilà autant de pièges difficiles à éviter lorsque vous vous sentez à bout de patience. Mais ces remarques n'aideront pas votre conjoint et risquent également de porter préjudice à votre relation. Choisissez un moment où vous êtes tous deux de bonne humeur pour discuter du problème. Vous pourriez même prendre rendez-vous. Émilie aurait pu dire à Bruno: «Ta réticence à montrer tes photos m'inquiète. Nous ne sommes pas obligés d'en discuter maintenant si tu n'en as pas envie, mais nous pourrions peut-être en parler demain. Après dîner, ça t'irait?»

Ensuite, il importe de rappeler à votre conjoint tous les aspects de sa personnalité que vous aimez et qui n'ont absolument aucun rapport avec son comportement de retardataire. Vous pourriez lui parler de son côté romantique et spontané qui vous plaît tant, du réconfort qu'il vous apporte lorsque vous êtes déprimée, de la manière qu'il a de si bien s'occuper des enfants. Il ressentira un certain réconfort et une forme d'encouragement de savoir que vous l'aimerez toujours malgré ses retards, ses imperfections, ses limites et ses craintes.

Malheureusement, il arrive parfois que la procrastination semble empoisonner votre relation. Vous n'arrivez plus aussi facilement à vous détendre, à vous sentir amoureux ou respectueux. Mais avant de vous engager irrémédiablement dans une guerre froide ou de renoncer à tout effort, réfléchissez aux questions suivantes.

D'abord, dans quelle mesure les retards de votre conjoint affectent-ils directement votre existence? Ont-ils de toute évidence des effets nuisibles? Ou, au contraire, lui en voulez-vous de reporter des tâches qui lui seraient bénéfiques mais qui sont sans conséquence pour vous?

Ainsi, Robert attend avec impatience que Louise respecte sa promesse de perdre sept kilos. «Louise prétend qu'elle veut maigrir, mais elle ne fait jamais rien à cet effet, se plaint-il. Elle a toujours de bonnes raisons de ne pas se mettre au régime.» Au travail, Louise hésite à réclamer l'augmentation qu'elle mérite. Robert en est excédé, bien qu'il sache pertinemment que ni leur revenu global ni leur mode de vie ne changeront du fait de cette augmentation.

Robert commet une erreur très commune. Il perçoit Louise comme une prolongation de sa propre personne et reprend ses problèmes à son compte. S'il est perturbé, ce n'est pas tant que les retards de Louise aient des répercussions perceptibles sur son bien-être, mais plutôt parce qu'il est frustré que ses attentes et ses espoirs en ce qui la concerne ne se réalisent pas. Il ne parvient pas à la laisser libre d'être elle-même, avec ce que cela comporte d'imperfections; il la pousse à se transformer et Louise se défend. Agir de la sorte avec un retardataire ne peut qu'entraîner des complications. Les retards de votre conjoint ne sont pas de votre ressort, à moins que son comportement n'affecte manifestement la qualité de votre vie. Vous pouvez vous montrer affetueux et être prêt à l'aider, mais le combat que mène votre conjoint, aux prises avec ses retards, ne doit pas devenir un combat entre vous deux.

Vous devriez ensuite chercher à savoir pourquoi les retards de votre conjoint ont provoqué tant de conflits entre vous. Pour certains couples, ce sujet sert de bouc émissaire, leur permettant de ne pas avoir à aborder des problèmes plus sérieux: enfants, insatisfaction sexuelle, rapports de couple. Une femme profondément blessée par les infidélités de son mari se mit à remettre à plus tard les services qu'elle avait l'habitude de lui rendre. Leurs disputes portaient donc sur ses retards; ils évitaient ainsi d'affronter les problèmes réels: l'insatisfaction du mari dans sa vie conjugale et la peine d'avoir été trompée que ressentait l'épouse. Totalement insatisfait de son emploi, un homme se mit à se défouler en faisant constamment des commentaires sur chaque petite chose que sa femme ne faisait pas à temps. Il fixait son attention sur ses imperfections pour échapper à lui-même.

En troisième lieu, demandez-vous si les retards de votre conjoint ne vous arrangent pas d'une certaine façon. Si, tout à coup, il se mettait à respecter toutes ses échéances, à prendre sans hésitations des décisions fermes et à les appliquer rapidement, à atteindre tous ses objectifs, qu'adviendrait-il de vous? Peut-être vous sentez-vous actuellement légèrement supérieur à votre conjoint, véritable modèle de lenteur. Seriez-vous forcé de descendre de votre piédestal si votre conjoint se mettait à agir de façon efficace? Peut-être craignez-vous aussi de ne pas pouvoir le suivre s'il cessait de tout remettre à plus tard et qu'il allait de l'avant. S'il réussissait à être admis à ce programme de maîtrise, s'il décrochait cette promotion, s'il recevait enfin des accolades publiques ou trouvait la renommée, craindriez-vous de devoir vous adapter à un nouveau contexte, à sa nouvelle assurance... et qu'il vous consacre moins de son temps?

Ainsi, vous aimeriez certainement que ses retards ne viennent plus s'immiscer entre vous, mais vous avez aussi intérêt, dans une certaine mesure, à ce que la situation reste telle qu'elle est. Si vous vous sentez vaguement menacé à l'idée que votre conjoint réussisse mieux, reconnaissez-le et essayez d'en discuter avec lui. La perspective d'affronter ensemble les conséquences de la réussite ne vous attire-t-elle pas plus que celle de vous servir de la procrastination pour vous en défendre?

Que *vous* puissiez vivre une existence satisfaisante en compagnie de votre retardataire dépend de sa façon d'accumuler des retards, des conséquences de ceux-ci sur votre existence, de votre souplesse et de la qualité de votre relation dans son ensemble. Si votre conjoint continue à accumuler des retards malgré toutes vos discussions et tous vos efforts pour l'aider, vous devrez alors prendre des décisions graves. Examinez votre existence actuelle: pouvez-vous accepter votre conjoint et son comportement de retardataire même si vous en souffrez sérieusement?

Laurette dut faire face à cette question en ce qui concerne Jules, son mari. Jules est un retardataire invétéré qui fut congédié par son dernier employeur. Deux ans plus tard, il n'avait toujours rien fait pour trouver un nouvel emploi. C'était Laurette qui subvenait aux besoins de sa famille, grâce à son emploi dans une société d'informatique. «Je sais que Jules devait se remettre du choc causé par son congédiement, mais deux ans, c'est trop. Il déborde d'idées pour gagner de l'argent, mais je n'ai pas encore vu la couleur d'un billet de dix dollars. Il prend bien soin de nos deux enfants, mais je lui en veux tellement que j'arrive à peine à supporter sa présence. C'est un mari que je veux, pas un troisième enfant!»

Laurette devait déterminer ses exigences fondamentales. Pouvait-elle continuer à vivre avec Jules si la situation ne changeait pas? Vous devrez peut-être, vous aussi, déterminer si la gravité des retards de votre conjoint constitue une entrave réelle à votre bonheur. Pour que vous soyez prêt à sauvegarder la relation, faut-il que votre conjoint se conforme impérativement à un comportement ou à une entente donnés, auxquels vous tenez autant qu'à votre propre vie?

De toute évidence, il n'y a que vous qui connaissez les points sur lesquels vous êtes prêt à faire des compromis et ceux qui ne sont pas négociables. Vous devez décider vous-même des conditions de base de votre relation. Émilie avait décidé que, même si Bruno devait ne pas vendre une seule photo, elle le laisserait en paix durant son année d'essai. Ils verraient ensuite ce qu'il fallait conclure de son travail de photographe. Robert savait que son amour pour Louise ne tenait pas qu'à un excès de poids de sept kilos. Une autre femme, placée dans la situation de Laurette, se serait fort bien accommodée d'un époux qui aurait tenu la maison. Mais pour Laurette, la situation était intenable. Elle avisa Jules de sa décision de le quitter s'il n'avait pas cherché sérieusement un emploi d'ici six mois. Sept mois plus tard, elle le quitta et finit par demander le divorce. «Je n'ai jamais pris une décision si pénible, racontait-elle tristement. Je l'aimais toujours mais j'étais incapable de vivre avec lui tant qu'il n'essaierait pas de tenir ses promesses et je n'ai pas pu lui démontrer combien j'étais résolue.»

Si vous décidez qu'effectivement quelque chose doit changer dans le comportement de votre conjoint pour que vous mainteniez la relation, *expliquez-lui clairement quelles sont vos exigences fondamentales.* Peut-être n'est-il pas conscient de l'importance que vous y attachez. Donnez-lui la chance de répondre à vos besoins avant que votre relation ne se dégrade irrémédiablement.

Votre employé

Si votre employé n'arrive jamais à l'heure au travail et aux réunions, s'il n'exécute pas vos instructions sur-le-champ, s'il ne respecte pas ses échéances ou s'il remet toujours son travail administratif à plus tard, il fait perdre de l'argent à votre entreprise. Le taux de rendement baisse, il y a risque de conflits de personnel et *vous* êtes forcé de consacrer votre temps précieux et votre énergie à résoudre ces problèmes.

Les retards d'un employé peuvent être dus à des motifs personnels: inquiétudes concernant ses performances et ses décisions, difficultés d'exécuter les ordres de personnes qui se trouvent en position d'autorité, peur de subir l'emprise d'autrui, sentiments d'insécurité et manque d'assurance. Mais ce comportement peut également être attribuable à la structure et au fonctionnement de votre entreprise. Si les retardataires sont nombreux dans votre entreprise, il serait bon que les personnes qui ont le pouvoir de décider en examinent le fonctionnement. Sur les vingt-six employés d'une agence, vingt avaient rendu en retard un rapport qu'ils devaient rédiger pour leur chef de service. Interrogés sur les motifs de ce retard, ces employés avaient expliqué qu'ils ne tiraient aucune fierté de leur travail et ne se sentaient pas du tout concernés par le bon fonctionnement de l'agence. Ils avaient au contraire l'impression d'être chargés de tâches inintéressantes par des cadres qui semblaient méprisants et indifférents. Par leurs retards, ils exprimaient leurs griefs contre l'administration de l'agence.

Dans des entreprises hiérarchisées, il arrive que des employés subalternes considèrent qu'ils ont droit à plus de pouvoir que leurs supérieurs ne leur en accordent. Se croyant capables de faire aussi bien, sinon mieux, que leurs chefs, ils tentent par tous les moyens de rétablir l'équilibre dans le rapport de force, et le fait d'accumuler des retards leur donne l'occasion de contrer cette autorité. Dans une entreprise où les employés ont la chance de faire valoir leurs idées, ils sentent qu'ils peuvent peut-être exercer une certaine influence. En pareil cas, l'accumulation de retards ne risque généralement pas de se poser comme un *problème d'organisation.* Par contre, si le milieu de travail est très rigide et autoritaire, les employés se sentent souvent impuissants, surtout s'ils disposent de peu de moyens pour exprimer leur mécontentement ou leurs commentaires constructifs. Les retards des employés peuvent, en de telles circonstances, servir à régler leurs comptes.

Si un grand nombre de vos employés se conduisent en retardataires, vous devriez tâcher de déterminer et de résoudre les problèmes dans la structure de votre entreprise qui ont provoqué cette situation. Si, en revanche, les retardataires sont peu nombreux, vous pourriez procéder autrement.

Pour commencer, vous pourriez discuter de son comportement avec chaque retardataire. Soulevez le problème lors de son évaluation de rendement, par exemple, ou bien prévoyez une rencontre où vous n'aborderez que cette question. Peu importent les circonstances, vous devriez viser à établir ensemble des objectifs bien définis, des échéances précises, des conséquences claires et des moyens de suivre l'évolution du travail et d'informer l'employé de ses points forts et de ses lacunes. Lors de votre rencontre, prenez garde de ne pas émettre de suppositions quant aux motifs de ses retards, les suppositions les plus communes et les plus fausses étant que l'employé est paresseux, désorganisé ou indifférent.

Invitez-le à vous parler de son comportement.

Les solutions que vous proposerez pourront dépendre des motifs de ses retards. Si, par exemple, l'employé en question reporte toujours la rédaction de ses rapports parce qu'il doute démesurément de ses talents pour écrire, vous pourriez l'aider à faire la différence entre ce qui demande d'être bien fait et ce qui n'a qu'à être exécuté. S'il semble craindre que son efficacité lui fasse perdre l'amitié de ses collègues, ou qu'on en profite pour le surcharger de responsabilités, vous pourriez lui exposer les véritables récompenses qu'offre votre entreprise aux employés efficaces. Et si le retardataire se montre insatisfait de son poste, vous pourriez lui proposer d'autres tâches, des responsabilités différentes, ou lui suggérer de s'adresser au service du personnel ou au bureau d'aide aux employés.

De nombreux retardataires transposent dans leur milieu de travail les difficultés qu'ils éprouvent face aux gens qui se trouvent en position d'autorité et de pouvoir, difficultés qui n'ont que peu de rapport avec vous ou avec le fonctionnement de votre entreprise. Ils craignent d'être soumis à des contraintes ou d'être humiliés et font donc en sorte de travailler comme ils l'entendent afin d'éviter toute faiblesse et toute capitulation. Malheureusement, ces retardataires auront du mal à discuter de ce problème avec vous. Détenant une grande autorité sur eux, vous êtes le maître de leur avenir dans l'entreprise et ils répugneront à vous faire savoir qu'ils vous craignent ou vous en veulent. Vous pouvez néanmoins aider ces retardataires à se remettre, professionnellement, dans la bonne voie, et ce en dépit de leurs problèmes personnels, si vous les laissez prendre part au processus décisionnel chaque fois que l'occasion se présente.

Bien entendu, quels que soient les motifs du retardataire, votre objectif fondamental, en tant que dirigeant, est de l'aider à éviter de prendre du retard. Certaines des techniques générales décrites précédemment dans ce chapitre sont particulièrement appropriées au milieu de travail: notamment, fixer des échéances et des limites précises, établir des objectifs clairs, concrets et concis et récompenser les progrès au fur et à mesure qu'ils s'accomplissent. Il importe avant tout de faire comprendre à l'employé qu'il n'y a pas que ses performances qui comptent à vos yeux. D'ailleurs il suffit parfois qu'un retardataire se sente apprécié en tant qu'être humain pour que son rendement s'améliore considérablement.

Si un ou plusieurs de vos employés se comportent en retardataires, vous devriez peut-être vous demander si vous faites bon usage de vos ressources humaines. Comme tous les employés, les retardataires ont des points forts et des points faibles. Une personne sera, par exemple, un as dans le domaine de la vente, mais sera médiocre dans la rédaction de ses rapports. Ne pourriez-vous pas trouver le moyen de mettre à profit les talents et les aptitudes des employés dont les retards portent préjudice à votre entreprise? Vous pourriez, par exemple, faire travailler en équipe un retardataire qui innove brillamment et un autre qui prépare méticuleusement tous ses rapports et ses notes de service mais dont les idées sont moins originales. Les retardataires sont des individus qui n'exploitent pas leur plein potentiel. À vous de relever le défi d'être le plus imaginatif des dirigeants et de mettre au jour les talents cachés de vos employés retardataires.

Votre patron

«Mon éditeur me crispe au plus haut point», nous confiait une journaliste qui nous avait demandé de lui accorder une entrevue afin de rédiger un article sur la procrastination pour une revue. «C'est un retardataire par excellence. Il me répète pendant un mois qu'il lira bientôt mon article, mais c'est seulement la veille ou l'avant-veille de notre échéance qu'il s'y met. Il faut ensuite que je mette les bouchées doubles pour faire les corrections afin que mon article soit prêt pour la mise en pages. Tout le monde dans le bureau s'affole pour essayer de tout faire à temps, ce qui pourrait être évité, s'il ne remettait pas tout à plus tard!»

Cette journaliste illustre la situation désespérante de l'employé aux prises avec un patron retardataire. Vous savez qu'une échéance arrive: la mise en pages du prochain numéro, la soumission des budgets, le programme à proposer pour le prochain voyage d'affaires, mais vous n'arrivez pas à obtenir de directives claires et nettes de la part de votre patron. Vous flottez dans les limbes, conscient de cette échéance, mais ignorant ce qu'il y a lieu de faire pour la respecter. Ou encore, peut-être vous êtes-vous acquitté de vos responsabilités, comme cette journaliste, pour vous retrouver face à un patron qui reporte les siennes. Il est souvent extrêmement frustrant d'avoir un patron qui se défile, qui ne vous donne pas les renseignements ou les commentaires dont vous avez besoin, qui attend pour transmettre votre rapport aux personnes intéressées, qui hésite à prendre une décision importante qui déterminera la suite de votre travail. Dans ces cas, vous restez dans l'expectative, plongé dans l'incertitude et ne sachant plus que faire ni à quoi vous attendre.

Le déchaînement de dernière minute est un autre mal à affronter lorsqu'on travaille sous les ordres d'un patron retardataire. Comme cette journaliste, vous et d'autres employés serez peut-être obligés de courir pour tout terminer à la dernière minute. Vous n'aurez plus un seul instant de répit, travaillant le soir et les fins de semaine, annulant tous vos rendez-vous afin de faire votre part pour éviter l'hécatombe. Votre tension grimpe, vous êtes nerveux et irascible, votre famille et vos amis vous reprochent d'être absent, autant de corps que d'esprit. Bref, la situation est infernale. Et pour couronner le tout, vous savez bien que tout ce chaos aurait pu être évité si votre patron avait agi en temps et lieu.

Pour porter la situation à son comble, il arrive fréquemment que ce soient les employés qui récoltent le blâme, étant tenus responsables du non-respect de l'échéance ou de la frénésie ultime, causés en fait par la négligence de leur chef de service. Malheureusement, certains patrons ne sont pas près de reconnaître que ce sont leurs propres retards qui ont entraîné ces complications. Quand *leurs* supérieurs leur demandent des comptes, ils mettent la responsabilité de leurs gaffes sur le dos de leurs employés. C'est injuste mais souvent cela se produit ainsi.

À divers niveaux, il est plus difficile de travailler avec un patron retardataire que de composer avec un enfant, un conjoint ou un employé qui se comporte ainsi. Votre marge de manoeuvre, votre influence sont réduites lorsqu'il s'agit d'un supérieur, et votre sécurité d'emploi peut dépendre des bonnes relations que vous entretenez avec lui. Si vous êtes à l'aise avec votre patron, profitez-en pour lui expliquer, sans l'accuser, les conséquences de ses retards sur votre travail. Certains retardataires ignorent que leur comportement affecte leur entourage et se montrent disposés à se corriger lorsqu'ils en sont mis au courant, surtout si l'on prend soin de leur présenter la chose sans les juger. L'une des meilleures façons de procéder est de faire passer ce message: «S'il vous plaît, aidez-*moi.* J'ai un problème». En mettant l'accent sur vos difficultés, vous exercez moins de pression sur votre patron tout en l'invitant à vous aider à remédier à la situation. Il risque moins de se sentir menacé ou critiqué, ce qui réduit les risques d'un conflit de pouvoir.

Mais la plupart du temps, il n'est pas facile de discuter avec son patron. Certains s'offensent dès qu'un de leurs employés fait la moindre remarque et se mettent par la suite sur la défensive dans leurs rapports avec cette personne. En pareil cas, vous risquez de perdre votre emploi si vous vous exprimez trop franchement. D'autres patrons sont trop préoccupés pour prêter attention à ce que leur disent leurs employés. Vous aurez alors l'impression de vous adresser à un mur... et probablement que vos propos n'auront pas le moindre effet.

Si vous ne pouvez parler à votre patron ou si vos discussions restent vaines, vous n'avez alors pas le choix: vous devez admettre que votre patron ne changera probablement jamais d'attitude.

C'est à vous de veiller à protéger vos propres intérêts. Vous pouvez notamment vous préparer psychologiquement à subir ces paniques de dernière minute, même si elles vous déplaisent profondément. Attendez-vous à travailler frénétiquement les veilles d'échéance et à faire des heures supplémentaires. Prévenez à l'avance votre entourage que vous n'aurez que peu de temps à leur consacrer pendant ces périodes. Ne prenez pas de billets pour l'opéra ou pour une partie de base-ball quand vous savez que vous devrez brûler la chandelle par les deux bouts, car le fait de devoir annuler une soirée à la dernière minute vous rendra deux fois plus furieux et désolé d'avoir à travailler. En d'autres termes, essayez de rendre cette course contre la montre aussi structurée que possible. Vous parviendrez peut-être ainsi à exercer une certaine influence sur les événements, ce qui vous permettra de ne pas perdre entièrement votre calme.

Vous pouvez aussi tenter d'obtenir de votre patron le maximum d'informations sur un projet ou une échéance qui vous concerne. De la sorte, vous pourrez prendre de l'avance avant la course de dernière minute. Vous pouvez procéder de diverses manières. Par exemple, vous vous adressez directement à votre patron: «Julien, notre prochain numéro doit sortir dans deux semaines et j'attends tes commentaires sur mon article pour pouvoir commencer à le remanier.» S'il vous répond en termes vagues tels que «D'accord, je vais bientôt le lire», vous pouvez, d'un ton neutre, insister pour qu'il soit plus précis: «Je voudrais savoir combien de temps je devrai y consacrer, alors pourrais-tu me dire quel jour de la semaine tu me le rendras?» Si vous n'êtes toujours pas fixé, essayez la technique du «disque rayé» qui s'enseigne dans beaucoup de cours d'affirmation de soi. Il s'agit de répéter maintes fois la même question jusqu'à ce qu'on vous donne la réponse que vous cherchez. Par exemple: «Je sais que ça ne sera pas nécessairement facile, mais j'aimerais vraiment recevoir tes appréciations d'ici vendredi.» Si vos efforts pour l'obliger à être plus précis l'irritent de plus en plus, abandonnez. N'oubliez pas que si vous pouvez réclamer quelque chose, il n'est pas dit que vous l'obtiendrez toujours. Néanmoins, si vos efforts portent fruit une fois sur dix, ou si vous réussissez à obtenir des renseignements supplémentaires, c'est toujours cela de gagné!

La deuxième façon d'inciter votre patron à vous fournir plus de renseignements est de jouer l'ignorant. Les négociateurs professionnels utilisent souvent cette stratégie. Elle s'avérera particulièrement utile si votre patron tend à rester vague, car elle l'oblige indirectement à faire preuve de plus de précision tout en lui en remettant la responsabilité. «Je regrette, Pierre, mais je ne suis pas certain de bien comprendre ce que je dois faire. L'échéance de ce projet est prévue pour quelle date au juste? Et que devons-nous produire exactement?» Si le ton est sincère, cette tactique donne généralement de bons résultats. D'ailleurs, en vous expliquant le projet plus systématiquement, votre patron peut se rendre compte qu'il est plus complexe qu'il ne l'avait cru. Vous y gagnerez un supplément d'informations, et votre patron prendra peut-être conscience qu'il a déjà perdu suffisamment de temps. Et, cela lui permettra également de sauver la face puisqu'il n'aura pas perdu sa position d'autorité en vous venant en aide.

Vous pouvez aussi choisir de lui proposer de l'aider à venir à bout de son travail. Vous pouvez par exemple vous charger d'un projet, puis le lui soumettre à titre de premier jet, d'ébauche des étapes et des dates à respecter, de description des problèmes éventuels à résoudre et ainsi de suite. L'essentiel est d'aider votre supérieur à terminer une tâche qui vous sera utile à tous les deux. Même si ce travail n'est pas nécessairement porté à votre crédit, vous pourrez le rappeler à votre patron au moment de lui demander une augmentation ou une promotion.

Voilà donc quelques conseils pour vous aider à rendre plus tolérable le travail avec un patron retardataire. Mais que faire si ces retards vous perturbent ou vous stressent à un point qui se situe à la limite du supportable? Vous devrez, comme dans de nombreux autres cas, décider quelles sont vos exigences de base. Jusqu'où êtes-vous disposé à aller? Le stress continuel au travail a-t-il provoqué chez vous un ulcère ou d'autres malaises physiques? Vous êtes-vous mis à consommer à l'excès drogue ou alcool? Votre mariage est-il au bord du précipice à cause de vos constantes insatisfactions professionnelles?

Si vous finissez par conclure qu'il vous en coûte trop de

travailler avec votre patron, vous devrez peut-être alors songer à demander d'être muté dans un autre service ou de relever d'un autre supérieur. En dernier recours, vous pouvez chercher un autre emploi. Ce n'est pas là la plus attrayante des solutions, mais au moins vous n'aurez plus à vous débattre et à vivre des situations insupportables qui vous rendent malheureux.

À nos amis retardataires

Nous avons enfin touché au but! En passant en revue le processus de création de ce livre, nous pouvons évoquer toutes les étapes que nous avons dû traverser: tout d'abord, le plaisir de créer une oeuvre de notre cru, puis la difficulté d'écrire, les frustrations des mises en route interrompues et des sempiternels nouveaux départs et, enfin, le soulagement et la fierté d'avoir mené à bien notre projet. La tâche ne fut pas facile mais nous y sommes parvenues.

Nous espérons que nos réflexions vous aideront à vous mettre à la tâche — à agir au lieu d'attendre, à persévérer au lieu d'abandonner. Il est possible, grâce à une bonne connaissance de soi-même et avec de la patience, d'avancer par petites étapes et d'atteindre le but final.

Nous vous souhaitons bonne chance.

Ouvrages parus chez les éditeurs du groupe Sogides

* Pour l'Amérique du Nord seulement ** Pour l'Europe seulement
Sans * pour l'Europe et l'Amérique du Nord

LES EDITIONS DE L'HOMME

ANIMAUX

* **Art du dressage, L',** Chartier Gilles
Bien nourrir son chat, D'Orangeville Christian
Cheval, Le, Leblanc Michel
Chien dans votre vie, Le, Margolis Matthew et Swan Marguerite
* **Éducation du chien de 0 à 6 mois, L',** DeBuyser Dr Colette et Dr Dehasse Joël
Encyclopédie des oiseaux, Godfrey W. Earl
Mammifères de mon pays, Duchesnay St-Denis J. et Dumais Rolland
* **Mon chat, le soigner, le guérir,** D'Orangeville Christian
Observations sur les mammifères, Provencher Paul
Papillons du Québec, Veilleux Christian et Prévost Bernard
Petite ferme, T. 1, Les animaux, Trait Jean-Claude
Vous et votre berger allemand, Eylat Martin
Vous et votre boxer, Herriot Sylvain
Vous et votre caniche, Shira Sav
Vous et votre chat de gouttière, Gadi Sol
Vous et votre chow-chow, Pierre Boistel
Vous et votre doberman, Denis Paula
Vous et votre husky, Eylat Martin
Vous et votre labrador, Van Der Heyden Pierre
Vous et vos oiseaux de compagnie, Huard-Viau Jacqueline
Vous et votre persan, Gadi Sol
Vous et votre setter anglais, Eylat Martin
Vous et vos poissons d'aquarium, Ganiel Sonia
Vous et votre siamois, Eylat Odette

ARTISANAT/ARTS MÉNAGERS

Appareils électro-ménagers, Prentice-Hall of Canada
* **Art du pliage du papier,** Harbin Robert
Artisanat québécois, T. 1, Simard Cyril
Artisanat québécois, T. 2, Simard Cyril
Artisanat québécois, T. 3, Simard Cyril
Artisanat québécois, T.4, Simard Cyril, Bouchard Jean-Louis
Bon Fignolage, Le, Arvisais Dolorès A.
Coffret artisanat, Simard Cyril
Comment aménager une salle
Comment utiliser l'espace
Construire sa maison en bois rustique, Mann D. et Skinulis R.
Crochet Jacquard, Le, Thérien Brigitte
Cuir, Le, Saint-Hilaire Louis et Vogt Walter
Décapage-rembourrage
Décoration intérieure, La,
Dentelle, T. 1, La, De Seve Andrée-Anne
Dentelle, T. 2, La, De Seve Andrée-Anne
Dessiner et aménager son terrain, Prentice-Hall of Canada
Encyclopédie de la maison québécoise, Lessard Michel

Encyclopédie des antiquités, Lessard Michel
Entretenir et embellir sa maison, Prentice-Hall of Canada
Entretien et réparation de la maison, Prentice-Hall of Canada
Guide du chauffage au bois, Flager Gordon
J'apprends à dessiner, Nash Joanna
Je décore avec des fleurs, Bassili Mimi
J'isole mieux, Eakes Jon
Mécanique de mon auto, La, Time-Life Book
Menuiserie, La, Prentice-Hall of Canada
* **Noeuds, Les,** Shaw George Russell
Outils manuels, Les, Prentice-Hall of Canada
Petits appareils électriques, Prentice-Hall of Canada
Piscines, barbecues et patio
Terre cuite, Fortier Robert
Tissage, Le, Grisé-Allard Jeanne et Galarneau Germaine
Tout sur le macramé, Harvey Virginia L.
Trucs ménagers, Godin Lucille
Vitrail, Le, Bettinger Claude

ART CULINAIRE

À table avec soeur Angèle, Soeur Angèle
Art d'apprêter les restes, L', Lapointe Suzanne
Art de la cuisine chinoise, L', Chan Stella
Art de la table, L', Du Coffre Marguerite
Barbecue, Le, Dard Patrice
Bien manger à bon compte, Gauvin Jocelyne
Boîte à lunch, La, Lambert-Lagacé Louise
Brunches & petits déjeuners en fête, Bergeron Yolande
Cheddar, Le, Clubb Angela
Cocktails & punchs au vin, Poister John
Cocktails de Jacques Normand, Normand Jacques
Coffret la cuisine
Confitures, Les, Godard Misette
Congélation de A à Z, La, Hood Joan
Congélation des aliments, Lapointe Suzanne
Conserves, Les, Sansregret Berthe
Cornichons, Ketchups et Marinades, Chesman Andrea
Cuisine au wok, Solomon Charmaine
Cuisine chinoise, La, Gervais Lizette
Cuisine de Pol Martin, Martin Pol
Cuisine facile aux micro-ondes, Saint-Amour Pauline
Cuisine joyeuse de soeur Angèle, La, Soeur Angèle
Cuisine micro-ondes, La, Benoit Jehane
Cuisine santé pour les aînés, Hunter Denyse
Cuisiner avec le four à convection, Benoit Jehane
Cuisinez selon le régime Scarsdale, Corlin Judith
Faire son pain soi-même, Murray Gill Janice
Faire son vin soi-même, Beaucage André
Fondues & flambées de maman Lapointe, Lapointe Suzanne
Fondues, Les, Dard Patrice
Guide canadien des viandes, Le, App. & Services Canada
Muffins, Les, Clubb Angela
Nouvelle cuisine micro-ondes, La, Marchand Marie-Paul et Grenier Nicole
Nouvelle cuisine micro-ondes II, La, Marchand Marie-Paul, Grenier Nicole
Pâtes à toutes les sauces, Les, Lapointe Lucette
Pâtés et galantines, Dard Patrice
Pâtisserie, La, Bellot Maurice-Marie
Pizza, La, Dard Patrice
Poissons et fruits de mer, Sansregret Berthe
Recettes au blender, Huot Juliette
Recettes canadiennes de Laura Secord, Canadian Home Economics Association
Recettes de gibier, Lapointe Suzanne
Recettes de maman Lapointe, Les, Lapointe Suzanne
Recettes Molson, Beaulieu Marcel
Robot culinaire, Le, Martin Pol
Salades, sandwichs, hors-d'oeuvre, Martin Pol

BIOGRAPHIES POPULAIRES

Boy George, Ginsberg Merle
Daniel Johnson, T. 1, Godin Pierre
Daniel Johnson, T. 2, Godin Pierre
Daniel Johnson — Coffret, Godin Pierre
Dans la fosse aux lions, Chrétien Jean
Duplessis, T. 1 — L'ascension, Black Conrad
Duplessis, T. 2 — Le pouvoir, Black Conrad
Duplessis — Coffret, Black Conrad
Dynastie des Bronfman, La, Newman Peter C.
Establishment canadien, L', Newman Peter C.
Frère André, Le, Lachance Micheline
Mastantuono, Mastantuono Michel
Maurice Richard, Pellerin Jean
Mulroney, Macdonald L.I.
Nouveaux Riches, Les, Newman Peter C.
Prince de l'Église, Le, Lachance Micheline
Saga des Molson, La, Woods Shirley

DIÉTÉTIQUE

Contrôlez votre poids, Ostiguy Dr Jean-Paul
* **Cuisine sage,** Lambert-Lagacé Louise
Diététique dans la vie quotidienne, Lambert-Lagacé Louise
* **Maigrir en santé,** Hunter Denyse
* **Menu de santé,** Lambert-Lagacé Louise
Nouvelle cuisine santé, Hunter Denyse
Oubliez vos allergies et... bon appétit, Association de l'information sur les allergies
Petite & grande cuisine végétarienne, Bédard Manon
Plan d'attaque Weight Watchers, Le, Nidetch Jean
Recettes pour aider à maigrir, Ostiguy Dr Jean-Paul
* **Régimes pour maigrir,** Beaudoin Marie-Josée
Sage Bouffe de 2 à 6 ans, La, Lambert-Lagacé Louise
Weight Watchers — cuisine rapide et savoureuse, Weight Watchers
Weight Watchers-Agenda 85 — Français, Weight Watchers
Weight Watchers-Agenda 85 — Anglais, Weight Watchers

DIVERS

* **Acheter ou vendre sa maison,** Brisebois Lucille
* **Acheter et vendre sa maison ou son condominium,** Brisebois Lucille
* **Bourse, La,** Brown Mark
Chaînes stéréophoniques, Les, Poirier Gilles
* **Choix de carrières, T. 1,** Milot Guy
* **Choix de carrières, T. 2,** Milot Guy
* **Choix de carrières, T. 3,** Milot Guy
* **Comment rédiger son curriculum vitae,** Brazeau Julie
Conseils aux inventeurs, Robic Raymond
* **Dictionnaire économique et financier,** Lafond Eugène
* **Faire son testament soi-même,** Me Poirier Gérald, Lescault Nadeau Martine (notaire)
* **Faites fructifier votre argent,** Zimmer Henri B.
* **Guide de la haute-fidélité, Le,** Prin Michel
* **Je cherche un emploi,** Brazeau Julie
* **Loi et vos droits, La,** Marchand Paul-Émile
* **Règles d'or de la vente, Les,** Kahn George N.
* **Roulez sans vous faire rouler, T. 3,** Edmonston Philippe
Savoir vivre aujourd'hui, Fortin Jacques Marcelle
Séjour dans les auberges du Québec, Cazelais Normand, Coulon Jacques
Stratégies de placements, Nadeau Nicole
Temps des fêtes au Québec, Le, Montpetit Raymond
Tenir maison, Gaudet-Smet Françoise
* **Tout ce que vous devez savoir sur le condominium,** Dubois Robert
Univers de l'astronomie, L', Tocquet Robert
Vente, La, Hopkins Tom
Votre système vidéo, Boisvert Michel, Lafrance André A.
* **Week-end à New York,** Tavernier-Cartier Lise

ENFANCE

* * **Aider son enfant en maternelle,** Pedneault-Pontbriand Louise
* * **Aidez votre enfant à lire et à écrire,** Doyon-Richard Louise
* **Aidez votre enfant à lire et à écrire,** Doyon-Richard Louise
* **Alimentation futures mamans,** Gougeon Réjeanne et Sekely Trude
* **Années clés de mon enfant, Les,** Caplan Frank et Theresa
* **Art de l'allaitement maternel, L',** Ligue internationale La Leche
* * **Autorité des parents dans la famille,** Rosemond John K.
* **Avoir des enfants après 35 ans,** Robert Isabelle
* **Comment amuser nos enfants,** Stanké Louis
* * **Comment nourrir son enfant,** Lambert-Lagacé Louise
* **Deuxième année de mon enfant, La,** Caplan Frank et Theresa
* * **Développement psychomoteur du bébé,** Calvet Didier
* **Douze premiers mois de mon enfant, Les,** Caplan Frank
* * **En attendant notre enfant,** Pratte-Marchessault Yvette
* * **Encyclopédie de la santé de l'enfant,** Feinbloom Richard I.
* **Enfant stressé, L',** Elkind David
* **Enfant unique, L',** Peck Ellen
* **Femme enceinte, La,** Bradley Robert A.
* **Fille ou garçon,** Langendoen Sally, Proctor William
* * **Frères-soeurs,** Mcdermott Dr John F. Jr.
* **Futur père,** Pratte-Marchessault Yvette
* * **Jouons avec les lettres,** Doyon-Richard Louise
* * **Langage de votre enfant, Le,** Langevin Claude
* **Maman et son nouveau-né, La,** Sekely Trude
* * **Massage des bébés, Le,** Auckette Amélia D.
* **Merveilleuse histoire de la naissance, La,** Gendron Dr Lionel
* **Mon enfant naîtra-t-il en bonne santé?,** Scher Jonathan, Dix Carol
* **Pour bébé, le sein ou le biberon?,** Pratte-Marchessault Yvette
* **Pour vous future maman,** Sekely Trude
* **Préparez votre enfant à l'école,** Doyon-Richard Louise
* * **Psychologie de l'enfant,** Cholette-Pérusse Françoise
* **Secret du paradis, Le,** Stolkowski Joseph
* * **Tout se joue avant la maternelle,** Ibuka Masaru
* **Un enfant naît dans la chambre de naissance,** Fortin Nolin Louise
* **Viens jouer,** Villeneuve Michel José
* **Vivez sereinement votre maternité,** Vellay Dr Pierre
* **Vivre une grossesse sans risque,** Fried, Dr Peter A.

ÉSOTÉRISME

* **Coffret — Passé — Présent — Avenir**
* **Graphologie, La,** Santoy Claude
* **Hypnotisme, L',** Manolesco Jean
* * **Interprétez vos rêves,** Stanké Louis
* * **Lignes de la main,** Stanké Louis
* **Lire dans les lignes de la main,** Morin Michel
* **Prévisions astrologiques 1985,** Hirsig Huguette
* **Vos rêves sont des miroirs,** Cayla Henri
* * **Votre avenir par les cartes,** Stanké Louis

HISTOIRE

* **Arrivants, Les,** Collectif
* **Ramsès II, le pharaon triomphant,** Kitchen K.A.

INFORMATIQUE

* * **Découvrir son ordinateur personnel,** Faguy François
* **Guide d'achat des micro-ordinateurs,** Le Blanc Pierre

JARDINAGE

Arbres, haies et arbustes, Pouliot Paul
Culture des fleurs, des fruits, Prentice-Hall of Canada
Encyclopédie du jardinier, Perron W.H.
Guide complet du jardinage, Wilson Charles
Petite ferme, T. 2 — Jardin potager, Trait Jean-Claude
Plantes d'intérieur, Les, Pouliot Paul
Techniques du jardinage, Les, Pouliot Paul
* **Terrariums, Les,** Kayatta Ken

JEUX/DIVERTISSEMENTS

Améliorons notre bridge, Durand Charles
* **Bridge, Le,** Beaulieu Viviane
Clés du scrabble, Les, Sigal Pierre A.
Collectionner les timbres, Taschereau Yves
* **Dictionnaire des mots croisés, noms communs,** Lasnier Paul
* **Dictionnaire des mots croisés, noms propres,** Piquette Robert
* **Dictionnaire raisonné des mots croisés,** Charron Jacqueline
Finales aux échecs, Les, Santoy Claude
Jeux de société, Stanké Louis
* **Jouons ensemble,** Provost Pierre
* **Ouverture aux échecs,** Coudari Camille
Scrabble, Le, Gallez Daniel
Techniques du billard, Morin Pierre
* **Voir clair aux échecs,** Tranquille Henri

LINGUISTIQUE

Améliorez votre français, Laurin Jacques
* **Anglais par la méthode choc, L',** Morgan Jean-Louis
Corrigeons nos anglicismes, Laurin Jacques
* **J'apprends l'anglais,** Silicani Gino
Notre français et ses pièges, Laurin Jacques
Petit dictionnaire du joual, Turenne Auguste
Secrétaire bilingue, La, Lebel Wilfrid
Verbes, Les, Laurin Jacques

LIVRES PRATIQUES

Bonnes idées de maman Lapointe, Les, Lapointe Lucette
Temps c'est de l'argent, Le, Davenport Rita

MUSIQUE ET CINÉMA

* **Belles danses, Les,** Dow Allen
* **Guitare, La,** Collins Peter
Wolfgang Amadeus Mozart raconté en 50 chefs-d'oeuvre, Roussel Paul

NOTRE TRADITION

Coffret notre tradition
Écoles de rang au Québec, Les, Dorion Jacques
Encyclopédie du Québec, T. 1, Landry Louis
Encyclopédie du Québec, T. 2, Landry Louis
Histoire de la chanson québécoise, L'Herbier Benoît
Maison traditionnelle, La, Lessard Micheline
Moulins à eau de la vallée du Saint-Laurent, Adam Villeneuve
Objets familiers de nos ancêtres, Genet Nicole
Vive la compagnie, Daigneault Pierre

PHOTOGRAPHIE (ÉQUIPEMENT ET TECHNIQUE)

* **Apprenez la photographie avec Antoine Desilets,** Desilets Antoine
Chasse photographique, La, Coiteux Louis
8/Super 8/16, Lafrance André
Initiation à la Photographie, London Barbara
Initiation à la Photographie-Canon, London Barbara
Initiation à la Photographie-Minolta, London Barbara
Initiation à la Photographie-Nikon, London Barbara
Initiation à la Photographie-Olympus, London Barbara
Initiation à la Photographie-Pentax, London Barbara
* **Je développe mes photos,** Desilets Antoine
* **Je prends des photos,** Desilets Antoine
* **Photo à la portée de tous,** Desilets Antoine
Photo guide, Desilets Antoine
* **Technique de la photo, La,** Desilets Antoine

PSYCHOLOGIE

Âge démasqué, L', De Ravinel Hubert
* **Aider mon patron à m'aider,** Houde Eugène
* **Amour de l'exigence à la préférence,** Auger Lucien
Au-delà de l'intelligence humaine, Pouliot Élise
Auto-développement, L', Garneau Jean
Bonheur au travail, Le, Houde Eugène
Bonheur possible, Le, Blondin Robert
Chimie de l'amour, La, Liebowitz Michael
* **Coeur à l'ouvrage, Le,** Lefebvre Gérald
Coffret psychologie moderne
Colère, La, Tavris Carol
* **Comment animer un groupe,** Office Catéchèse
* **Comment avoir des enfants heureux,** Azerrad Jacob
* **Comment déborder d'énergie,** Simard Jean-Paul
Comment vaincre la gêne, Catta Rene-Salvator
* **Communication dans le couple, La,** Granger Luc
* **Communication et épanouissement personnel,** Auger Lucien
Comprendre la névrose et aider les névrosés, Ellis Albert
* **Contact,** Zunin Nathalie
* **Courage de vivre, Le,** Kiev Docteur A.
Courage et discipline au travail, Houde Eugène
Dynamique des groupes, Aubry J.-M. et Saint-Arnaud Y.
Élever des enfants sans perdre la boule, Auger Lucien
* **Émotivité et efficacité au travail,** Houde Eugène
Enfants de l'autre, Les, Paris Erna
* **Être soi-même,** Corkille Briggs, D.
* **Facteur chance, Le,** Gunther Max
* **Fantasmes créateurs, Les,** Singer Jérôme
* **J'aime,** Saint-Arnaud Yves
Journal intime intensif, Progoff Ira
Miracle de l'amour, Un, Kaufman Barry Neil
* **Mise en forme psychologique,** Corrière Richard
* **Parle-moi... J'ai des choses à te dire,** Salome Jacques
Penser heureux, Auger Lucien
* **Personne humaine, La,** Saint-Arnaud Yves
* **Première impression, La,** Kleinke Chris, L.
Prévenir et surmonter la déprime, Auger Lucien
* **Psychologie dans la vie quotidienne,** Blank Dr Léonard
* **Psychologie de l'amour romantique,** Braden Docteur N.
* **Qui es-tu grand-mère? Et toi grand-père?,** Eylat Odette
* **S'affirmer et communiquer,** Beaudry Madeleine
* **S'aider soi-même,** Auger Lucien
* **S'aider soi-même davantage,** Auger Lucien
* **S'aimer pour la vie,** Wanderer Dr Zev
* **Savoir organiser, savoir décider,** Lefebvre Gérald
* **Savoir relaxer et combattre le stress,** Jacobson Dr Edmund
* **Se changer,** Mahoney Michael
* **Se comprendre soi-même par des tests,** Collectif
* **Se concentrer pour être heureux,** Simard Jean-Paul

Se connaître soi-même, Artaud Gérard
* **Se contrôler par biofeedback,** Ligonde Paultre
* **Se créer par la Gestalt,** Zinker Joseph
* **S'entraider,** Limoges Jacques
* **Se guérir de la sottise,** Auger Lucien
Séparation du couple, La, Weiss Robert S.
Sexualité au bureau, La, Horn Patrice
Tendresse, La, Wölfl Norbert
* **Vaincre ses peurs,** Auger Lucien
Vivre à deux: plaisir ou cauchemar, Duval Jean-Marie
* **Vivre avec sa tête ou avec son coeur,** Auger Lucien
Vivre c'est vendre, Chaput Jean-Marc
* **Vivre jeune,** Waldo Myra
* **Vouloir c'est pouvoir,** Hull Raymond

ROMANS/ESSAIS

Adieu Québec, Bruneau André
Baie d'Hudson, La, Newman Peter C.
Bien-pensants, Les, Berton Pierre
Bousille et les justes, Gélinas Gratien
Coffret Establishment canadien, Newman Peter C.
Coffret Joey
C.P., Susan Goldenberg
Commettants de Caridad, Les, Thériault Yves
Deux innocents en Chine Rouge, Hébert Jacques
Dome, Jim Lyon
Emprise, L', Brulotte Gaétan
IBM, Sobel Robert
Insolences du Frère Untel, Les, Untel Frère
ITT, Sobel Robert
J'parle tout seul, Coderre Émile
Lamia, Thyraud de Vosjoli P.L.
Mensonge amoureux, Le, Blondin Robert
Nadia, Aubin Benoît
Oui, Lévesque René
Premiers sur la Lune, Armstrong Neil
Telle est ma position, Mulroney Brian
Terrorisme québécois, Le, Morf Gustave
Un doux équilibre, King Annabelle
Vrai visage de Duplessis, Le, Laporte Pierre

SANTÉ ET ESTHÉTIQUE

Allergies, Les, Delorme Dr Pierre
Art de se maquiller, L', Moizé Alain
* **Bien vivre sa ménopause,** Gendron Dr Lionel
Bronzer sans danger, Doka Bernadette
* **Cellulite, La,** Ostiguy Dr Jean-Paul
Cellulite, La, Léonard Dr Gérard J.
Exercices pour les aînés, Godfrey Dr Charles, Feldman Michael
Face lifting par l'exercice, Le, Runge Senta Maria
Grandir en 100 exercices, Berthelet Pierre
* **Guérir ses maux de dos,** Hall Dr Hamilton
Médecine esthétique, La, Lanctot Guylaine
Obésité et cellulite, enfin la solution, Léonard Dr Gérard J.
Santé, un capital à préserver, Peeters E.G.
Travailler devant un écran, Feeley, Dr Helen
Coffret 30 jours
30 jours pour avoir de beaux cheveux, Davis Julie
30 jours pour avoir de beaux ongles, Bozic Patricia
30 jours pour avoir de beaux seins, Larkin Régina
30 jours pour avoir de belles cuisses, Stehling Wendy
30 jours pour avoir de belles fesses, Cox Déborah
30 jours pour avoir un beau teint, Zizmor Dr Jonathan
30 jours pour cesser de fumer, Holland Gary, Weiss Herman
30 jours pour mieux organiser, Holland Gary
30 jours pour perdre son ventre, Burstein Nancy
30 jours pour perdre son ventre (homme), Matthews Roy, Burnstein Nancy
30 jours pour redevenir un couple amoureux, Nida Patricia K., Cooney Kevin
30 jours pour un plus grand épanouissement sexuel, Schneider Alan, Laiken Deidre

SEXOLOGIE

Adolescente veut savoir, L', Gendron Lionel
Fais voir, Fleischhaner H.
Guide illustré du plaisir sexuel, Corey Dr Robert E.
Helga, Bender Erich F.
Plaisir partagé, Le, Gary-Bishop Hélène
* **Première expérience sexuelle, La,** Gendron Lionel
* **Sexe au féminin, Le,** Kerr Carmen
* **Sexualité du jeune adolescent,** Gendron Lionel
* **Sexualité dynamique, La,** Lefort Dr Paul
* **Shiatsu et sensualité,** Rioux Yuki

SPORTS

Collection sport: dirigée par **LOUIS ARPIN**

100 trucs de billard, Morin Pierre
5BX Le programme pour être en forme
Apprenez à patiner, Marcotte Gaston
Arc et la Chasse, L', Guardo Greg
* **Armes de chasse, Les,** Petit Martinon Charles
* **Badminton, Le,** Corbeil Jean
* **Canoe-kayak, Le,** Ruck Wolf
* **Carte et boussole,** Kjellstrom Bjorn
* **Chasse au petit gibier, La,** Paquet Yvon-Louis
Chasse et gibier du Québec, Bergeron Raymond
Chasseurs sachez chasser, Lapierre Lucie
* **Comment se sortir du trou au golf,** Brien Luc
* **Comment vivre dans la nature,** Rivière Bill
* **Corrigez vos défauts au golf,** Bergeron Yves
Curling, Le, Lukowich Ed.
Devenir gardien de but au hockey, Allaire François
Encyclopédie de la chasse au Québec, Leiffet Bernard
Entraînement, poids-haltères, L', Ryan Frank
Exercices à deux, Gregor Carol
Golf au féminin, Le, Bergeron Yves
Grand livre des sports, Le, Le groupe Diagram
Guide complet du judo, Arpin Louis
* **Guide complet du self-defense,** Arpin Louis
Guide d'achat de l'équipement de tennis, Chevalier Richard, Gilbert Yvon
* **Guide de survie de l'armée américaine**
Guide des jeux scouts, Association des scouts
Guide du judo au sol, Arpin Louis
Guide du self-defense, Arpin Louis
Guide du trappeur, Le, Provencher Paul
Hatha yoga, Piuze Suzanne
* **J'apprends à nager,** Lacoursière Réjean
* **Jogging, Le,** Chevalier Richard
Jouez gagnant au golf, Brien Luc
Larry Robinson, le jeu défensif, Robinson Larry
Lutte olympique, La, Sauvé Marcel
* **Manuel de pilotage,** Transports Canada
* **Marathon pour tous,** Anctil Pierre
* **Médecine sportive,** Mirkin Dr Gabe
Mon coup de patin, Wild John
* **Musculation pour tous,** Laferrière Serge
Natation de compétition, La, Lacoursière Réjean
Partons en camping, Satterfield Archie, Bauer Eddie
Partons sac au dos, Satterfield Archie, Bauer Eddie
Passes au hockey, Les, Champleau Claude
Pêche à la mouche, La, Marleau Serge
Pêche à la mouche, Vincent Serge-J.
Pêche au Québec, La, Chamberland Michel
* **Planche à voile, La,** Maillefer Gérald
* **Programme XBX,** Aviation Royale du Canada
Provencher, le dernier coureur des bois, Provencher Paul
Racquetball, Corbeil Jean
Racquetball plus, Corbeil Jean
Raquette, La, Osgoode William
* **Règles du golf, Les,** Bergeron Yves
Rivières et lacs canotables, Fédération québécoise du canot-camping
* **S'améliorer au tennis,** Chevalier Richard
Secrets du baseball, Les, Raymond Claude

Ski de fond, Le, Caldwell John
Ski de fond, Le, Roy Benoît
* **Ski de randonnée, Le,** Corbeil Jean
Soccer, Le, Schwartz Georges
* **Sport, santé et nutrition,** Ostiguy Dr Jean
Stratégie au hockey, Meagher John W.
Surhommes du sport, Les, Desjardins Maurice
* **Taxidermie, La,** Labrie Jean
Techniques du billard, Morin Pierre
* **Technique du golf,** Brien Luc
Techniques du hockey en URSS, Dyotte Guy
* **Techniques du tennis,** Ellwanger
* **Tennis, Le,** Roch Denis
Tous les secrets de la chasse, Chamberland Michel
Vivre en forêt, Provencher Paul
Voie du guerrier, La, Di Villadorata
Yoga des sphères, Le, Leclerq Bruno

le jour, éditeur

ANIMAUX

Guide du chat et de son maître, Laliberté Robert
Guide du chien et de son maître, Laliberté Robert
Poissons de nos eaux, Melançon Claude

ART CULINAIRE ET DIÉTÉTIQUE

Armoire aux herbes, L', Mary Jean
Breuvages pour diabétiques, Binet Suzanne
Cuisine du jour, La, Pauly Robert
Cuisine sans cholestérol, Boudreau-Pagé
Desserts pour diabétiques, Binet Suzanne
Jus de santé, Les, Brunet Jean-Marc
Mangez ce qui vous chante, Pearson Dr Leo
Mangez, réfléchissez et devenez svelte, Kothkin Leonid
Nutrition de l'athlète, Brunet Jean-Marc
Recettes Soeur Berthe — été, Sansregret soeur Berthe
Recettes Soeur Berthe — printemps, Sansregret soeur Berthe

ARTISANAT/ARTS MÉNAGERS

Décoration, La, Carrier Diane
Diagrammes de courtepointes, Faucher Lucille
Douze cents nouveaux trucs, Grisé-Allard Jeanne
Encore des trucs, Grisé-Allard Jeanne
Mille trucs madame, Grisé-Allard Jeanne
Toujours des trucs, Grisé-Allard Jeanne

DIVERS

Administrateur de la prise de décision, L', Filiatreault P., Perreault, Y.G.
Administration, développement, Laflamme Marcel
Assemblées délibérantes, Béland Claude
Assoiffés du crédit, Les, Féd. des A.C.E.F.
Baie James, La, Bourassa Robert
Bien s'assurer, Boudreault Carole
Cent ans d'injustice, Hertel François
Ces mains qui vous racontent, Boucher André-Pierre
550 métiers et professions, Charneux Helmy
Coopératives d'habitation, Les, Leduc Murielle

Dangers de l'énergie nucléaire, Les, Brunet Jean-Marc
Dis papa c'est encore loin, Corpatnauy Francis
Dossier pollution, Chaput Marcel
Énergie aujourd'hui et demain, De Martigny François
Entreprise, le marketing et, L', Brousseau
Forts de l'Outaouais, Les, Dunn Guillaume
Grève de l'amiante, La, Trudeau Pierre
Hiérarchie ethnique dans la grande entreprise, Rainville Jean
Impossible Québec, Brillant Jacques
Initiation au coopératisme, Béland Claude
Julius Caesar, Roux Jean-Louis
Lapokalipso, Duguay Raoul
Lune de trop, Une, Gagnon Alphonse
Manifeste de l'infonie, Duguay Raoul
Mouvement coopératif québécois, Deschêne Gaston
Obscénité et liberté, Hébert Jacques
Philosophie du pouvoir, Blais Martin
Pourquoi le bill 60, Gérin-Lajoie P.
Stratégie et organisation, Desforges Jean, Vianney C.
Trois jours en prison, Hébert Jacques
Vers un monde coopératif, Davidovic Georges
Vivre sur la terre, St-Pierre Hélène
Voyage à Terre-Neuve, De Gébineau comte

ENFANCE

Aidez votre enfant à choisir, Simon Dr Sydney B.
Deux caresses par jour, Minden Harold
* **Enseignants efficaces,** Gordon Thomas
Être mère, Bombeck Erma
Parents efficaces, Gordon Thomas
Parents gagnants, Nicholson Luree
Psychologie de l'adolescent, Pérusse-Cholette Françoise
1500 prénoms et significations, Grisé Allard J.

ÉSOTÉRISME

* **Astrologie et la sexualité, L',** Justason Barbara
Astrologie et vous, L', Boucher André-Pierre
* **Astrologie pratique, L',** Reinicke Wolfgang
Faire sa carte du ciel, Filbey John
* **Géomancie, La,** Hamaker Karen
Grand livre de la cartomancie, Le, Von Lentner G.
* **Grand livre des horoscopes chinois, Le,** Lau Theodora
Graphologie, La, Cobbert Anne
* **Horoscope et énergie psychique,** Hamaker-Zondag
Horoscope chinois, Del Sol Paula
Lu dans les cartes, Jones Marthy
* **Pendule et baguette,** Kirchner Georg
* **Pratique du tarot, La,** Thierens E.
Preuves de l'astrologie, Comiré André
Qui êtes-vous? L'astrologie répond, Tiphaine
Synastrie, La, Thornton Penny
Traité d'astrologie, Hirsig Huguette
Votre destin par les cartes, Dee Nerys

HISTOIRE

Administration en Nouvelle-France, L', Lanctot Gustave
Crise de la conscription, La, Laurendeau André
Histoire de Rougemont, Bédard Suzanne
Lutte pour l'information, La, Godin Pierre
Mémoires politiques, Chaloult René
Rébellion de 1837, Saint-Eustache, Globensky Maximilien
Relations des Jésuites T. 2
Relations des Jésuites T. 3
Relations des Jésuites T. 4
Relations des Jésuites T. 5

JEUX/DIVERTISSEMENTS

Backgammon, Lesage Denis

LINGUISTIQUE

Des mots et des phrases, T. 1, Dagenais Gérard
Des mots et des phrases, T. 2, Dagenais Gérard
Joual de Troie, Marcel Jean

NOTRE TRADITION

Ah mes aïeux, Hébert Jacques
Lettre à un Français qui veut émigrer au Québec, Dubuc Carl

OUVRAGES DE RÉFÉRENCE

Règles d'or de la vente, Les, Kahn George N.

PSYCHOLOGIE

* **Adieu,** Halpern Dr Howard
* **Agressivité créatrice,** Bach Dr George
* **Aimer son prochain comme soi-même,** Murphy Joseph
* **Anti-stress, L',** Eylat Odette
Arrête! tu m'exaspères, Bach Dr George
Art d'engager la conversation et de se faire des amis, L', Gabor Don
* **Art de convaincre, L',** Ryborz Heinz
* **Art d'être égoïste, L',** Kirschner Josef
* **Au centre de soi,** Gendlin Dr Eugène
* **Auto-hypnose, L',** Le Cron M. Leslie
Autre femme, L', Sevigny Hélène
Bains Flottants, Les, Hutchison Michael
* **Bien dans sa peau grâce à la technique Alexander,** Stransky Judith
Ces vérités vont changer votre vie, Murphy Joseph
Chemin infaillible du succès, Le, Stone W. Clément
Clefs de la confiance, Les, Gibb Dr Jack
Comment aimer vivre seul, Shanon Lynn
* **Comment devenir des parents doués,** Lewis David
* **Comment dominer et influencer les autres,** Gabriel H.W.
Comment s'arrêter de fumer, Mc Farland J. Wayne
* **Comment vaincre la timidité en amour,** Weber Éric
Contacts en or avec votre clientèle, Sapin Gold Carol
* **Contrôle de soi par la relaxation,** Marcotte Claude
Couple homosexuel, Le, McWhirter David P., Mattison Andrew M.
Découvrez l'inconscient par la parapsychologie, Ryzl Milan
* **Devenir autonome,** St-Armand Yves
* **Dire oui à l'amour,** Buscaglia Léo
Enfants du divorce se racontent, Les, Robson Bonnie
* **Ennemis intimes,** Bach Dr George
Espaces intérieurs, Les, Eisenberg Dr Howard
États d'esprit, Glasser Dr William
* **Être efficace,** Hanot Marc
Être homme, Goldberg Dr Herb
* **Fabriquer sa chance,** Gittenson Bernard
Famille moderne et son avenir, La, Richards Lyn
Gagner le match, Gallwey Timothy
Gestalt, La, Polster Erving
Guide de l'urgence-stress, Reuben Dr David
Guide du succès, Le, Hopkins Tom
L'Harmonie, une poursuite du succès, Vincent Raymond
* **Homme au dessert, Un,** Friedman Sonya
Homme en devenir, L', Houston Jean
* **Homme nouveau, L', Bodymind,** Dychtwald Ken
* **Jouer le tout pour le tout,** Frederick Carl
Maigrir sans obsession, Orbach Susie
Maîtriser la douleur, Bogin Meg
Maîtriser son destin, Kirschner Josef
Manifester son affection, Bach Dr George
* **Mémoire, La,** Loftus Elizabeth
* **Mémoire à tout âge, La,** Dereskey Ladislaus
* **Mère et fille,** Horwick Kathleen
* **Miracle de votre esprit,** Murphy Joseph

* **Mort et après, La,** Ryzl Milan
* **Négocier entre vaincre et convaincre,** Warschaw Dr Tessa
Nouvelles Relations entre hommes et femmes, Goldberg Herb
* **On n'a rien pour rien,** Vincent Raymond
* **Oracle de votre subconscient,** Murphy Joseph
Paradigme holographique, Le, Wilber Ken
Parapsychologie, La, Ryzl Milan
* **Parlez pour qu'on vous écoute,** Brien Micheline
* **Partenaires,** Bach Dr George
Passion du succès, La, Vincent Raymond
* **Pensée constructive et bon sens,** Vincent Dr Raymond
* **Penser mieux,** Lewis Dr David
Personnalité, La, Buscaglia Léo
Personne n'est parfait, Weisinger Dr H.
Pourquoi ne pleures-tu pas?, Yahraes Herbert, McKnew Donald H. Jr., Cytryn Leon
Pouvoir de votre cerveau, Le, Brown Barbara
Prospérité, La, Roy Maurice
* **Psy-jeux,** Masters Robert
* **Puissance de votre subconscient, La,** Murphy Dr Joseph
* **Qui veut peut,** Sher Barbara
Reconquête de soi, La, Paupst Dr James C.
* **Réfléchissez et devenez riche,** Hill Napoléon
* **Réussir,** Hanot Marc
Rythmes de votre corps, Les, Weston Lee
S'aimer ou le défi des relations humaines, Buscaglia Léo
Se vider dans la vie et au travail, Pines Ayala M.
* **Secrets de la communication,** Bandler Richard
* **Self-control,** Marcotte Claude
* **Succès par la pensée constructive, Le,** Hill Napoléon
Technostress, Brod Craig
* **Thérapies au féminin, Les,** Brunet Dominique
Tout ce qu'il y a de mieux, Vincent Raymond
Triomphez de vous-même et des autres, Murphy Dr Joseph
Univers de mon subconscient, L', Dr Ray Vincent
Vaincre la dépression par la volonté et l'action, Marcotte Claude
Vers le succès, Kassorla Dr Irène C.
* **Vieillir en beauté,** Oberleder Muriel
* **Vivre c'est vendre,** Chaput Jean-Marc
* **Vivre heureux avec le strict nécessaire,** Kirschner Josef
Votre perception extra-sensorielle, Milan Dr Ryzl
* **Voyage vers la guérison,** Naranjo Claudio

ROMANS/ESSAIS

À la mort de mes 20 ans, Gagnon P.O.
Affrontement, L', Lamoureux Henri
Bois brûlé, Roux Jean-Louis
100 000e exemplaire, Le, Dufresne Jacques
C't'a ton tour Laura Cadieux, Tremblay Michel
Cité dans l'oeuf, La, Tremblay Michel
Coeur de la baleine bleue, Poulin Jacques
Coffret petit jour, Martucci Abbé Jean
Colin-Maillard, Hémon Louis
Contes pour buveurs attardés, Tremblay Michel
Contes érotiques indiens, Schwart Herbert
Crise d'octobre, Pelletier Gérard
Cyrille Vaillancourt, Lamarche Jacques
Desjardins Al., Homme au service, Lamarche Jacques
De Z à A, Losique Serge
Deux Millième étage, Le, Carrier Roch
D'Iberville, Pellerin Jean
Dragon d'eau, Le, Holland R.F.
Équilibre instable, L', Deniset Louis
Éternellement vôtre, Péloquin Claude
Femme d'aujourd'hui, La, Landsberg Michele
Femmes et politique, Cohen Yolande
Filles de joie et filles du roi, Lanctot Gustave
Floralie où es-tu, Carrier Roch
Fou, Le, Châtillon Pierre
Français langue du Québec, Le, Laurin Camille
Hommes forts du Québec, Weider Ben
Il est par là le soleil, Carrier Roch
J'ai le goût de vivre, Delisle Isabelle
J'avais oublié que l'amour, Doré-Joyal Yves

Jean-Paul ou les hasards de la vie, Bellier Marcel
Johnny Bungalow, Villeneuve Paul
Jolis Deuils, Carrier Roch
Lettres d'amour, Champagne Maurice
Louis Riel patriote, Bowsfield Hartwell
Louis Riel un homme à pendre, Osler E.B.
Ma chienne de vie, Labrosse Jean-Guy
Marche du bonheur, La, Gilbert Normand
Mémoires d'un Esquimau, Metayer Maurice
Mon cheval pour un royaume, Poulin J.
Neige et le feu, La, Baillargeon Pierre
N'Tsuk, Thériault Yves
Opération Orchidée, Villon Christiane
Orphelin esclave de notre monde, Labrosse Jean
Oslovik fait la bombe, Oslovik
Parlez-moi d'humour, Hudon Normand
Scandale est nécessaire, Le, Baillargeon Pierre
Vivre en amour, Delisle Lapierre

SANTÉ

Alcool et la nutrition, L', Brunet Jean-Marc
Bruit et la santé, Le, Brunet Jean-Marc
Chaleur peut vous guérir, La, Brunet Jean-Marc
Échec au vieillissement prématuré, Blais J.
Greffe des cheveux vivants, Guy Dr
Guérir votre foie, Brunet Jean-Marc
Information santé, Brunet Jean-Marc
Magie en médecine, Silva Raymond
Maigrir naturellement, Lauzon Jean-Luc
Mort lente par le sucre, Duruisseau Jean-Paul
40 ans, âge d'or, Taylor Eric
Recettes naturistes pour arthritiques et rhumatisants, Cuillerier Luc
Santé de l'arthritique et du rhumatisant, Labelle Yvan
* **Tao de longue vie, Le,** Soo Chee
Vaincre l'insomnie, Filion Michel, Boisvert Jean-Marie, Melanson Danielle
Vos aliments sont empoisonnés, Leduc Paul

SEXOLOGIE

* **Aimer les hommes pour toutes sortes de bonnes raisons,** Nir Dr Yehuda
* **Apprentissage sexuel au féminin, L',** Kassorla Irene
* **Comment faire l'amour à un homme,** Penney Alexandra
* **Comment faire l'amour à une femme,** Morgenstern Michael
* **Comment faire l'amour ensemble,** Penney Alexandra
* **Comment séduire les filles,** Weber Éric
Dépression nerveuse et le corps, La, Lowen Dr Alexander
Drogues, Les, Boutot Bruno
* **Femme célibataire et la sexualité, La,** Robert M.
* **Jeux de nuit,** Bruchez Chantal
* **Massage en profondeur, Le,** Bélair Michel
Massage pour tous, Le, Morand Gilles
* **Orgasme au féminin, L',** L'heureux Christine
* **Orgasme au masculin, L',** Boutot Bruno
* **Orgasme au pluriel, L',** Boudreau Yves
Première fois, La, L'Heureux Christine
Rapport sur l'amour et la sexualité, Drecher Edward
Sexualité expliquée aux adolescents, La, Boudreau Yves
Sexualité expliquée aux enfants, La, Cholette Pérusse F.

SPORTS

Baseball-Montréal, Leblanc Bertrand
Chasse au Québec, Deyglun Serge
Chasse et gibier du Québec, Guardo Greg
Exercice physique pour tous, Bohemier Guy
Grande forme, Baer Brigitte
Guide des pistes cyclables, Guy Côté
Guide des rivières du Québec, Fédération canot-kayac
Lecture des cartes, Godin Serge
Offensive rouge, L', Boulonne Gérard
Pêche et coopération au Québec, Larocque Paul
Pêche sportive au Québec, Deyglun Serge

Raquette, La, Lortie Gérard
Santé par le yoga, Piuze Suzanne
Saumon, Le, Dubé Jean-Paul
Ski nordique de randonnée, Brady Michael
Technique canadienne de ski, O'Connor Lorne
Truite et la pêche à la mouche, La, Ruel Jeannot
Voile, un jeu d'enfants, La, Brunet Mario

Quinze

ASTROLOGIE

* **Ciel de mon pays, Le, T. 1,** Haley Louise
* **Ciel de mon pays, Le, T. 2,** Haley Louise

BIOGRAPHIES

* **Papineau,** De Lamirande Claire
* **Personne ne voudra savoir,** Schirm François

DIVERS

* **Défi québécois, Le,** Monnet François-Marie
* **Dieu est Dieu nom de Dieu,** Clavel Maurice
* **Hybride abattu, L',** Boissonnault Pierre
* **Montréal ville d'avenir,** Roy Jean
* **Nouveau Canada à notre mesure,** Matte René
* **Pour une économie du bon sens,** Pelletier Mario
* **Québec et ses partenaires,** A.S.D.E.Q.
* **Qui décide au Québec?,** Ass. des économistes du Québec
* **15 novembre 76,** Dupont Pierre
* **Relations du travail,** Centre des dirigeants d'entreprise
* **Schabbat,** Bosco Monique
* **Syndicats en crise, Les,** Dupont Pierre
* **Tant que le monde s'ouvrira,** Gagnon G.
* **Tout sur les p'tits journaux,** Fontaine Mario

HISTOIRE

* **Canada — Les débuts héroïques,** Creighton Donald

HUMOUR

* **Humour d'Aislin, L',** Mosher Terry-Aislin

LINGUISTIQUE

* **Guide raisonné des jurons,** Pichette Jean

NOTRE TRADITION

* **À diable-vent,** Gauthier Chassé Hélène
* **Barbes-bleues, Les,** Bergeron Bertrand
* **Bête à sept têtes, La,** Légaré Clément
* **C'était la plus jolie des filles,** Deschênes Donald
* **Contes de bûcherons,** Dupont Jean-Claude
* **Corbeau du mont de la Jeunesse, Le,** Desjardins Philémon
* **Menteries drôles et merveilleuses,** Laforte Conrad
* **Oiseau de la vérité, L',** Aucoin Gérald
* **Pierre La Fève,** Légaré Clément

PSYCHOLOGIE

* **Esprit libre, L',** Powell Robert

ROMANS/ESSAIS

* **Aaron,** Thériault Yves
* **Aaron, 10/10,** Thériault Yves
* **Agaguk,** Thériault Yves
* **Agaguk, 10/10,** Thériault Yves
* **Agénor, Agénor, Agénor et Agénor,** Barcelo François
* **Ah l'amour, l'amour,** Audet Noël
* **Amantes,** Brossard Nicole
* **Après guerre de l'amour, L',** Lafrenière J.
* **Aube,** Hogue Jacqueline
* **Aube de Suse, L',** Forest Jean
* **Aventure de Blanche Morti, L',** Beaudin Beaupré Aline
* **Beauté tragique,** Robertson Heat
* **Belle épouvante, La,** Lalonde Robert
* **Black Magic,** Fontaine Rachel
* **Blocs erratiques,** Aquin Hubert
* **Blocs erratiques, 10/10,** Aquin Hubert
* **Bourru mouillé,** Poupart Jean-Marie
* **Bousille et les justes,** Gélinas Gratien
* **Bousille et les justes, 10/10,** Gélinas Gratien
* **Carolie printemps,** Lafrenière Joseph
* **Charles Levy M.D.,** Bosco Monique
* **Chère voisine,** Brouillet Chrystine
* **Chère voisine, 10/10,** Brouillet Chrystine
* **Chroniques du Nouvel-Ontario,** Brodeur Hélène
* **Confessions d'un enfant,** Lamarche Jacques
* **Corps vêtu de mots, Le,** Dussault Jean
* **Coup de foudre,** Brouillet Chrystine
* **Couvade, La,** Baillie Robert
* **Cul-de-sac, 10/10,** Thériault Yves
* **De mémoire de femme,** Andersen Marguerite
* **Demi-Civilisés, Les, 10/10,** Harvey Jean-Charles
* **Dernier havre, Le, 10/10,** Thériault Yves
* **Dernière chaîne, La,** Latour Chrystine
* **Des filles de beauté,** Baillie Robert
* **Difficiles lettres d'amour,** Garneau Jacques
* **Dix contes et nouvelles fantastiques,** Collectif
* **Dix nouvelles de science-fiction québécoise,** Collectif
* **Dix nouvelles humoristiques,** Collectif
* **Dompteurs d'ours, Le,** Thériault Yves
* **Double suspect, Le,** Monette Madeleine
* **En eaux troubles,** Bowering George
* **Entre l'aube et le jour,** Brodeur Hélène
* **Entre temps,** Marteau Robert
* **Entretiens avec O. Létourneau,** Huot Cécile
* **Esclave bien payée, Une,** Paquin Carole
* **Essai sur l'Hindouisme,** Dussault Jean-Claude
* **Été de Jessica, Un,** Bergeron Alain
* **Et puis tout est silence,** Jasmin Claude
* **Été sans retour, L',** Gevry Gérard
* **Faillite du Canada anglais, La,** Genuist Paul
* **Faire sa mort comme faire l'amour,** Turgeon Pierre
* **Faire sa mort comme faire l'amour, 10/10,** Turgeon Pierre
* **Femme comestible, La,** Atwood Margaret
* **Fille laide, La,** Thériault Yves
* **Fille laide, La, 10/10,** Thériault Yves
* **Fleur aux dents, La,** Archambault Gilles
* **Fragiles lumières de la terre,** Roy Gabrielle
* **French Kiss,** Brossard Nicole
* **Fridolinades, T. 1 (45-46),** Gélinas Gratien
* **Fridolinades, T. 2 (43-44),** Gélinas Gratien
* **Fridolinades, T. 3 (41-42),** Gélinas Gratien
* **Fuites & poursuites,** Collectif
* **Gants jetés, Les,** Martel Émile
* **Grand branle-bas, Le,** Hébert Jacques
* **Grand Elixir, Le,** De Lamirande Claire
* **Grand rêve de madame Wagner, Le,** Lavigne Nicole
* **Histoire des femmes au Québec,** Collectif Clio
* **Holyoke,** Hébert François
* **Homme sous vos pieds, L',** Gevry Gérard
* **Hubert Aquin,** Lapierre René
* **Improbable autopsie, L',** Paré Paul
* **Indépendance oui mais,** Bergeron Gérard
* **IXE-13,** Saurel Pierre
* **Jazzy,** Doerkson Margaret
* **Je me veux,** Lamarche Claude

* **Je tourne en rond mais c'est autour de toi,** Beaulieu Michel
* **Laura Colombe, contes,** Monfils Nadine
* **Liaison parisienne, Une,** Blais Marie-Claire
* **Littérature et le reste, La,** Marcotte Gilles
* **Livre, Un,** Brossard Nicole
* **Livres de Hogg, Les,** Callaghan Barry
* **Liv Ullmann Ingmar Bergman,** Garfinkel Bernie
* **Long des paupières brunes, Le,** Ross Rollande
* **Maîtresse d'école, La,** Dessureault Guy
* **Manufacture de machines, La,** Hébert Louis-Philippe
* **Manuscrit trouvé dans une valise,** Hébert Louis-Philippe
* **Marquée au corps,** Atwood Margaret
* **Mauvais frère, Le,** Latour Christine
* **Mémoires de J.E. Bernier, Les,** Terrien Paul
* **Mère des herbes, La,** Marchessault, Jovette
* **Miroir persan, Le,** Pavel Thomas
* **Mort après la mort, La,** Bouchard Claude
* **Mort vive, La,** Ouellette Fernand
* **Mur de Berlin P.Q., Le,** Forest Jean
* **Mythe de Nelligan, Le,** Larose Jean
* **Nourrice!... Nourrice!...,** Forest Jean
* **Océan, L', suivi de Murmures,** Blais Marie-Claire
* **Olives noires, Les,** Dubé Danielle
* **Ombre derrière le coeur, Une,** Bilodeau Camille
* **Orbe du désir, L',** Dussault Jean
* **Ours, L',** Engel Marian
* **Pan-cul, Le,** Cayla Henri
* **Passe, La,** Szucsany Désirée
* **Petites violences,** Monette Madeleine
* **Philosophe-chat, Le,** Savoie Roger
* **Pins parasols, Les,** Archambault Gilles
* **Plaisirs de la mélancolie,** Archambault Gilles
* **Pour une civilisation du plaisir,** Dussault Jean
* **Première personne, La, 10/10,** Turgeon Pierre
* **Première personne, La,** Turgeon Pierre
* **Printemps peut attendre, Le,** Dahan Andrée
* **Prochainement sur cet écran,** Turgeon Pierre
* **Québec sans le Canada, Le,** Harbron John D.
* **Réformiste, Le,** Godbout Jacques
* **Rendez-vous, Le,** Hébert François
* **Représentation, La,** Beaulieu Michel
* **Salut bonhomme,** Dropaott Papartchou
* **Sauver le monde,** Sanger Clyde
* **Scouine, La,** Laberge Albert
* **Scouine, La, 10/10,** Laberge Albert
* **Silences à voix haute,** Harel Jean-Pierre
* **Simple soldat, Un,** Dubé Marcel
* **Simple soldat, Un, 10/10,** Dubé Marcel
* **Société de conservation, La,** Gamma groupe
* **Sold Out,** Brossard Nicole
* **Sortie d'elle-s mutante,** Beaulieu Germaine
* **Surveillant, Le,** Brulotte Gaétan
* **Sylvie Stone,** Beaulieu Michel
* **Tayaout, 10/10,** Thériault Yves
* **Temps du Carcajou, Le, 10/10,** Thériault Yves
* **Tit-Coq,** Gélinas Gratien
* **Tit-Coq, 10/10,** Gélinas Gratien
* **Tout le portrait de sa mère,** Latour Christine
* **Tout un été l'hiver,** Beaudry Marguerite
* **Tragédie polaire,** Svirsky Grigori
* **37 1/2AA,** Leblanc Louise
* **Triangle brisé, Le,** Latour Christine
* **Trois soeurs de personne, Les,** Robert Suzanne
* **Tu regardais intensément Geneviève,** Ouellette Fernand
* **Un, deux, trois,** Turgeon Pierre
* **1 Place du Québec Paris VIe,** Saint-Georges
* **Velue, La,** Monfils Nadine
* **Vendeurs du temple, Les,** Thériault Yves
* **Vulpera,** Robert Suzanne

Achevé d'imprimer au Canada
Imprimerie Gagné Ltée Louiseville